PERSPEKTIVEN GERMANISTISCHER LINGUISTIK (PGL)

Herausgegeben von Heiko Girnth und Sascha Michel

ISSN 1863-1428

I0025149

2   *Alexander Görlach*
Der Karikaturen-Streit in deutschen Printmedien
Eine Diskursanalyse
ISBN 978-3-8382-0005-7

Alexander Görlach

DER KARIKATUREN-STREIT IN DEUTSCHEN PRINTMEDIEN

Eine Diskursanalyse

ibidem-Verlag
Stuttgart

Bibliografische Information der Deutschen Nationalbibliothek
Die Deutsche Nationalbibliothek verzeichnet diese Publikation in der
Deutschen Nationalbibliografie; detaillierte bibliografische Daten sind im
Internet über http://dnb.d-nb.de abrufbar.

Bibliographic information published by the Deutsche Nationalbibliothek
Die Deutsche Nationalbibliothek lists this publication in the Deutsche Nationalbibliografie;
detailed bibliographic data are available in the Internet at http://dnb.d-nb.de.

∞

Gedruckt auf alterungsbeständigem, säurefreien Papier
Printed on acid-free paper

ISSN: 1863-1428

ISBN-10: 3-8382-0005-5
ISBN-13: 978-3-8382-0005-7

© *ibidem*-Verlag
Stuttgart 2009

Alle Rechte vorbehalten

Printed in Germany

Meinen Großeltern

Irmgard und Jakob
und
Melitta und Werner

in dankbarer Erinnerung
gewidmet

Herzlich danken möchte ich meinem Doktorvater Prof. Dr. Heiko Girnth für die Betreuung meiner Arbeit sowie den akademischen Lehrern, die mich besonders geprägt haben: Herrn Prof. Dr. Andreas Solbach und Herrn Professor Dr. Armin Kreiner.

Ein herzlicher Dank geht an meinen Assistenten, Herrn Thore Barfuss, der mir bei der Formatierung dieser Promotionsschrift zur Seite gestanden hat.

9

Inhaltsverzeichnis

1. Einleitung:
Der Karikaturen-Streit in den deutschen Printmedien – eine Diskursanalyse

Der dänische Autor Kaara Bluitgen wollte ein Kinderbuch zum Islam illustrieren. Er konnte aber keinen Zeichner für seine kindgerechte Einführung in die Weltreligion finden. Der Grund dafür lag für die angefragten Zeichner im Bilderverbot des Islam: „Es ist eine Sünde, Allah oder seine Gesandten darzustellen", bekam er zur Antwort. In einer strengen Auslegung gilt dieses Abbildungsverbot sogar für jede Darstellung von Mensch und Tier. Das ist der Grund, warum Ornamentik und Kalligraphie die tragenden Stützen der islamischen Kunst geworden sind. Kaara Bluitgen war irritiert, wegen des islamischen Abbildungsverbots in Dänemark keinen Illustrator für sein Buch zu finden.

Flemming Rose, Redakteur der dänischen Zeitung Jylland-Posten, wunderte sich ebenfalls darüber. Er witterte freiwillige Selbstzensur der Illustratoren aus Angst vor Islamisten und wandte sich deshalb am 19. September 2005 an 40 Zeichner des dänischen Karikaturisten-Verbandes mit dem Auftrag, sie sollten den Propheten Muhammad zeichnen, wie sie ihn sehen. Am 30. September 2005 veröffentlichte das Blatt dann zwölf der eingereichten Karikaturen. Diese Motive gingen um die Welt: Muhammad als Terrorist, sein Turban eine Bombe, Muslime gemeinsam mit zur Hingabe bereiten Paradies-Jungfrauen. Die von den Karikaturisten abgelieferten Impressionen mussten bei Muslimen Ärgernis erregen.

Die Auseinandersetzungen, die auf diese Veröffentlichung folgten, waren politischer und medialer Natur: Imame und muslimische Organisationen in Dänemark beschwerten sich bei Regierungschef Fogh Rasmussen über die Veröffentlichung und elf Botschafter islamischer Staaten baten den Ministerpräsidenten schriftlich um einen Termin, um die Angelegenheit zu besprechen. Das Gespräch schlug der Premier aus und verwies die Botschafter an den Außenminister, der formal zuständig war. Rasmussen argumentierte gegenüber den Botschaftern sowie den Repräsentanten des islamischen Lebens in Dänemark, dass er als Regierungschef nicht die Meinungs- und Pressefreiheit einschränken könne. Diese ersten Auseinandersetzungen fanden geographisch begrenzt auf Dä-

nemark statt, ohne große Aufmerksamkeit in den Nachbarländern oder der islamischen Welt auf sich zu ziehen.

Am 10. Januar 2006 druckte die norwegische Zeitung Magazinet, die Karikaturen nach, die im Jylland-Posten erschienen waren. Die dänischen Imame
machten sich mit diesem Nachruck und einigen zusätzlichen Karikaturen auf in
ihre islamisch geprägten Heimatländer, um dort Widerstand gegen den aus ihrer
Sicht respekt- und würdelosen Umgang mit ihrer Religion zu organisieren. Von
hier an lässt sich die Abfolge der Ereignisse nicht mehr linear erzählen und mo-
nokausal deuten: In der islamischen Welt kam es zu einem Feuerwerk an Reaktionen: Es kam zu Aktionen gegen westliche Botschaften und Einrichtungen und
Flaggen und Kreuze wurden auf der Straße verbrannt. Teilweise äußerte sich
darin der authentische Zorn des Volkes, teilweise wurden die Aktionen von
staatlicher Seite aus betrieben und unterstützt. Im Gegenzug appellierten die A-
rabische Liga, die Vereinten Nationen, die Europäische Union und der Vatikan
an die Vernunft aller Beteiligten und versuchten so, weitere Eskalationen zu
verhindern. Dänische Produkte wurden von Damaskus bis Riad aus den Regalen
der Supermärkte verbannt und boykottiert. Für die Art und das Maß der Reaktionen war auch die jeweilige innenpolitische Situation in den islamischen Ländern entscheidend; viele Länder in der islamischen Welt verfügen über nichtde-
mokratische Regierungen, die den Konflikt für ihre Interessen instrumentalisier-
ten.

Am 1. Februar 2006 schließlich druckten mehrere europäische Zeitungen,
darunter auch die deutsche Tageszeitung Die Welt die Zeichnungen. Daraufhin
gewann die Debatte innerhalb der Gesellschaften Europas über den Stellenwert
von Meinungs- und Pressefreiheit nochmals an Fahrt.

Die vorliegende Arbeit beschreibt den Diskurs, der im Kontext des Karikaturenstreits in deutschen Zeitungen und Zeitschriften geführt wurde. Diese Arbeit
untersucht die Argumentationslinien, mit denen in Zeitungstexten im Karikaturen-Streit Position bezogen wurde.

Zum Aufbau dieser Arbeit

Kapitel 2: Verletzte religiöse Gefühle und Wertvorstellungen von Muslimen und
Nicht-Muslimen haben zum Karikaturen-Streit geführt: Was bedeutet *Respekt*,

was *Meinungsfreiheit*? Was bedeutet *Prophet* und was bedeutet *Karikatur*? Was ist *das Heilige*? Ein Blick in deutsche Wörterbücher und Nachschlagewerke soll die Begriffe klären, die in dieser Arbeit wie selbstverständlich verwendet werden und eine Definition dieser Begriffe vornehmen, die es zumindest methodisch für das Verständnis dieser Arbeit zu übernehmen gilt.

Kapitel 3: Die Entstehung von medialer Meinungsvielfalt ist das Thema dieses Kapitels. Für dieses Entstehen ist die Frage nach dem Verständnis der Wirklichkeit zentral. Die Auffassung über die Wirklichkeit vermitteln die gesellschaftlichen Akteure in Argumentationen diskursiv. Hierbei ist entscheidend, wer die besseren Argumente hat. Die Frage nach dem Wesen und den Bestandteilen eines gelungenen Diskurses werden hier anhand von Foucault, Busse/ Teubert und Jung skizziert. Die sprachliche Vermittlung von Diskursen im öffentlich-politischen Raum geschieht in Textform. Texte sprechen in eine bestimmte historische, soziale und politische Situation hinein. Die Untersuchung dieser Umstände ist Aufgabe der Sozio-Linguistik. Texte beziehen sich dabei aufeinander, bilden ein Netz an Aussagen und Argumenten. Diese impliziten und expliziten Verweise werden mit dem Begriff der Intertextualität beschrieben.

Kapitel 4: Die journalistischen Textsorten konstituieren eine Wirklichkeit für sich, die Summe aller Texte ergibt eine ,Textwelt'. Die Textsorten der Zeitung sind je eigene Codes, mit denen der an die Konventionen der Zeitung gewohnte Leser Informationen über die Ereignisse in der äußeren Welt und ein Deutungsangebot dieser Ereignisse erhält. Die informierenden und kommentierenden Sorten journalistischer Texte werden hier vorgestellt. Bei der Analyse in Kapitel 9 wird die Frage gestellt, ob bestimmte Textsorten, die hier präsentiert werden, bestimmte Aussagen des Diskurses transportieren.

Kapitel 5: Hier findet die Überleitung zum eigentlichen Untersuchungsgegenstand, der Analyse von Zeitungsdiskursen, statt. Mit welchen sprachlichen Mitteln werden die in Kapitel 3 vorgestellten Argumente und Strategien umgesetzt, wie ein Diskurs gesteuert? ,Referenz' und ,Nomination', ,Symbolwörter', ,Stigmawörter' sind einige der Stichwörter, die hier eingeführt werden. Je genauer sich ein Autor an der sozialen Wirklichkeit seiner Leser orientiert, je aufmerksamer er in der Lage ist, die verschiedenen Argumente wahrzunehmen und

zu verarbeiten, umso mehr gelingt es ihm, in seiner eigenen Einstellungsbekundung die Leser von der Annahme seiner Argumentation zu überzeugen oder zu
deren Ablehnung zu provozieren. Eine Argumentation ohne die hier vorgestellten sprachlichen Mittel gibt es nicht. Die Sprache, die im Diskurs verwendet
wird, gehört zum Bereich der öffentlich-politischen Kommunikation.

Kapitel 6: Der Diskurs über die Bedeutung des Karikaturen-Streites fand vor
dem Hintergrund des Begriffes ‚Kampf der Kulturen' statt. Der Begriff ‚Kampf
der Kulturen' ist ein Terminus, den der Politologe Samuel P. Huntington 1996 in
einer gleichnamigen Publikation[1] geprägt hat. Huntingtons zentrale These: Nach
dem Ende des Kalten Krieges stehen sich nicht mehr verfeindete Ideologien gegenüber. In der Welt nach 1989 treten nun kulturelle Hemisphären und deren di-
vergierende Lebensweisen in Wettstreit miteinander. Von denen, so Huntington
weiter, werde es in der Zukunft vor allem zwischen der christlich geprägten,
westlichen und der islamischen Welt zu Zerwürfnissen und Auseinandersetzungen kommen. Die Texte des Printmediendiskurses zum Karikaturen-Streit positionieren sich zu dem Argument, dass der Konflikt diesen Kulturzusammenprall
illustriert, auf verschiedene Weise. Die zentralen Thesen Huntingtons sind an
dieser Stelle der Arbeit zusammengefasst.

Kapitel 7: Das Bilderverbot im Islam ist ein Grund für die Eskalation im Karikaturen-Streit. Einige wenige Texte äußern sich inhaltlich zu diesem Bilderverbot, die meisten Texte aber verwenden den Terminus unreflektiert oder beziehen sich nicht darauf. Zum Verständnis des Sachverhalts ‚Karikaturen-Streit'
ist das Wissen um dieses Bilderverbot indes unerlässlich. Es wird hier in der gebotenen Kürze dargestellt und in Relation zur Haltung des Judentums und Christentums ins Bild gesetzt.

Kapitel 8: Das Bild der Deutschen vom Islam hat sich zu Beginn des 21. Jahrhunderts negativ verfestigt. Äußerer Anlass dieser Entwicklung waren unter anderem die Terroranschläge vom 11. September 2001 in den USA, der Terroranschlag in Madrid am 11. März 2004 sowie der Mord an dem holländischen Fil-
memacher und Islam-Kritiker Theo van Gogh im November 2004. Nach dem
Karikaturen-Streit sanken die Umfragewerte endgültig: Der Islam wird demzu-
folge als *die* Bedrohung der Gegenwart wahrgenommen. Der These vom Kampf

---

[1] Huntington (2002)

der Kulturen stimmte im zeitlichen Umfeld des Streits eine Mehrheit der Bundesbürger zu. Diese Umfragen zeigen, in welchen Kontext hinein die Texte über den Karikaturen-Streit, die in dieser Arbeit analysiert werden, sprechen.

Kapitel 9: Hier wird der methodische Apparat auf die Kernfragen der anschließenden Untersuchung hin zugespitzt. Unter 9.1 werden die Diskurse zum Karikaturen-Streit in führenden deutschen Tages-, Sonntags und Wochenzeitungen und Magazinen vorgestellt. Unter 9.2 werden die Topoi herausgestellt, die den Diskursen der Zeitungen gemein sind. In 9.2.4 werden diese Topoi zu einem Ganzen zusammengesetzt. Diese Zusammensetzung illustriert das Gesamtgefüge des Diskurses. 9.3 analysiert die sprachlichen Strategien und Mittel, mit denen der Diskurs geführt wird. Es wird herausgestellt, ob bestimmte Aussagen, Argumente oder Topoi mit bestimmten Textsorten der Printmedien korrelieren oder nicht.

Kapitel 10: Das Abschlusskapitel fasst die Ergebnisse der Diskursanalyse zusammen. Hier wird die Leitfrage des Diskurses nach dem Ja oder Nein, dem Für und Wider eines Kampfs der Kulturen beantwortet. Kommt der Diskurs in deutschen Printmedien zu einem eindeutigen Ergebnis?

Das Literaturverzeichnis listet zuerst in der Reihenfolge der untersuchten Printmedien die daraus entnommenen Artikel in chronologischer Reihenfolge auf. Danach folgt die Sekundärliteratur.

2.   Wörter und ihre Bedeutung: ‚Respekt', ‚Meinungsfreiheit', ‚Prophet', ‚Karikatur' und ‚das Heilige' in deutschen Wörterbüchern und Nachschlagewerken

Welche Bedeutung haben die Termini, die im Karikaturen-Streit am häufigsten benutzt werden? Was bedeuten ‚Respekt', ‚Meinungsfreiheit', ‚Prophet', ‚Karikatur' und ‚das Heilige' in der deutschen Sprache. Ein Blick in die gängigen Wörterbücher und Lexika[2] klärt diese Begriffe. Im Kontext der Diskursanalyse werden diese Begriffe verwendet, ihr Verständnis wird vorausgesetzt. Dieses Kapitel blickt auf die Bedeutung der Wörter. Im Folgenden bleibt herauszustellen, ob die Kontextverwendung dieser Begriffe mit der definitorischen Bestimmung übereinstimmt.

Unter ‚Respekt' versteht Meyers Neues Lexikon „Achtung, Ehrfurcht, Scheu" und führt dieses Wort auf das lateinische *respicere* (dt. zurückblicken) zurück. Ebenso der Brockhaus, der unter Verweis auf das lateinische Nomen *respectus* ‚Respekt' übersetzt mit „das Zurückblicken, Rücksicht" und es in einer Variante mit „Ehrerbietung, (schuldige) Achtung" übersetzt. Im Deutschen Wörterbuch findet sich zu den genannten Ausführungen noch der Zusatz „heute häufig auch in Verbindung ‚etwas r. müssen' entgegen den eigenen Wünschen annehmen, akzeptieren müssen". Im Synonymwörterbuch des Duden heißt es unter anderem zu ‚Respekt': „Achtung, Anerkennung, Bewunderung, Hochachtung, Hochschätzung." Im Universalwörterbuch des Duden steht zu diesem Wort: „auf Anerkennung, Bewunderung beruhende Achtung." Und in Wahrig Deutsches Wörterbuch heißt es „Achtung, Hochachtung."

Den Terminus ‚Meinungsfreiheit' führen nicht alle genannten Wörterbücher auf. Im Duden heißt es: „Recht der freien Meinungsäußerung." So äußert sich auch das Wahrig Deutsche Wörterbuch: „Das Recht der freien Meinungsäußerung, ein wesentliches Grundrecht des Einzelnen." Das Große Dudenlexikon führt weiter aus: „durch Art. 5 Abs. 1 GG jedermann gewährleistetes Recht, sich ohne Zwang oder Druck eine eigene Meinung zu bilden, die zu äußern [...] und

---

[2]   Die bibliographischen Angaben zu den Wörterbüchern und Nachschlagewerken befinden sich im Literaturverzeichnis

zu verbreiten. Meinung ist nach herrschender Ansicht nicht die bloße Tatsachenwiedergabe und -behauptung, sondern Meinung sind die auf Überzeugungsbildung gerichteten Äußerungen, d.h. Wertungen, Stellungnahmen, Beurteilungen u.a. Der freien Meinungsbildung dient die ebenfalls durch Art. 5 Abs. 1 GG gewährleistete Informationsfreiheit." Auch der Brockhaus hat eine längere Beschreibung: „Die Meinungsfreiheit gewährt jedem Menschen das Recht, seine Meinung in Wort, Schrift und Bild frei zu äußern und zu verbreiten." Relevant ist die im Brockhaus sich anschließende Passage im Hinblick auf den Karikaturen-Streit. „Die Meinungsfreiheit findet ihre Schranken (Art. 5 Abs. 2 GG) in den allgemeinen Gesetzen, den Jugendschutzbestimmungen und dem Recht der persönlichen Ehre. Allgemeine Gesetze sind nach der Rechtsprechung des Bundesverfassungsgerichts diejenigen Gesetze, die ein gegenüber der Meinungsfreiheit im konkreten Fall höheres Rechtsgut schützen." Religiöses Empfinden, so wird die Diskursanalyse zeigen, wird für manche Autoren in den Bereich der persönlichen Würde und deren Schutz gestellt; religiöses Empfinden würde somit ein Teil der „persönlichen Ehre", deren Schutz die Bedeutung der Meinungsfreiheit überträfe. Diese Auffassung bleibt nicht unwidersprochen. Der Streit um die Karikaturen gründet eben darin, dass keinem anderen Grundrecht neben der Meinungsfreiheit eine so große Bedeutung beigemessen wird, unter anderem weil sie Grundlage oder Bestandteil vieler anderer freiheitlichen Setzungen ist. So heißt es im Brockhaus: „Mit der Meinungsfreiheit in engem Zusammenhang stehen das Demonstrationsrecht, die Kunstfreiheit, die Lehrfreiheit, die Pressefreiheit sowie die Versammlungsfreiheit."

Im Deutschen Wörterbuch heißt es zu ‚Prophet': „Weissager, Verkünder u. Deuter des göttlichen Willens." Im Duden Universal-Wörterbuch heißt es: „Jmd., der sich von seinem Gott berufen fühlt, als Mahner und Weissager die göttliche Wahrheit zu verkünden." Das Duden-Lexikon versteht unter ‚Prophet' den „Typus einer religiösen Autorität, der durch das dynamisch, apodiktische Sagen (griech. ‚prophanai') des göttlich Richtigen und Wahren gekennzeichnet ist". Der Brockhaus merkt zum Prophetenbegriff im Islam an: „Im Islam knüpfte Mohammed an die prophet. Redeformen der vorislam. ‚Kahin' (Seher, Wahrsager) an. Der Koran erkennt die P. der anderen ‚Schriftreligionen' an, sieht Mohammed aber als den endgültigen P., durch den Gottes Offenbarung unverfälscht vermittelt wurde."

Beim Terminus ‚Karikatur' beziehen sich alle Werke auf das italienische Wort *caricatura*. Dazu heißt es in Meyers Neues Lexikon: „eigtl. ‚Überladung', von caricara, überladen, übertrieben komisch darstellen, satir.-komische Darstellung von Menschen oder gesellschaftlichen Zuständen, meist bewusst überzogen und mit polit. Tendenz." In diesem Sinne äußern sich auch der Brockhaus und das Deutsche Wörterbuch. Im Duden Universal-Wörterbuch heißt es zur gezeichneten Karikatur: „Zeichnung o. Ä., die durch satirische Hervorhebung bestimmter charakteristischer Züge eine Person, eine Sache od. ein Geschehen der Lächerlichkeit preisgibt."

Der Begriff ‚das Heilige' ist der schwierigste der hier aufgeführten. Als Terminus der Religionswissenschaft wird er nur im Großen Duden-Lexikon und im Brockhaus erklärt. Im Duden heißt es: „D.H. ist zentrale relig. Wesensbestimmung u. der religiösen Erfahrung nur in numinosem Erschauern u. beseligender Ahnung fassbar." Der Begriff des Heiligen trifft das Wesen der monotheistischen Religionen, so der Brockhaus: „Die Heiligkeit Gottes ist nicht eine Eigenschaft neben anderen, sondern macht sein Wesen aus."

3. Das Entstehen und das Abbilden von Diskursen in Zeitungstexten

Ein zentrales Merkmal des Diskurses ist der Austausch von Argumenten.. Diese Argumente beziehen sich auf eine Problem- oder Fragestellung und nähern sich unter verschiedenen Ausgangspunkten und/oder inhaltlichen Prämissen dem Problem oder der Fragestellung an. Grundlage sowohl für die Problem- und Fragestellung als auch für die Prämissen und Argumente sind die Koordinaten der Wirklichkeit, innerhalb derer die Kommunikationsteilnehmer das Problem oder die Fragestellung diskutieren. Diese Kommunikation findet immer in Sprache, in Textform statt, in gesprochener oder geschriebener. Die Zeitungstexte gehören zu den geschriebenen Kommunikationstexten. Ein Text ist der kleinste Baustein eines Zeitungs-Diskurses. In ihm können bereits mehrere Argumente auf eine Problem- oder Fragestellung hin präsentiert und abgewogen werden oder das Augenmerk auf einem zentralen Argument ruhen.

Der Aufbau dieses Kapitels:

Dieses Kapitel definiert zuerst Text und Kommunikation (3.1) und nähert sich einer Beschreibung der Wirklichkeit, innerhalb derer journalistische Texte einen Diskurs beschreiben. Journalistische Texte bilden immer einen Ausschnitt aus der gesamtgesellschaftlichen Wirklichkeit ab (3.2). Texte stehen dabei immer in Abhängigkeit zueinander. Sie beziehen sich aufeinander, ohne dass dies explizit kenntlich gemacht zu sein braucht. Die Gesamtheit der Texte bildet die Gesamtheit des Wissens einer Gesellschaft zu den von den Texten bezeichneten Sachverhalten. Diese Abhängigkeit wird *Intertextualität* genannt (3.3).

Was ist ein Diskurs? Der Diskurs ist die Begleitung und die Beschreibung der Veränderung einzelner Koordinaten, der für das Selbstverständnis und den Bestand der Gesellschaft relevanten Weltsicht (3.4). Im Anschluss an diesen Punkt werden einige Diskurstheorien vorgestellt (3.4.1 und 3.4.2). Die Diskurse der Medien finden in der Öffentlichkeit statt. Frei und für jedermann zugänglich bilden dabei Zeitungstexte Diskurse ab oder stoßen sie an (3.5). Es wird deutlich, dass ein Diskurs immer in einem bestimmten geschichtlichen, politischen und sozialen Kontext stattfindet. Die Untersuchung dieser Kontexte leistet die Sozio-Linguistik (3.6).

Argumente einer Argumentation bauen einen Diskurs auf. Die Plausibilität der angeführten Argumente ist dabei der Indikator für die Richtigkeit der Aussagen über die Wirklichkeit, die im Diskurs gemacht werden, und die Relevanz der gemachten Behauptungen (3.7). Dabei können Argumente aufgrund des Weltwissens der Kommunikationsteilnehmer plausibel erscheinen oder nicht (3.8). Der für die Untersuchung des Diskurses des Karikaturen-Streits zentrale Begriff des Topos als Grundlage des Diskurses wird am Schluss des Kapitels erläutert (3.9).

3.1   Text und Kommunikation

Menschliches Handeln wird entscheidend von der Fähigkeit zu sprechen bestimmt. Sie ist die Grundlage individueller und gemeinschaftlicher Welthabe: „Als wichtigste Funktion von Sprache gilt die kommunikative."[3] Im Lichte dieser Kommunikationsfunktion wird Sprache eine „Form sozialen Handelns."[4] „So gesehen ist sprachliches Handeln, wenn es zwischen mindestens zwei Kommunikationspartnern stattfindet, als Teil sozialen Handelns anzusehen."[5] „Sprachliches Handeln [bedeutet; A.G.] das Interagieren zwischen mehreren Personen mit dem Mittel der Sprache."[6]

Mit der pragmatischen Wende in der Linguistik in den 70er Jahren des 20. Jahrhunderts wird Sprache als kontextuelle Größe verstanden, das Benutzen der Sprache als intentional-funktionale Aktivität gefasst. Folgerichtig erfüllt Sprache in Textform kommunikative Funktionen. Für Zeitungstexte unter anderem solche wie INFORMIEREN, ARGUMENTIEREN, KOMMENTIEREN und BEWERTEN. Sprachliche Handlungen, die Funktionen wie die hier genannten, aber auch Funktionen darüber hinaus erfüllen, „basieren auf der sensorischen und kognitiven Verarbeitung äußerer Umstände und manifestieren sich in realen für andere wahrnehmbaren Geschehen"[7]. Sprachliche Handlungen konstituieren eine Realität. Indem sie einen Anspruch auf Geltung in der Wirklichkeit erheben, sind Handlungen

---

[3]   Pelz (1998) S. 50
[4]   Herrgen (2000) S. 34
[5]   Ernst (2002) S. 25
[6]   Ebd. S. 26
[7]   Sager (1982) S. 39

„intentional, insofern sie vom Handelnden bewusste, zielgerichtete Aktivitäten darstellen, die von den aktuellen Einschätzungen momentaner Sinnzusammenhänge ausgehen und diese Zusammenhänge entsprechend den Wünschen und Absichten des Handelnden modifizieren sollen. Handlungen sind funktional, insofern dies stets und unabhängig vom Willen des Handelnden in einem größeren Handlungs- und Wirkungszusammenhang geschieht, der den Handlungen immer eine Bedeutung gibt, gleichgültig, ob dies vom Handelnden beabsichtigt und erwünscht ist oder nicht."[8]

Sowohl gesprochene als auch geschriebene Sprache wird mit der pragmatischen Wende als Handlung verstanden. „Die Grundeinheit von Sprache im Gebrauch ist weder ein einzelnes Wort noch ein Satz, sondern ein Text."[9] Dabei kann „unter einem Text sowohl ein mündliches als auch ein schriftliches Sprachgebilde verstanden werden"[10]. Texte finden sich in gesellschaftlichen Kontexten. Die Bildung von Texten erfolgt auf dem Hintergrund des ‚Weltwissens' und mittels des ‚Sprachwissens' der Kommunikationsteilnehmer. Es geht also bei der Analyse von Sprachhandeln nicht (nur) um die lexikalische Bedeutung der verwendeten Wörter, sondern um den „Gebrauchskontext"[11] in dem sie verwendet werden:

„Begriffe können nicht als Substanz fester Bedeutungen und Bezeichnungen gelten. Von Interesse ist nicht ihre sinnvolle definitorische Abschließung und theoretisch syntaktische Einbettung innerhalb einer Einzelwissenschaft. Ihre Geschichte weckt Interesse als Geschichte ihrer Funktionen in einem diskursiven und sozialgeschichtlichen Zusammenhang. Dadurch werden sie hochvariabel für vielfältige Sinnbezüge."[12]

Gegenstand der Untersuchung ist somit der Kontext der Sprachverwendung. Im Zentrum steht die Frage, welche Bedeutung ein Begriff in einem bestimmten Verwendungszusammenhang hat: In welchem Zusammenhang werden für den Diskurs zum Karikaturen-Streit strittige Begriffe und Einstellungen geäußert? Die sprachliche Inhaltsseite, die Semantik, ist dabei niemals unabhängig von der gesellschaftlichen Wirklichkeit, die durch die Sprachverwendung abgebildet wird. Hannappel und Melenk nennen diesen Verwendungszusammenhang

---

[8] Ebd. S. 39f.
[9] Halliday (1970) S. 160
[10] Ernst (2002) S. 155
[11] Die Begriffe „Weltwissen", „Sprachwissen" und „Gebrauchskontext" sind übernommen von Ernst (2002).
[12] Bollenbeck (1996) S. 166

„Kontextbedeutung"[13] und definieren diese als von folgenden Koordinaten bestimmt:[14]

Stellung im Sprachsystem Merkmale Begriffsoppositionen Bedeutungsvarianten	Typisierte Vorstellungen Alltagswissen Interpretationsschemata Normen
KONTEXTBEDEUTUNG	
Kontext Globalreferenz Situationen	Individuelle Vorstellungen Erfahrungsbereich Sachkenntnis Wertungen

In Texten werden Kontexte sprachlich konstituiert. Aus der außersprachlichen Wirklichkeit vermitteln sie in den Sprachregeln und mittels der Verwendungskonventionen eine bestimmte Sichtweise auf die Wirklichkeit. Auf der Grundlage des Gesagten kommt man zur folgenden Definition von Text:

„[E]in Text ist
- der sprachliche Ausdruck einer mehr oder minder komplexen ideellen Tätigkeit bzw. eines mehr oder minder komplexen Denkens,
- der zum Zwecke der Weitergabe an andere (Kommunikation) oder an mich selbst (zu einem späteren Zeitpunkt) produziert wird.
- Voraussetzungen zur Produktion eines Textes ist zudem das Vorhandensein von Wissen (Weltwissen, Wissenshorizont), das in einem Lernprozess zustande gekommen ist, den ein Mensch im Verlaufe seiner Sozialisation in einer bestimmten sozialen Umgebung als Mitglied einer bestimmten Gesellschaft bzw. in einer Untergruppe davon in einer bestimmten historischen Zeit absolviert hat [siehe Soziolinguistik in Kapitel 3.6; A.G.].
- Hinzu kommt, dass der über Wissen verfügende Mensch in einer bestimmten konkreten Situation, einem bestimmten Bedürfnis folgend
- und infolgedessen mit einem Motiv ausgestattet,
- dieses sein Wissen in einer bestimmten (Wirkungs-)Absicht gedanklich aus- und weiterverarbeitend [siehe Einstellung und Einstellungsbekundung in journalistischen Texten in Kapitel 5.4.1; A.G.]
- unter der Beachtung der Rezeptionsbedingungen durch andere etc.
- und unter Zuhilfenahme bestimmter überlieferter sprachlicher/gedanklicher Mittel [...], die er zum Aufbau bestimmter sprachlicher Handlungen braucht, schriftlich oder

---

[13] Hannappel; Melenk (1990) S. 127
[14] Ebd. S. 127

mündlich Text(e) als Resultat seiner (Sprech-/Denk-)Tätigkeit produziert."[15] [siehe Journalistische Texte im Diskurs der Printmedien Kapitel 4; A.G.]

Die fünf letzt genannten Kriterien für Texte treffen in besonderer Weise auch für journalistische Texte zu (siehe Kapitel 4). Journalistische Texte sind Sprache in Gebrauch. Sie konstituieren einen Kommunikationsprozess. Im Bezug auf die Kommunikationsteilnehmer kommt ihnen die Eigenschaft zu, „mehrfachadressiert"[16] zu sein, das heißt, dass sie nicht an ein eindeutig zu bestimmendes und vorherzuberechnendes Publikum gerichtet, sondern für jedermann lesbar und zugänglich sind.

Nach Beaugrande und Dressler gibt es sieben Kriterien eines Textes: „Kohäsion, Kohärenz, Intentionalität, Akzeptabilität, Informativität, Situationalität und Intertextualität."[17] Ein Augenmerk soll hier auf der Kohärenz liegen, denn die Kohärenz ist das entscheidende Charakteristikum eines Arguments im Diskurs, wie noch gezeigt werden wird. „Kohärenz betrifft die Funktionen, durch die die Komponenten der Textwelt, d.h. die Konstellation von Konzepten (Begriffen) und Relationen (Beziehungen) welche dem Oberflächentext zugrunde liegen, für einander gegenseitig zugänglich und relevant sind."[18] Der Oberflächentext besteht aus den Worten, „wie wir sie tatsächlich sehen und hören"[19]. Es sind die sichtbaren grammatischen Strukturen. Die Kohärenz entsteht, wenn die inhaltlichen Komponenten, die Träger von Bedeutung, mit denen des Oberflächentextes übereinstimmen. Diese Übereinstimmung erzeugt die Logik des Arguments und ist grundlegend für das Funktionieren eines Topos im Diskurs (siehe 3.6 und 3.9).

Politische Texte wie Regierungserklärungen oder Parteitagsbeschlüsse werden erst dadurch öffentlich, dass sie von Medien publiziert und erklärt werden. Wirklichkeit ist dann das, was durch die Medien erfahrbar wird. Was politisch

---

[15] Jäger (1993) S. 23f.
[16] Girnth (2002) S. 34: „Die Möglichkeit der Mehrfachadressierung wird insbesondere durch die Medien gewährleistet, die politische Texte einem Massenpublikum zugänglich machen. Mehrfachadressierung ist eine Folge des öffentlichen Charakters politischer Sprachverwendung."
Zur Bedeutung von Öffentlichkeit siehe auch 3.5.
[17] Zit. nach Titscher (1998) S. 39ff.
[18] Beaugrande (1981) S. 5
[19] Ebd. S. 4

relevant ist, darf inhaltlich nicht eng am Begriff ‚Politik' ausgerichtet werden, wie er in der Alltagssprache verwendet wird:

> „Im Gegensatz zur Medizin oder Physik ist die Politik nämlich kein klar abgrenzbares Fachlexikon. Politik ist vielmehr ein Handlungs- und Funktionskomplex [...], der alle Bereiche des gesellschaftlichen Lebens erfassen kann. Selbst Wörter, die heute niemand dem politischen Lexikon zurechnen würde, können unter bestimmten gesellschaftlichen Bedingungen ‚politisch' werden."[20]

Den journalistischen Texten kommt deshalb bei der Realitätskonstitution einer Gesellschaft eine wesentliche Rolle zu. Der durch journalistische Texte angestoßene gesellschaftliche Diskurs verwendet Begriffe, bewertet Zusammenhänge und erklärt den Rezipienten die Welt. „Die gesellschaftliche Wirklichkeit wird vor allem über eine ‚symbolische Sinnwelt' und weniger über direkte Erfahrung wahrgenommen."[21]

3.2   Journalismus und Wirklichkeitsvermittlung

Das Sprechen über den Karikaturen-Streit ist unmittelbar Teil des „Kommunikationsbereichs Politik"[22]. Sprache der Politik kann zum einen das Sprechen in und über politische Prozesse meinen. Zum anderen können Begriffe aus nichtpolitischen Bereichen zum Gegenstand der politischen Rede werden, sofern Geschehnisse in der außersprachlichen Wirklichkeit dies bewirken.

> „Die Sprache der Politik ist eine Sprache der Begriffe, in einem bestimmten Kontext, selbst wenn Wörter aus anderen Fachgebieten entliehen werden. Diese Begriffe sind Symbole, die für Zusammenhänge stehen und durch sie bestimmt werden. Erst in diesen Zusammenhängen, die unterschiedlich sein können, entfalten sie ihre Bedeutung."[23]

Diesem Bereich ordnet Girnth unter anderem die Aufgabe, „das Handlungsfeld"[24] der „öffentlich-politischen Meinungsbildung"[25] zu. „Dem Handlungsfeld ‚öffentlich-politische Meinungsbildung' kommt eine besondere Bedeutung zu, da hier die massenmediale Vermittlung der für die politischen Kommunikation relevanten Textsorten stattfindet. [...] Prototypische Textsorten sind beispiels-

---

[20] Girnth (2002) S. 46
[21] Ebd. S. 5
[22] Ebd. S. 35
[23] Shrouf (2006) S. 12
[24] Girnth (2005) S. 35
[25] Ebd.

weise Leitartikel, Kommentar, Glosse oder Rundfunk-/Fernsehnachricht"[26] (siehe Kapitel 4).

Sprache und die Verwendung von Sprache in den für die Vermittlung von politischen Prozessen relevanten journalistischen Textsorten sind die Grundlage für den öffentlichen Diskurs zum Thema Karikaturen-Streit. Journalistische Texte erhalten dabei neue Termini und konstituieren Begrifflichkeiten, die für den weiteren Verlauf des Diskurses maßgeblich werden können. Insoweit tragen sie zu einem Begriffs- und Bedeutungswandel innerhalb einer Sprachgemeinschaft bei.

Die am Meinungsbildungsprozess beteiligten Gruppierungen suchen die Öffentlichkeit in ihrem Sinne mit sprachlichen Mitteln zu beeinflussen und für ihre Sichtweise zu gewinnen. Sie folgen dabei der Vorstellung, wie Herrgen zitiert, „,dass Sprache als solche, als System von Lauten, Wörtern und Sätzen das Bewusstsein der Menschen determiniere und damit ihre Sicht von gesellschaftlicher und natürlicher Wirklichkeit' "[27] bestimmt.

Welche Wirklichkeit ist damit gemeint? Indem Sprache auf außersprachliche Phänomene rekurriert, sie bezeichnet, klassifiziert und bewertet, kreiert sie eine eigene Seinsmächtigkeit. Es entsteht eine Größe, die aufgrund der Verständlichkeit für alle Glieder einer Sprachgemeinschaft die Fähigkeit besitzt, kognitive Welthabe zu vermitteln. Beaugrande bezeichnet diese kognitive Fähigkeit als „Konzept".[28] Es „ist bestimmbar als eine Konstellation von Wissen (kognitivem Inhalt), welches mit mehr oder weniger Einheitlichkeit und Konsistenz aktiviert oder ins Bewusstsein zurückgerufen werden kann"[29].

Die „kommunikative Grundfunktion"[30] der Textsorten, die im Kontext öffentlich-politischer Meinungsbildung entstehen, ist „informativ-persuasiv. [...] Um die informativ-persuasive Grundfunktion zu realisieren, werden in Texten dieses Handlungsfeldes kommunikative Verfahren wie informieren, argumentieren oder bewerten wirksam"[31]. Auf der Grundlage der möglichen kognitiven Größe

---

[26] Ebd. S. 35f.
[27] Herrgen (2000) S. 31
[28] Siehe Beaugrande (1981) S. 5
[29] Ebd.
[30] Girnth (2005) S. 36
[31] Ebd.

von Sprache kommt Schulz im Hinblick auf die Wirklichkeitsvermittlung von journalistischen Texten zu dem Schluss:

> „[S]o sind die Massenmedien als Weltbildapparate der Gesellschaft zu betrachten. Sie wählen aus der unendlichen Fülle von Zuständen und Vorgängen in der Welt einige wenige aus, unterziehen sie einem Verarbeitungsprozess und entwerfen daraus ihr Weltbild. Dieses hat für die Gesellschaft einen ähnlich ‚objektiven‘, verbindlichen Charakter wie es die individuelle Weltwahrnehmung hat."[32]

Dieses Weltbild tritt dem Menschen als gegeben gegenüber; der Verlauf seines intellektuellen Lebens ist von der Übernahme und der Ablehnung einzelner Aspekte dieses Weltbildes geprägt. Journalistische Texte bilden die Veränderungen in der Welt ab und verändern somit den Weltbildapparat, den sie produzieren. Der Mensch gleicht diese Veränderungen immer wieder mit seinem individuellen Weltbild ab. Schulz nennt diesen kognitiven Vorgang „Verarbeitungsprozess". Dieser Begriff bezeichnet den Prozess der Welthabe und macht die eigentliche Rezeptionsleistung des Lesers aus. Die lesenden Kommunikationsteilnehmer absorbieren die Informationen des Textes nicht einfach nur. Vom passiv verstandenen Konsumenten wird der Leser zu einem aktiven Kommunikationsteilnehmer. Der Sender des Textes, der Zeitungsautor, muss die Möglichkeiten der kognitiven Verarbeitung, das Repertoire der Deutungs- und Verstehensvarianten der Wirklichkeit durch den Leser berücksichtigen, wenn er mit seinem Artikel Erfolg haben will.

Schulz bezeichnet diese systematisierten Varianten als Schemata: „Schemata sind Bestandteile der kognitiven Ausstattung des Rezipienten, sind – einfach ausgedrückt – organisierte Wissensbestände. Sie steuern die Selektion und Verarbeitung von neuer Information; sie bieten Organisationsmuster an zur Integration von neuem Wissen in die vorhandenen Wissensbestände."[33] Diese Schemata haben erklärenden und vereinfachenden Charakter. Die betreffende Person kann ihre schematisierten Wissensbestände jederzeit aktivieren und im ‚Verarbeitungsprozess‘ verändern und erweitern.

Ein Beispiel dafür ist auch der Umgang mit dem Islam in Deutschland: Die Organisationsmuster für religiöse Phänomene sind hier traditionell nach dem lexikalischen Inventar der christlichen Religion strukturiert. Mit dem Entstehen

---

[32] Schulz (1997) S. 49
[33] Ebd. S. 42

der ersten islamischen Minderheitsgemeinden in Deutschland war der erste
Schritt bei der Erweiterung von religiösen Wissensbeständen die Übernahme des
bekannten christlichen Vokabulars auf die neuen Sachverhalte. Deshalb wird im
Verarbeitungsprozess nach Schulz im Hinblick auf den Islam die „Moschee" ein
„Gotteshaus" und aus dem „Imam" wird ein „Geistlicher" oder „Kleriker".

Begriffe werden nicht ohne Verwendungskontexte benutzt. Fasst man mit
Ernst Ulrich Große einen Text nur als „den sprachlich manifesten Teil der Äußerung in einem Kommunikationsakt"[34] auf, entziehen sich die nicht-textlichen
sozialen Handlungsmuster, die zum Verstehen eines Textes unerlässlich sind,
der Untersuchung. Sprache ist nur ein Teil des Inventars sozialer Handlungsregeln. Wie die Sprache gelten alle weiteren Handlungsregeln „überpersonal, in-
tersubjektiv in der Gruppe und/oder Gesellschaft, in der die Kommunikations-
partner leben"[35]. Diese Äußerung Groß' wird im Kontext des Karikaturen-
Streits besonders interessant. Es gibt noch kein lexikalisches Inventar, keine
konventionalisierten sozialen Handlungsregeln, keine Verwendungskontexte
zum Islam. Dafür ist er als gesellschaftliches Phänomen in Europa zu jung. Von
daher finden im Sprachgebrauch Synonymisierungen wie ,Mo-
schee'/,Gotteshaus' oder ,Imam'/,Geistlicher', ,Kleriker' statt, die aus dem Lexikon, der Semantik und den Verwendungskontexten der bekannteren Religion,
im konkreten Fall des Christentums, entnommen sind. Aus diesen Synonymisierungen erwachsen im Verlauf des argumentativen Diskurses neue Begriffe,
Erstbenennungen (siehe 5.3), die den Sender in die Lage versetzen, neben dem
neuen Begriff auch dessen Bedeutung und moralische Qualifizierung vornehmen
zu können.

Die sozialen Handlungsmuster der Bevölkerung islamischen Glaubens, deren
Weltbild und deren Selbstvollzug, können solange von der Sprachgemeinschaft
nicht zureichend verstanden werden, bis es nach einer diskursiven Beschäfti-
gung mit den neuen Sachverhalten zu einer zufrieden stellenden Erstbenennung
gekommen ist.

Im Kontext des Karikaturen-Streites wurde beispielsweise deutlich, dass die
Mehrheit der Deutschen die Bedeutung, die der Prophet Muhammad im Leben

---

[34] Große (1976) S. 13
[35] Ebd. S. 22f.

32

gläubiger Muslime hat, nicht kannte, bzw. nicht verstanden hatte. Ohne eigenes Inventar der Beschreibung und ohne semantische Füllung der Inhaltsseite sind die Lebenskontexte von Muslimen (in Deutschland und allen anderen Ländern der westlichen Hemisphäre) nicht nachvollziehbar. „Die Wirklichkeit wird immer [...] erfahren und beurteilt. Daher ist als Wirklichkeit zunächst das anzusehen, was in der ‚Behauptung‘ festgestellt – oder sprachanalytisch gesagt – als ‚Tatsache‘ [...] angesprochen wird.“[36] Damit ist die Wirklichkeit an sich nicht gegeben, sondern nur existent in der Wahrnehmung der Individuen. Diese Wahrnehmung kann divergieren und von verschiedenen Ausgangssituationen zu verschiedenen Ausprägungen des Verständnisses von Wirklichkeit führen. Zeitungstexte hängen auch von verschiedenen Blickwinkeln ab, die für sich genommen gleichen Anspruch auf Geltung haben können. Eine perspektivische Anlage in Texten, seien sie literarisch oder journalistisch, gehört nach Iser zu den Basiseigenschaften eines Textes. „Ein Journalist befragt meistens mehrere Informanten, bevor er die verschiedenen Blickwinkel, aus denen der jeweilige Sachverhalt betrachtet wird, in einem Text vereint.“[37]

Die Wirklichkeit oder die *wahre* Wirklichkeit konstituiert sich in dem Sinne, in dem alle Menschen die gleichen Wahrnehmungsparameter besitzen und durch die Verankerung in Raum und Zeit über vergleichbare Maßstäbe der Beobachtung von Wirklichkeit verfügen. Dabei gibt es Aspekte von Wirklichkeit, die zwar existieren, aber nicht wahrgenommen werden, weil sie nicht im Blickfeld der betrachtenden Person liegen oder durch nichts in unser Blickfeld gerückt werden.

3.3   Text und Intertextualität

Ein Text ist ein Baustein des gesellschaftlichen Diskurses. Texte stehen nicht nur für sich allein, sondern in einem Zusammenhang mit anderen Texten. Der gesellschaftliche Diskurs freiheitlich-demokratischer Gemeinwesen zeichnet sich dadurch aus, dass dieser Diskurs nicht linear verläuft, sondern von einer Vielfalt von Meinungen bestimmt wird. Texte verschiedener Autoren verweisen

---

[36] Hedwig (2001) Sp. 1232
[37] Kirstein (1996) S. 25

innerhalb von Diskursen aufeinander, bewerten Sachverhalte und Argumente gegenseitig, lassen Rückschlüsse zu, werden hinterfragt.

Ein Zeitungstext verweist meist nicht explizit darauf, die Antwort auf ein bereits erwähntes Argument des Diskurses in einem anderen Text zu sein. Der Rezipient, der seinen ‚Wissensbestand' durch die Texte, die durch die Massenmedien vertrieben werden, erweitert, gleicht im ‚Verarbeitungsprozess' die Texte der Diskursteilnehmer ab und wertet die vorgebrachten Argumente mittels seiner kognitiven Fähigkeit auf der Grundlage seiner lebensweltlichen Situation. Das sind die praktischen Auswirkungen der so genannten *Intertextualität*.

Unter ‚Intertextualität' versteht man „die Theorie der Beziehungen zwischen Texten"[38]. Im Kontext des Verständnisses von Texten als Sprachhandlung und von Sprachhandlung als sozialem Handeln, ist der Begriff der Intertextualität an die Kommunikationsteilnehmer und deren Zugang zu Information innerhalb einer Gesellschaft gebunden. Als kommunikative Vernetzung gilt dabei das Maß, mit dem sprachliche Handlung in Textform Information verbreitet und Meinung erzeugt. Journalistische Texte bilden Ausschnitte der Wirklichkeit ab. Zusammen mit dem bereits existierenden Vorwissen des Lesers ermöglichen sie die Erweiterung des Weltwissens. Sie sind die Voraussetzung für die Entstehung von *Weltbildapparaten*. „Die im Text gesetzten (intertextuellen) Signale fungieren dann als textuelles Angebot und Anweisungspotenzial an Leser, die entsprechenden Bezüge unter Hinzunahme textuellen Vorwissens (sowie situativer Merkmale) im Leseakt herzustellen und zu verarbeiten."[39]

Dieser Akt gelingt umso mehr, wie der Leser fähig ist, die Inhalte anderer Texte abzuspeichern und in Zusammenhang mit jedem neuen Text, den er liest, zu bringen. „Die Rezipienten verfügen [...] über ‚Vor-Texte' [...], über Vorwissen aus Texten verarbeiteter und gespeicherter Kommunikationsereignisse, das sie bei Verstehensprozessen selektiv aktivieren."[40] Dieser Vorgang weist in den Innenraum der kognitiven Leistungsfähigkeit des Menschen. Insofern sind die „Texte [...] natürlich das Ergebnis kognitiver Prozesse"[41]. Der Außenraum, die Realität, bietet in der Definition der Kommunikationstheorie den Prätext. Die

[38] Broich (1985) S. 11
[39] Rößler (1997) S. 236
[40] Heinemann (1997) S. 31
[41] Ebd. S. 30

Vorkommnisse in der Realität sind die Ursache und der Inhalt sprachlicher Verarbeitung im Text. „Welche Art von Realität hat dasjenige, was in ihnen zur Sprache (…) kommt, und welche Realität ‚entsteht‘ im Medientext? Wir wollen ‚dasjenige, was zur Sprache kommt‘ als ‚Ereignis‘ bezeichnen, die jeweilige Art der Realität als ‚Realitätsmodus‘.“[42] Das Ereignis ist im vorliegenden Fall die Veröffentlichung der Muhammad-Karikaturen, die Realitätsmodi sind die verschiedenen Deutungsweisen des aus der Veröffentlichung resultierenden Konflikts.

Texte bilden Teile der Wirklichkeit ab. Der Abbildungsprozess hängt vom Vorauswissen, dem Blickwinkel und den kognitiven Fähigkeiten des Schreibers ab. Auch der Autor schreibt nicht aus dem Kontextlosen, sondern ist den sprachlichen Konventionen von Zeitungs- bzw. Printmedientexten durch seine Kenntnis anderer Printmedienerzeugnisse verhaftet. „Jeder Text ist Reaktion auf vorausgegangene Texte.“[43] Die „Textlinguistik […] definiert als Intertextualität die ‚Abhängigkeit zwischen Produktion bzw. Rezeption eines gegebenen Textes und dem Wissen der Kommunikationsteilnehmer über andere Texte‘ “[44]. Am Ende gibt es keine Texte mehr als solche, sondern nur die Verhältnisse und Abhängigkeiten von Texten untereinander.[45] Die unbestimmt große Textmenge aller Texte formt ein neues Ganzes: „In jeden Text schreiben sich die Spuren – seien sie auch noch so undeutlich und verwischt – des ganzen Universums der Texte ein, des ‚texte général‘.“[46] In diesem Sinne heißt es bei Strohner:

> „Die wichtigste Informationsquelle eines Textes ist der Textproduzent, der jedoch im Allgemeinen seinerseits die meisten Informationen wiederum von anderen Informationsquellen, zum Beispiel von anderen Textproduzenten oder aus eigener Anschauung, bezieht. […] Die Menge der verschiedenen Informationsquellen in diesem oft über viele Zwischenstationen und -medien reichenden Informationsfluss bezeichne ich als Textwelt.“[47]

Die einzelnen Aspekte des Karikaturen-Streits, die mit der Argumentation eines Für und Wider eines Kampfes der Kulturen verbunden sind, bilden eine einzige

---

[42] Burger (2001) S. 19
[43] Broich (1985) S. 11
[44] Ebd. S. 12
[45] Ebd.
[46] Ebd. S. 13
[47] Strohner (1990) S. 68

Textwelt, auf deren Fundus die Autoren implizit oder explizit zurückgreifen. Die Stichwörter, die Argumente des Diskurses zum Karikaturen-Streit sind aus dem gesamten Sammelsurium der gesellschaftlichen Meinungen und Einstellungen zum Islam entnommen (der ‚opinion general‘).

3.4 Der Diskurs in den Medien als Teil des gesamtgesellschaftlichen Kommunikationsgeschehens

Journalistische Texte sind eingebettet in einen gesamtgesellschaftlichen Makro-text, der durch die Einstellungen und das Wissen der Kommunikationsteilneh-mer, ihre konkrete geschichtliche Situation (Bildung, Wohlstand etc.) geprägt ist. Die Untersuchung des gesamtgesellschaftlichen Makrotextes wird von der historisch-semantischen Diskursanalyse geleistet. „Dieser Wissensanalyse mit linguistischen Mitteln kommt es nicht so sehr [...] darauf an, Wissensquanten zu beschreiben (also quasi den Fundus des Wissens, der Episteme einer Epoche in der Deskription zu duplizieren), als vielmehr darauf, Relationen, Prädispositio-nen, historische Aprioris zu explizieren und damit sichtbar zu machen."[48] Die Relationen, Prädispositionen und historischen Aprioris einer Gesellschaft sind die kognitive Grundlage der Auseinandersetzung mit einem Thema. Die Ver-schiebung einzelner dieser Koordinaten im Lauf der Zeit machen die Auseinan-dersetzung mit und die Diskussion über den Makrotext im Ganzen nötig. Diese Auseinandersetzung wird in Diskursen beschrieben.

Jeder Diskurs läuft auf der Basis der gesellschaftlich etablierten, durch Nor-men und Wertvorstellungen strukturierten, Wissensbestände ab. Dabei wird punktuell ein bestimmter Aspekt des gesellschaftlichen Wissensbestandes unter aktuellen Vorzeichen abgerufen, in den neuen Kontexten analysiert und seine Bedeutung (für die Gesellschaft) durch den ihn betreffenden Diskurs modifi-ziert. Als punktuelle Untersuchung eines gesellschaftlich relevanten Ereignisses kann der Diskurs im Anschluss verstanden werden als „Text im Kontext, als empirisch zu beschreibendes Datum"[49]. Quantitativ sind die zum Diskurs gehö-renden Texte nicht bestimmt. Ein Diskurs wird hier verstanden als „ein Textge-flecht, als Dialog zu einem Thema und als Korpus. Dies bedeutet, dass Einzel-

---

[48] Busse (2000) S. 46
[49] Titscher (1998) S. 44

texte erst ihr volles Verständnis im Rahmen von anderen, thematisch verwand-
ten, Texten, erhalten, dass die Analyse des Textes also auch die in einem solchen *Textensensemble* vorhandenen anderen Texte mit zu berücksichtigen
hat."[50]

Der Kommunikationsteilnehmer selbst muss mittels seiner kognitiven Fähigkeiten entscheiden, welche Texte für ihn zu einem bestimmten Diskurs gehören.
Hierzu bedient er sich seines Wissensbestandes und seiner Textsortenkenntnis,
die wiederum auch ein Teil seines gesellschaftlich bedingten, kulturell vorge-
prägten Wissensbestandes ist. „Ein Diskurs ist [...] eine prinzipiell offene Menge von thematisch zusammenhängenden und aufeinander bezogenen Äußerungen. Es handelt sich dabei nicht um objektiv gegebene und (streng) gegeneinander abgegrenzte Komplexe, sondern um Zusammenhänge, die eine Kommunikationsgemeinschaft im gesellschaftlich-historischen Prozess als geistige Ord-
nungsgrößen konstituiert, vor deren Hintergrund einzelne Äußerungen und Texte produziert und rezipiert werden."[51]

Textmengen, die sich auf dasselbe Thema beziehen, sind aufeinander verwiesen. Dieser Sachverhalt wird mit dem Terminus *Intertextualität* beschrieben
(siehe 3.3). Journalistische Texte stehen dabei im Fokus der Gesamtgesellschaft
und erhalten dadurch eine herausgehobene Relevanz. Sie gehören in den Bereich
der öffentlich-politischen Diskussion; sie informieren und bilden Meinung (siehe Kapitel 4). „Der Prozess der öffentlich-politischen Willensbildung ist gekennzeichnet durch eine komplexe Aufeinanderfolge von Texten, in denen sich
die unterschiedlichsten Interessen der beteiligten Akteure spiegeln."[52]

Textmengen bilden die Grundlage des Diskurses. Zeitungstexte beziehen sich
dabei aufeinander, ohne dass, anders als in wissenschaftlichen Diskursen von
Fachzeitschriften etwa, ein entsprechender Verweis von Seiten des Autors auf
andere Autoren vorgenommen werden müsste. Solche Zeitungstexte bilden deshalb häufig das Konglomerat all dessen, was eine Gesellschaft über einen bestimmten Sachverhalt, einen bestimmten Themenkomplex (zum Beispiel zum

---

[50] Wengeler (2000) S. 55f.
[51] Adamzik (2001) S. 254
[52] Girnth (1996) S. 68

Thema ,Islam') in einem bestimmten Moment weiß, bzw. was sie in einem bestimmten Moment an diesem Themenkomplex interessiert.

Der Diskurs der Medien bildet zum einen den Status quo des Wissens einer Gesellschaft zu einem bestimmten Sachverhalt zu einer bestimmten Zeit ab, zum anderen trägt er zur Weiterentwicklung dieses Wissens innerhalb der Gesellschaft bei. Der Diskurs wird wegen dieser Einbettung in außersprachliche gesellschaftliche Bezüge als „Kontextualisierungszusammenhang"[53] bezeichnet. Als kommunikative Äußerungseinheit nehmen Diskurse Einfluss auf das Wissen einer Kommunikationsgesellschaft und auf die Welthabe der Kommunikationsteilnehmer und verändern sie:

> „Globales Wissen entsteht außer in der Beobachtung [...] durch die geistige Verarbeitung textuell gestalteter Diskurse über die objektive Realität. Gedächtnis und Intelligenz entfalten sich im Ergebnis und in Rückwirkung auf die diskursive Praxis. Wenn nun Texte die unmittelbaren Träger unseres Wissens sind, dann ist die textuelle Kommunikation, also der Diskurs, eine unserer wichtigsten rationalen Tätigkeiten, neben der Wahrnehmung eine entscheidende Lebensquelle unseres Bewusstseins."[54]

Dem Text als kleinster kommunikativer Einheit korrespondiert „der Diskurs, die Aufbietung von Sprache in der sozialen Interaktion, [...] [als; A.G.] die höchste linguistische Einheit"[55].

Neubert definiert Diskurs wie folgt: „Wenn wir Sprache verwenden, halten wir uns nicht nur an die Regeln des Sprachsystems, sondern wir erschaffen und erleben für uns und unsere gesellschaftliche Umwelt ein unverwechselbares Stück sozialer Wirklichkeit. Sprachliche Äußerungen sind stets mehr als ,bloße' in sich ruhende, richtige Satzfolgen. Sie gehen ein und werden zugleich aufgehoben in einer entscheidenden übergreifenden Einheit, dem Diskurs"[56]. Mittel dieses kognitiven Vorgangs sind sprachliche Strategien, die die „übergreifende Einheit" lexikalisch ins Werk setzen. Ohne Sprache, keine Argumentation (siehe Kapitel 5).

Diskurse folgen einem inneren Aufbau, der Argumentation. Als Argumentation kann das bezeichnet werden, was den Text eben zu mehr macht, als nur einer Aneinanderreihung von Sätzen. Die inhaltlichen Bindeglieder, die durch sprach-

---

[53] Vgl. Busse (2000) S. 44
[54] Neubert (1983) S. 8
[55] Ebd. S. 5
[56] Ebd.

38

liche Ausdrücke manifest werden, strukturieren den Diskurs in Argumente. Neubert nennt diese Strukturmerkmale „hierarchisierte Abhängigkeiten", „Steuerungszentren" und „primäre Begriffe"[57]. Um diese Struktur zu erreichen ist es unerlässlich, dass sowohl die Texte, als auch der Diskurs innerhalb von Texten dem Kriterium der Kohärenz genügen (siehe 3.1). „Kohärenz betrifft die Funktionen, durch die die Komponenten der Textwelt, d.h. die Konstellation von Konzepten (Begriffen) und Relationen (Beziehungen), welche dem Oberflächentext zugrunde liegen, füreinander gegenseitig zugänglich und relevant sind."[58]

Busse bringt Diskurse in eine dreigliedrige Form:

„(1) intendierte (overte) Kontextualisierungen;
(2) nicht-intendierte, aber bewusste (als bewusst unterstellte) Kontextualisierungen;
(3) nicht intendierte, nicht-bewusste, nur analytisch feststellbare Kontextualisierungen."[59]

Besonders die Typen 1 und 2 sind von Relevanz bei der Bestimmung von den Diskursen innerhalb und durch Zeitungstexte. Nach Busse werden diese Kontextualisierungszusammenhänge illustriert durch: „durchgängige explizite Thematisierungen durch Überschriften, Themenangaben, Leitbegriffe, explizite Satzaussagen, (intendiert) Mitgemeintes."[60]

3.4.1   Der Diskurs bei Foucault

Bei Foucault steht der Diskurs in den Medien immer im Zusammenhang mit der Machtausübung in der Gesellschaft. Medientexte beeinflussen demnach das Weltwissen und die Ideologiesprache (siehe 5.4) der Einzelnen mittels ihrer Sprachwahl und Argumentationsmechanismen. „Die Medien entfalten ihre primären Wirkungen eben gerade in Transformationen zwischen Diskurselementen und in der Beeinflussung des Bewusstseins von Bevölkerungsschichten, Gruppen oder einzelner Personen. Mit anderen Worten: mediale Prozesse spielen sich innerhalb der Diskurse ab und sind nicht diesen vorgelagert."[61] Die Medien sind

---

[57] Ebd. S. 12
[58] Beaugrande (1981) S. 5
[59] Busse (2000) S. 44
[60] Ebd. Solch „intendiert Mitgemeintes" untersucht Lehr (2005) in ihrem Aufsatz über die Verwendung doppelter Anführungszeichen in journalistischen Texten.
[61] Dorer; Marschik (1993) S. 7

ein Teil der Organe, die Machterwerb und -erhalt in einer Gesellschaft durchsetzen und erhalten. Die Sprache der Medien ist den sprachlichen Konventionen verpflichtet, die von jeher dem Machterhalt und der Gesellschaftsbildung gedient haben, so Foucault. Sprache ist auch bei ihm Sprache in Gebrauch, gebunden an den Verwendungskontext. Es „ist davon auszugehen, dass Kommunikation generell nur auf der Grundlage vorher bestehender Machtbeziehungen funktionieren kann, die alle Diskurse wesentlich bestimmen. [...] Jede Kommunikation muss als Teil dieser Machtnetze gesehen werden."[62]

Als Vermittlung zwischen den Machtzentren horizontal als auch vertikal von den Machtzentren zu den von ihnen dominierten Bevölkerungsgruppen dienen bei Foucault die Medien. Die gesellschaftlichen Konventionen der Sprachverwendung, denen alle gesellschaftlichen Akteure verpflichtet sind, nennt Foucault *Dispositive*:

> „Dispositive, das sind gesagte wie ungesagte Einrichtungen und Lehrsätze, wissenschaftliche Aussagen, Gesetze, administrative Maßnahmen oder moralische Vorschriften. Das Dispositiv ist das Netz, das zwischen diesen Aussagen geknüpft werden kann. Gemeinsam ist diesen Aussagen, dass sie allesamt strategischer Natur sind, dass es sich dabei also um bestimmte Manipulationen von Kräfteverhältnissen handelt."[63]

Foucault benennt hier die Grundlagen des Weltwissens und der *Kontextualisierungszusammenhänge* der Sprachteilnehmer einer Gesellschaft. Anders als bei den anderen in 3.4.2 vorgestellten Autoren ist bei Foucault der Aspekt der Macht in der Gesellschaft durch Sprache und Sprachverwendung charakteristisch. Die *Dispositive*, die *Kontextualisierungszusammenhänge*, sind im Kontext des Argumentierens die Prämissen, die Grundlagen der kohärenten Argumentation. Bei Foucault ist die Untersuchung, die Freilegung dieser *Dispositive* grundlegend bei der Diskursanalyse. „Foucaults Ziel liegt in der Aufdeckung der Entstehung und Veränderung bestimmter *Dispositive*, die [für ihn] immer wieder auf die Geschichte der Macht und des Wissens aufbauen; und es geht ihm weiters darum, Techniken und Strategien aufzudecken, deren sie sich zu ihrer Erhaltung bedienen."[64] Im Sinne des Machterwerbs und -erhalts ist es wichtig, den Diskurs zu bestimmen. Die Argumente des Diskurses müssen deshalb unver-

---

[62] Ebd. S. 11
[63] Ebd. S. 12
[64] Ebd. S. 7f.

40

wechselbar sein. Die Identität einer Aussage „ergibt sich aus bestimmten strategischen Merkmalen im discoursiven Feld und ihrer Wiederholbarkeit; die letztere wird vornehmlich durch Institutionen geleistet".[65] Die Medien haben die
Möglichkeit, diese Funktion wie kein anderer gesellschaftlicher Akteur auszu-
füllen. Aus diesem Grund wächst ihnen die von Foucault nachdrücklich beschrieben Stelle im Machtgefüge einer Sozietät zu.

Foucault nennt „Gruppen von Aussagen"[66] *Performanzen*. Sie sind die Bedingung spezifischer Diskurse, ökonomischer, wissenschaftlicher, politischer
Diskurse usw. Für den sich aus den *Performanzen* entwickelnden Diskurs bedeutet dies: „Ein Discours stellt infolgedessen dann letztlich eine Menge von
Performanzen [...] dar, insoweit diese nicht nur Formulierungsakte von Sätzen,
Propositionen und Lauten sind, sondern Aussagen."[67] „Aussage" bedeutet hier,
dass das im Satz Gesagte über die Lautkette eine semantische Inhaltsseite besitzt, die sich in der Kommunikation in soziales Sprechhandeln ummünzen bzw.
als ein solches bestimmen lässt. Diese Aussagen bilden Formationen, *Topoi* wie
wir sie in dieser Arbeit nennen, aus denen der Diskurs in seiner endgültigen
Gestalt aufgebaut ist. Ein Diskurs ist „eine Menge von sprachlichen Aussagen,
die einem gleichen Formationssystem zugehören".[68] Ein gelungener Diskurs ist
der, der die Übernahme der ihn ihm enthaltenen Schlussfolgerungen und Werturteile durchsetzt bzw. erreicht. Diesen Schlussfolgerungen kommt im Zuge der
Pragmalinguistik die Qualität von Handlungen zu. Nur Handlungen dienen dem
Machterhalt.

Im Hinblick auf den Weltbildapparat, der im Laufe des Diskurses gebildet
oder erweitert wird, ergibt sich in der Theorie Foucaults: „‚Als Auseinandersein
zwingt ein Discours den auf ihn gerichteten Blick, sich zu spalten und sich sowohl auf dinghaft in der Welt Vorkommendes zu richten wie auch auf eine darin
aufgebaute Wissens-Welt' . Beide Seiten können mit jeweiligen ‚Redensarten'
nur zusammen erfasst werden und bestehen miteinander im jeweiligen Koexis-
tenzraum. Die discoursiven Verhältnisse werden gestaltet durch das Auseinan-

---

[65] Brede (1985) S. 113
[66] Ebd. S. 114
[67] Ebd. S. 116
[68] Ebd. S. 117

derlaufen in das Denken und in das Sprechen, in das Sagbare, das Sichtbare und das Wahrnehmbare."[69]

3.4.2 Diskurstheorien nach Busse/Teubert und Jung

Wie lässt sich ein Diskurs in den Zeitungen bzw. den Medien als Diskurs der öffentlich-politischen Kommunikation bestimmen und als Untersuchungsgegenstand operationalisieren? Busse/Teubert fassen Diskurse als Texte, die...

„sich mit einem als Forschungsgegenstand gewählten Thema, Gegenstand, Wissenskomplex oder Konzept befassen, [...] untereinander semantische Beziehungen aufweisen und/oder in einem gemeinsamen Aussage-, Kommunikations-, Funktions- oder Zweckzusammenhang stehen [...], den als Forschungsprogramm vorgegebenen Eingrenzungen in Hinblick auf bestimmte Parameter wie Zeitraum/Zeitschnitte, Areal, Gesellschaftsausschnitt, Kommunikationsbereich oder Texttypik genügen [...] durch explizite oder implizite text- oder kontextsemantisch erschließbare Verweisungen aufeinander Bezug nehmen bzw. einen intertextuellen Zusammenhang bilden."[70]

Diskurse finden nach dieser Definition in parzellierten gesellschaftlichen Bereichen statt, sind auf eine bestimmte Menge Texte bezogen, die inhaltlich und thematisch aufeinander aufbauen und referieren. Der „Kommunikationsbereich", von dem bei Busse/Teubert die Rede ist, ist der öffentlich-politische. Gerade an diesem Punkt setzt die Kritik Jungs an: Ein Diskurs wird von Kommunikationsteilnehmern nicht als abgeschlossen empfunden bzw. der abgespeicherte Fundus an Weltwissen zu einer Frage wird nach Sachlage wieder aktiviert. Jung schlägt deshalb vor, nicht Textkorpora für die Diskursanalyse heranzuziehen, sondern Aussagekorpora. „Die Auffassung von Diskursen als Textkorpora gerät allerdings mit dem definitorischen Element des ‚gemeinsamen Themas' oder ‚Konzepts' [bei Busse/Teubert; A.G.] in Widerspruch. Kein Text lässt sich durch seine Zugehörigkeit zu einem Diskurs vollständig erfassen. Auch in thematisch einschlägigen Texten kommen Inhalte vor, die man nicht zum gleichen Diskurs rechnen möchte, weil offensichtlich zwischenzeitlich das Thema wechselt, d.h. an anderen Diskursen weiter gesponnen wird."[71]

Diskurse sind Aussagengeflechte, die in Texten realisiert werden. Einzelne Aussagen als textunabhängige Größen können mittels Kognition aus diesem

---

[69] Ebd. S. 118
[70] Busse; Teubert (1994) S. 14
[71] Jung (1996) S. 459

Diskursgeschehen herausgefiltert werden. Texte können Teile mehrerer Diskurse sein. Einzelne Aussagen ergeben mit Aussagen zum selben Diskurs in anderen Texten, die mit mehrfachem Aussagegehalt verschiedener Diskurse ausgestattet sind, eine Schnittmenge. Für die Diskursanalyse dieser Arbeit ist dieses Modell nur dahingehend brauchbar, als dass man im Kontext der Topos-Analyse als einer Metaebene der Textbedeutung innerhalb eines Textes die Prämissen, die Argumente und die daraus resultierenden Schlüsse herausstellen, katalogisieren und systematisieren kann. Praktisch für die Untersuchung dieser Arbeit gilt wie für jede Diskursanalyse:

> „Die Rekurrenz auf Texte ist [...] unumgänglich. [...] Aussagen existieren nicht an sich, sondern nur als zeichenhaft-materielle Manifestation. Folglich stehen sie notwendigerweise in einem Äußerungszusammenhang, durch den Sprechsituation und Sprecherintention, auf deren Kenntnis eine angemessene Interpretation von Äußerungen nicht verzichten kann, fassbar werden."[72]

Beide Modelle fassen Texte als Äußerungseinheiten politisch-öffentlicher Kommunikation. In ihnen werden die Argumente, mit denen ein Diskurs geführt wird, vom Sprecher oder vom Schreiber formuliert. Dabei ist für die hier vorliegende Untersuchung weniger von Interesse, dass verschiedene Aussagen, die zu voneinander unabhängigen Diskursen gehören, in einem Text vorkommen, sondern die Tatsache, dass Diskurse nicht als begrenzte Größen gedacht werden.

Die Berichterstattung über den Karikaturen-Streit dauerte mehrere Wochen. Intertextuelle Bezüge werden wohl im ersten Moment vom Leser weniger reanimiert als gespeicherte Kern-Aussagen von Texten, wenn der Diskurs um den Islam, angeschoben von dem außersprachlichen Ereignis des Karikaturen-Streits etwa, wieder im Kommunikationsbereich der öffentlich-politischen Kommunikation aufgenommen wird. Als im Februar 2008 die Meldung in den Zeitungen zu lesen war, dass ein Mordanschlag auf den dänischen Karikaturisten Kurt Westergaard von der Polizei verhindert werden konnte, haben viele Leser die noch vorhandenen Bezüge, die Kern-Aussagen, zum Karikaturen-Streit im Frühjahr 2006 wieder abgerufen.

Die Kritik Jungs an der Aussage von Busse/Teubert, dass Diskurse nicht nur einem Kommunikationsbereich zugeordnet werden könnten, wird von Girnth re-

---

[72] Ebd. S. 463

lativiert, der zu Recht betont, dass alle Begriffe politisch und zu einem Gegenstand der öffentlich-politischen Sprache werden können, wenn sie durch ein außersprachliches Geschehen zum Gegenstand der öffentlichen Diskussion werden.

3.5 Mediale Öffentlichkeit als Grundlage von Diskursen

Journalistische Texte in Zeitungen und Zeitschriften sind auf eine Breitenwirkung angelegt und geschrieben. Je mehr Menschen durch journalistische Texte erreicht werden, desto mehr Öffentlichkeit können sie für sich beanspruchen. „In der Idealvorstellung vom Prozess der Meinungs- und Willensbildung verleiht Öffentlichkeit den politischen Entscheidungen Rationalität und demokratische Legitimation. Dieser Prozess soll alle Bürger eines Gemeinwesens einbeziehen oder doch wenigstens ihre Interessen angemessen zur Geltung bringen. Sie sollen diese in Meinungen und Argumenten artikulieren."[73] Der journalistische Text lebt von der Öffentlichkeit, die er erzeugt. Zeitungstexte (genauso wie Fernseh- und Radioberichte) ermöglichen den Medien, eine Plattform für die öffentlich-politischen Diskurse innerhalb einer Gesellschaft anzubieten. Medien stoßen Diskurse an und moderieren sie. Im Kontext kommunikativer Handlungstheorien „fungiert die Öffentlichkeit als sozialer Verbindungsbereich, in dem sich Akteure in spezifischen Rollen betätigen"[74]. Die Medien bieten diesen öffentlichen Akteuren eine Plattform und werden dadurch selbst zu Größen von entscheidender Relevanz für die Öffentlichkeit. Durch die Öffentlichkeit gesellschaftlicher Diskurse wird das Besetzen von Begriffen im Sinne der eigenen Handlungsintention von entscheidender Bedeutung: „Erst mit Hilfe der Massenmedien werden sprachlenkende Bestrebungen wirklich durchschlagkräftig. Es ist deshalb kein Zufall, dass erst in letzter Zeit semantischer Einfluss immer offener ausgeübt, semantische Kämpfe immer direkter ausgefochten werden."[75]

Sprachlenkung ist die Voraussetzung für die Möglichkeit von Sprachwandel. Sprachwandel ist ein Prozess, der sich in Kommunikationsgesellschaften in der Öffentlichkeit vollzieht. „Öffentlichkeit [...] fungiert als Entfaltungsraum von

[73] Schulz (1997) S. 87f.
[74] Schicha (1989) S. 176
[75] Busse (1996) S. 354

44

Sprachwandel; sofern sich in den Bedingungen öffentlicher Kommunikation einschneidende Veränderungen feststellen lassen, werden die Auswirkungen dieser Veränderung öffentlicher Diskursräume notwendig auch auf den Sprachwandel [...] durchschlagen."[76]

3.6 Der gesellschaftliche Kontext des Diskurses – soziolinguistische Fragestellungen

Diskurse werden sprachlich vorgenommen. Sprachliche Beschreibungen spiegeln die Verhältnisse innerhalb einer Gesellschaft wieder. Sprache wird verwendet, damit die Teilnehmer eine Kommunikationsgesellschaft miteinander in Austausch treten können. Sprache „ist ein Bestandteil einer spezifischen Sprachkommunikationsrealität. [...] Sie wird als ein Vehikel einer sie total umschließenden außersprachlichen Realität bestimmt von ökonomischen, sozialen und politischen Faktoren, die im komplexen Gesellschaftsprozess dadurch entstehen, dass sich die Gesellschaft auseinander zu setzen hat mit der Wirklichkeit des sozialen Kontextes und den damit zusammenhängenden speziellen Bedingungen."[77]

Es gibt keinen Diskurs ohne Sprache. Von wem werden, in welcher Art werden diskursive Sachverhalte in einer Gesellschaft sprachlich bezeichnet? Das ist die Fragestellung der Soziolinguistik. „Sprachen kommen immer nur als historische Einzelsprachen vor und sind deshalb in ihrem Fortbestehen gebunden an eine bestimmte Gesellschaft, Schicht, Nation oder Minderheit."[78]

Soziolinguistik „sieht die Sprache eingebettet in den größeren Zusammenhang eines Handlungsgefüges oder Miteinanderumgehens"[79]. Sie betrachtet „den Zusammenhang von Sprache und Gesellschaft, sprachlichem Handeln und Sozialisation"[80]. Soziolinguistik reflektiert die historischen Bedingungen, unter denen Sprachgemeinschaft mittels ihrer Einzelsprachen das Leben gestaltet. So besitzt ein indigenes Volk, das auf einer Insel lebt, ein ausgeprägtes Begriffsinventar, dass sich mit dem Bereich Nautik und Fischfang beschäftigt. Eine

---

[76] Ebd. S. 357
[77] Straßner (1987) S. 16
[78] Schlieben-Lange (1991) S. 17
[79] Löffler (1985) S. 24
[80] Ebd. S. 11

Sprachgemeinschaft, für die Reis ein Grundnahrungsmittel darstellt, wird mehr Varianten (gekochter Reis, trockener Reis etc.) bereithalten. Allen Einzelsprachen ist der Vorgang der Kodierung der Wirklichkeit gemein. Sprachlich unterscheiden sich diese „kognitiven Landkarten"[81].

Neben der kodifizierten Hochsprache gibt es in den historischen Einzelsprachen verschiedene Varietäten, in Form von Dialekten oder Mundarten. Es gibt auch verschiedene Verwendungsmodi von Sprache: Ein Beispiel ist die verschiedenartige Verwendung von Sprache in Stadt und Land. Sprache kann und wird nicht von allen Sprachteilnehmern in der gleichen Weise benutzt, denn die Regeln und Techniken ihrer Verwendung sind an soziale Kontexte der Sprechenden gebunden. Diese Varietät in der benutzten Sprache beeinflusst die Dynamik des Sprachwandels wesentlich.[82]

Die Merkmale sprachlicher Varietät werden verschiedenen gesellschaftlichen Gruppen zugeteilt. So gibt die Klamauk-Serie ‚Was guckst du?' im deutschen Fernsehen einen marktanteilfesten Beitrag zum defizitären Sprachgebrauch ausländischer Mitbürger. Gewisse Ausdrücke („Krass, Alter!", „Das ist fett", „Was guckst du?") werden bei gesellschaftlichen Gruppen festgestellt und in ein Gefüge an Bewertungen über sprachliche Äußerungen integriert. Die Frage der Soziolinguistik ist hier: „Warum sprechen manche Leute in vergleichbaren Situationen anders als andere? Welchen personalen Merkmalen entspricht die Andersartigkeit des Sprechens?"[83]

Das Urteil, das aus der direkten Erfahrung mit einem Teil dieser gesellschaftlichen Gruppe bzw. ihrem Sprechen entsteht, wird zu einem Vorurteil, das auf alle Mitglieder dieser gesellschaftlichen Teilgruppe übertragen wird. Die Artikulation dieser Werturteile wird *Stereotyp* genannt: „Ein Stereotyp ist der verbale Ausdruck einer auf soziale Gruppen oder einzelne Personen als deren Mitglieder gerichteten Überzeugung. Es hat die logische Form eines Urteils, das in ungerechtfertigt vereinfachender und generalisierender Weise, mit emotional werten-

---

[81] Dittmar (1997) S. 120
[82] Vgl. ebd.
[83] Löffler (1985) S. 24

46

der Tendenz, einer Klasse von Personen bestimmte Verhaltensweisen zu- oder abspricht."[84]

Die Klassifizierung der sozialen Gruppen folgt keiner einheitlichen Norm. Sie kann bestimmt sein nach „Herkunft, Art der Tätigkeit (Beruf), Status innerhalb einer Gruppe oder Status der Gruppe überhaupt und damit verbundenes Ansehen oder Verachtung (Prestige)"[85] innerhalb des Gefüges der Gesamtgesellschaft.

Mittels Sprache werden die Normen formuliert, die für das Ethos einer Gesellschaft wichtig sind. Mittels Sprache werden auch ethische *no-go-areas* bezeichnet und mittels Sprache werden die Konflikte, in denen zwischen dem einen und dem anderen entschieden wird, ausgetragen. Sprache transportiert also immer schon Einstellungen und Wertungen; es gibt keine neutrale Sprache. Möglich ist, dass nicht alle Kommunikationsteilnehmer darüber volles Bewusstsein haben, dass sie durch die Wahl ihrer sprachlichen Mittel Werteinstellungen transportieren. Sprache wird mitunter unreflektiert gebraucht, zum Zweck der sozialen Interaktion. Dabei gilt für heutige Gesellschaften, „dass der Zusammenhang zwischen Sprache und Gesellschaft meist nicht direkt gegeben ist, sondern über die Vermittlung des Sprechens und der Texte."[86]

Die sprachliche Einbettung sozialer Determinanda treten bei Untersuchungen der Alltagskommunikation hervor: „Besonders im Dialog sieht man deutlich, von welcher Bedeutung die gesellschaftliche Rolle ist, die jeder Dialogpartner hat (Statusrolle), bzw. die er im jeweiligen Dialog zum anderen gerichtet einnimmt (Positionsrolle), ebenso aber auch die gegenseitigen Rollenerwartungen, Rollenvorstellungen und Rollenvorschriften."[87]

Die Vermittlung gesellschaftlicher Einstellungen, die Erstellung kognitiver Landkarten geschieht in den Informationsgesellschaften häufig nur noch mittels der Distribution von Texten. Je nachdem, wie diese Texte schichten- und milieuspezifische Merkmale von möglichen Rezipienten berücksichtigen, können sie bei den Normen- und Meinungsbildungsprozessen in einer Gesellschaft Relevanz für sich beanspruchen. „Da Texte häufig in Kontexten auftreten, nutzen Textproduzenten und -rezipienten die Kontingenzen zwischen Kontext und Text

[84] Ammon; Dittmar; Mattheier (1987) S. 786
[85] Löffler (1985) S. 33
[86] Ebd.
[87] Dressler (1973) S. 104

aus, um dessen Verarbeitung zu erleichtern. Textrezipienten können mit Hilfe von Kontexten eine Perspektive und vorgreifende Strukturierung für das Verständnis des nachfolgenden Textes aufbauen."[88]

Somit geben sie den Lesern auch Verstehensmuster und Systematisierungsvorschläge zu einzelnen Sachverhalten an die Hand, denen der Leser zustimmen und die er gegebenenfalls in seiner Alltagspraxis umsetzen soll. Sie beeinflussen auf diese Weise die Weltsicht der Rezipienten und tragen zu deren Weltwissen bei.

Um die kognitive Landkarte vieler Leser zu markieren oder um den Kontingenzraum zwischen Wirklichkeit und dem Verständnis der Wirklichkeit zu überbrücken, muss die Sprache des Textes verständlich und milieusprachlich vertäut sein. „Wenn bestimmte Textuniversen ausgebaut werden, so verändern sich die Anforderungen an die Sprachen und die Textgemeinschaften werden zu Konkurrenten anders konstituierter sozialer Gruppen."[89]

Fragen der Textlinguistik, der Kommunikationswissenschaft und der Soziologie treffen hier aufeinander. Texte spiegeln den gesellschaftlichen Status (Bildung) des Emittenten und erzeugen eine entsprechende Erwartung an den Rezipienten. Schlieben-Lange erklärt diesen Sachverhalt mit folgendem Schema[90]:

Sprechen	Sprache	Text
Kultur	Sprachgemeinschaft	Textgemeinschaft

Das Sprechen, Schreiben und Lesen über den Karikaturen-Streit macht dabei keine Ausnahme. Im Vorgriff auf Kapitel 8 führen wir hier einen Ausschnitt eines Umfrageergebnisses der Konrad-Adenauer-Stiftung an. Dort heißt es:

> „In Westdeutschland lehnen Frauen Muslime stärker ab als Männer. Überdurchschnittlich stark ist die Ablehnung bei älteren Befragten (60 Jahre und älter). Bei der Aufgliederung nach Berufsgruppen finden sich besonders starke Vorbehalte bei Arbeitern und Rentnern. Ebenfalls lehnen Personen mit niedriger Schulbildung überdurchschnittlich stark Muslime ab, desgleichen Befragte mit starker oder sehr starker Kirchenbindung. Befragte mit evangelischer Konfession neigen stärker zur Ablehnung als solche mit ka-

---

[88] Strohner (1990) S. 69
[89] Schlieben-Lange (1991) S. 25
[90] Ebd.

tholischer Konfession. Dieses Muster setzt sich auch bei denen fort, die aus der Kirche ausgetreten sind."[91]

Der Aufteilung nach sozialen Gruppen in der Sozialwissenschaft korrespondiert mit der Beobachtung der Sozio-Linguistik, dass verschiedene gesellschaftliche Gruppen zu diversem Sprachgebrauch neigen. „Die Soziologie sucht in der soziologischen Diskussion ‚objektive' Kriterien, die zur Schichtengliederung dienen können. [...] Solche Kriterien wirken statusbildend, d.h. sie signalisieren verfestigte Positionen innerhalb des Sozialgefüges."[92] Am Ende stehen soziale Schichtenmodelle, derer sich auch die Rezipientenforschung der Printmedien bedienen. Nicht von ungefähr wird behauptet, dass die Leser der Bild-Zeitung und der Frankfurter Allgemeinen Zeitung unterschiedlichen sozialen Schichten angehören.

Entsprechend dem hier aufgeführten Untersuchungsergebnis beobachtet auch Seck verschiedene Möglichkeiten der Partizipation an gesellschaftlichen bzw. politischen Prozessen je nach Grad der Bildung. Er zitiert zuerst Putnam: „Some people are much more interested, much more involved, and more influential in public affairs than their fellows."[93]

Im Folgenden zieht er Untersuchungen der politischen Partizipation heran, die das Verständnis politischer Vorgänge und die Möglichkeit der Teilnahme an diesen Prozessen von gebildeten Kommunikationsteilnehmern (der ‚Elite') im Vergleich zum Rest der Gesellschaft (der ‚Masse') im Blick hat: Die „Einstellungen Eliteangehöriger [ist; A.G.] weniger diffus und affektiv-emotional, sondern stärker ideologisch im Sinne eines relativ geschlossenen Denksystem geprägt"[94]. Der diskursive Meinungsbildungsprozess in Informationsgesellschaften orientiert sich an der Einstellung von Individuen oder gesellschaftlichen Gruppen (wie Kirchen, Parteien, Gewerkschaften, Arbeitgeberverbänden) zu bestimmten Themen- und Sachgebieten. „Die Einstellung ist [...] als eine mehr oder weniger feste Orientierung [...] zu verstehen, die sich als Bündel von Wert- und Normorientierungen ergibt."[95]

---

[91] Konrad-Adenauer-Stiftung (2003) S. 12
[92] Löffler (1985) S. 37
[93] Seck (1990) S. 62
[94] Ebd. S. 62
[95] Hartig (1985) S. 165

Der Feststellung, dass Texte neue Begriffe konstituieren, kann nun ergänzend hinzugefügt werden, dass mit der Verwendung dieser Begriffe auch neue Bewertungen ausgedrückt werden, die auf der Grundlage der für den Kommunikationsteilnehmer und/oder die Gesamtgesellschaft gültigen Wert- und Normenhorizont entstehen.

Gruppenbasiertes Sprechen zeigt die Abhängigkeit dessen, was im gesellschaftlichen Diskurs Relevanz beanspruchen kann, von der Lebenswirklichkeit der Sprecher, ihrer kognitiven Fähigkeiten, diese Lebenswirklichkeit zu reflektieren und reflektierend in handlungsleitende Optionen zu übersetzen. Das hat Einfluss auf die Kommunikation des öffentlich politischen Raums, und das zeigt auch die Richtigkeit der These Girnths, dass prinzipiell jeder Gegenstandsbereich des täglichen Lebens Teil der politischen Sprache werden kann, bzw. durch politische Sprache auf bestimmte Lösungsstrategien hin systematisiert werden kann. Eine pragmatisch ausgerichtete Politolinguistik muss in ihren Kommunikationsmodellen die Verortung der politischen Sprache in der Lebenswelt, in den Kontexten der Kommunikationsteilnehmer beachten. Das Benennen der richtigen Kontextbedeutung bedingt den Erfolg der sprachlichen Strategie. Berger und Luckmann stellen diese Strategie kommunikativer Vermittlung auf der Grundlage soziologischer Grundkoordinaten so dar:[96]

Sprecher					Hörer
sprachliches und außersprachliches Wissen					sprachliches und außersprachliches Wissen
Intention	Strategien	**Äußerung**	Verständnis		Konsequenz
Partnerhypothesen, Annahmen über Situationen					Partnerhypothesen, Annahmen über Situationen

3.7 Argumentation als Grundlage des Diskurses

Es gibt keinen Diskurs ohne Argumentation. Bereits 1973 hat Jürgen Habermas auf diesen Zusammenhang hingewiesen. Für ihn ist der Diskurs „die durch Ar-

---

[96] Berger; Luckmann (2004) S. 117

50

gumentation gekennzeichnete Form der Kommunikation, in der problematisch
gewordene Geltungsansprüche zum Thema gemacht und auf ihre Gültigkeit hin
untersucht werden"[97].

Argumentation gehört zu den sprachlichen Handlungen, die unter anderem
den Sprachfunktionstyp BEWERTEN verwirklichen. Argumentation beginnt
dann, wenn Sachverhalte, die in der Wirklichkeit vorgefunden werden, nicht unstrittig analysiert und in das bereits vorhandene gesellschaftliche und individuel-
le Wissen integriert werden können. Wenn ein Thema mittels Argumentation in
der öffentlich-politischen Diskussion erwogen wird, ergeben die Äußerungseinheiten, in denen die Diskussion geführt wird, zusammen den Diskurs. „Beim
Argumentieren für oder gegen einen Geltungsanspruch einer Aussage beziehen
wir uns auf eine andere Aussage, von der wir behaupten, dass sie in der Lage
sei, uns rational zur Anerkennung bzw. Bestreitung der betreffenden Aussage zu
bewegen."[98] Im Kontext des in dieser Arbeit untersuchten Diskurses ist die Leitfrage, ob es einen Kampf der Kulturen, einen Kampf zwischen der islamischen
Welt und der westlichen Kultur gibt oder nicht, und falls ja, ob dieser Konflikt
an dem Karikaturen-Streit ablesbar ist oder nicht.

Die Diskursparteien vertreten ihre jeweiligen Standpunkte mit dem Ziel, die
Empfänger ihrer Botschaft von der Richtigkeit ihrer Meinung zu überzeugen.
Sie bedienen sich hierbei rational nachvollziehbarer Akte des Argumentierens.
Argumentieren bedeutet immer, den anderen für die je eigene Sichtweise ge-
winnen zu wollen. Argumente gelten als Begründung der eigenen Behauptung.
„Aussagenlogisch verkürzt und formalisiert lautet das argumentative Grundprin-
zip mithin: p (gilt), weil q (gilt)."[99]

Diskurse sind intertextuell und an die gesellschaftlich relevanten Institutionen, die als Vermittler bzw. Emittenten von Geltungsansprüchen gelten, gebunden. Argumentation ist relevant in den Prozessen der öffentlich-politischen
Kommunikation. Mit ihrer Hilfe wird versucht, die Deutungshoheit über bestimmte Sachverhalte und Begriffe zu erlangen. „Die politische Sprache eines
Landes [ist; A.G.] [...] die bedeutendste Ausprägung der öffentlichen Spra-

---

Habermas (1973) S. 214
[98] Kopperschmidt (2000) S. 54f.
[99] Ebd. S. 55

che."[100] Die politischen Akteure suchen in der öffentlich-politischen Kommunikation, Begriffs- und Argumentationssysteme aufzubauen, die die jeweils eigene politische Richtung als verbindlich setzen. Diese Bestimmung erinnert an die Definition bei Foucault (siehe 3.4.1), wo ‚Diskurs‘ Machterwerb und -erhalt der politischen Klasse bedeutet.

Argumentation und gesellschaftliche Diskurse entstehen nach Habermas, weil es keine objektiven Maßstäbe gibt, die richtige oder gar wahre Geltungsansprüche legitimieren.

> „Legitimationskritische Bedenken gegen Geltungsansprüche nötigen – um es noch einmal in den habermasschen Kategorien zu formulieren – zum Wechsel vom ‚kommunikativen Handeln‘ in den ‚Diskurs‘ und damit vom informativen Reden über die Welt (Sachbezug) zum reflexiven Reden über die normativen Bedingungen des Redens über die Welt (Geltungsbezug). Journalistische Textsorten kennen auch informatives und reflexives Reden: Es gibt informierende und kommentierende Textsorten [siehe Kapitel 4]. Dieser Wechsel bedeutet, dass in ‚Diskursen‘ keine andere ‚Währung‘ gilt als die des ‚diskursiven Austauschs‘ mithilfe von Argumenten."[101]

Ein Diskurs ist zu einem großen Teil eine reflexive Betätigung, der Bezug auf einen Kontext der außersprachlichen Wirklichkeit nimmt, diesen aufgrund verschiedener Basisannahmen systematisiert und bewertet und in dem Weltbild einer Gesellschaft verortet und auf Zukunftsfragen hin operationalisiert. Der Diskurs ist ein Ergebnis der Entwicklung des europäisch-neuzeitlichen Wissenschaftsparadigmas.

Ein Diskurs besteht – wie gesagt – aus Argumentationen. Argumentationen und in ihnen der Schlagabtausch über die Geltungsansprüche gesellschaftlich strittiger Sachverhalte bilden sich in Informationsgesellschaften über die Medien ab. ‚Reflexives Reden‘ ist dabei nicht ausschließlich an bestimmte Textsorten gebunden: „Sowenig es argumentative […] Sprechhandlungen gibt, sondern nur Sprechhandlungen, die funktional argumentative Rollen übernehmen, sowenig gibt es argumentative Textsorten; allenfalls gibt es Textsorten, wie Debattenbeitrag, Rezension, […] wissenschaftlicher Aufsatz, mit denen wir das Merkmal ‚argumentativ‘-intuitiv verbinden."[102]

---

[100] Eroms (1990) S. 109
[101] Kopperschmidt (2000) S. 93
[102] Ebd. S. 94

Argumentieren ist keine eigene singuläre Sprechhandlung wie Informieren, sondern ein metasprachliches Ereignis, das komplex ist. Ein Zeitungstext kann neben argumentierenden Textteilen beispielsweise auch referierende Elemente enthalten, also informierend und kommentierend zur selben Zeit sein. „‚Argumentation' ist [...] der Name eines abstrakten ‚Musters' möglicher Textbildung, in dem sich die Ordnungsbeziehungen zwischen den verschiedenen Textelementen als einheitsstiftende ‚Superstruktur' abbilden lassen."[103] Auf dieser Grundlage kommt Herbig zu der Definition: „Unter ARGUMENTIEREN [im Original hervorgehoben; A.G.] ist ein komplexer Handlungstyp zu verstehen, mit dessen Hilfe ein Sprecher aufgrund seiner Situationseinschätzung den für einen oder mehreren Adressaten erkennbaren Versuch unternimmt, diese(n) mit Hilfe einer oder mehrerer unterstützender Äußerungen zu bewegen, tatsächliche oder nur der Situationseinschätzung nach ‚strittige' Geltungsansprüche von Äußerungen zu akzeptieren."[104] Deshalb kommen die Argumente, die im Kontext des Karikaturen-Streits in Kapitel 9 herausgestellt werden, oftmals nicht sprachlich signalisiert als Argument daher, sondern müssen aus dem Text destilliert werden.

Ein Argument besteht „aus einer Konklusion und einer oder meist mehreren Prämissen. Die Konklusion ist eine Aussage, die durch die Prämissen gestützt werden soll. Die Prämissen sind Aussagen, die als Gründe zur Stützung der Konklusion angegeben werden."[105] Prämissen und Konklusion sind sprachliche Teilhandlungen der sprachlichen Handlung ARGUMENTIEREN. Argumentationsmuster oder -stile werden erkennbar in wiederkehrenden Argumenten oder Elementen von Texten innerhalb von Diskursen. „Diskurse zeichnen sich zum einen dadurch aus, dass die ihnen zuzuordnenden Texte Regelmäßigkeiten im Auftreten bestimmter inhaltlicher Elemente aufweisen; zum anderen schlagen sich zu Regelmäßigkeiten verfestigte inhaltliche Elemente in den Texten, die das Korpus der einzelnen Diskurse bilden (bzw. zu ihnen beitragen), nieder."[106]

Argumentationen finden nicht im luftleeren Raum statt, sondern sind eingebettet in die gesellschaftlichen Bezüge, die Sachverhaltsfragen einer gewissen Zeit oder Epoche (siehe Soziolingustik 3.6). Die Argumentierenden greifen auf

---

[103] Ebd.
[104] Herbig (1992) S. 56
[105] Bayer (1999) S. 87
[106] Busse (2000) S. 50

die normativen Rahmenbedingungen der sie umgebenden Gesellschaftsform zurück. Was in diesem Kontext als das Plausible erkannt wird, bietet die Grundlage der Erörterung. So wird im konkreten Falle des Karikaturen-Streits auf der
Grundlage der europäischen Geistesgeschichte und dem Gedankengut des Christentums, des Humanismus, der Aufklärung und der Demokratiegeschichte nach
dem Zweiten Weltkrieg argumentiert.

Das Weltwissen und die Art, wie es sich im argumentativen Diskurs vermittelt und weiterentwickelt, ist der prägnanteste Bestandteil einer gelungenen Argumentation. Ein Argument kann seiner sprachlichen Gestalt entkleidet, extra-
hiert werden. Das, was es bezeichnet, steht im Metatext des schriftlich dargelegten Arguments. Argumentationen werden „als wiederkehrende Muster des expliziten oder impliziten Argumentierens in einer Vielzahl sich mit einem Thema
befassender Texte erfasst, quantifiziert und auf ihre wirklichkeitskonstitutive
Funktion hin analysiert"[107].

Prämissen gerieren sich auf der Grundlage der soziokulturell vermittelten
Sicht der Welt. Prämissen als sprachliche Handlung in Textform sind messbar
bzw. anhand des Geschriebenen feststellbar. Die Grundlagen, die zur Formulie-
rung dieser und nicht einer anderen Prämisse geführt haben, sind nicht zwingend. Strittige Sachverhalte entstehen, wenn verschiedene Prämissen gesetzt
werden können oder aus den Prämissen verschiedene Konklusionen ableitbar
sind. Ein Beispiel in den Texten, die hier analysiert werden, besteht aus der Frage nach dem Ja oder Nein eines Kampfes der Kulturen. „Motive, die uns zu einer Behauptung veranlassen, sind etwas ganz anderes, als die Argumente, mit
denen wir die Behauptung begründen. Logik und Wissenschaftstheorie unterscheiden deshalb sorgfältig zwischen dem Entdeckungs- und dem Begründungszusammenhang einer Behauptung. […] Zum Entdeckungszusammenhang gehören all jene psychischen, sozialen, historischen etc. Faktoren, die dazu führen,
dass jemand eine Behauptung aufstellt. Zum Begründungszusammenhang gehören die Argumente, mit denen dieses Behauptung gestützt wird."[108]

Argumentationen sind Teil sprachlicher Handlungen. Unter gewissen Ge-
sichtspunkten werden Gegebenheiten oder Ereignisse einer im Sinne von pro

---

[107] Wengeler (2000) S. 55
[108] Bayer (1999) S. 99

54

und contra wertenden Evaluation unterzogen. Das Weltwissen der Kommunikationsteilnehmer bildet die Grundlage der Argumentation. „Sprecher und Hörer
nehmen in einem bestimmten ‚Handlungskontext‘, in dem sie sich befinden, eine ‚Einschätzung der Situation‘ vor. Aus dieser entwickelt sich eine ‚Motivation
zum Handeln‘ (der sprachlichen Äußerung A.G.) und aus dieser wiederum eine
Zielsetzung [Argumente bzw. die Argumentation; A.G.].“[109]

Die Art und der Aufbau von Argumenten und Argumentationen folgen einem
bestimmten formalen und materiellen Schema. Argumentationen können zu
plausiblen Schlüssen führen, die eine allgemeine Verstehensoption oder einen
Lösungsansatz des strittigen Sachverhalts ermöglichen. „Verallgemeinerungen
machen unsere Weltbilder leistungsfähig“[110]; der Wissensbestand einer Gesellschaft besteht zu erst aus Formulierungen von Allgemeinem, aus dem gegebenenfalls ins Besondere abgeleitet werden kann. So finden wir in den Texten der
Diskursanalyse zum Karikaturen-Streit die Termini ‚islamische Welt‘, ‚der Westen‘, ‚das Abendland‘.

Das Stichwort der Kohärenz beschreibt in diesem Zusammenhang, dass der
einzelne Kommunikationsteilnehmer auf der Grundlage seiner kognitiven Fähigkeiten in Argumentationen eine systematische Zusammenschau seines Weltwissens (das heißt auch: seiner Überzeugungen) präsentiert: „Unter ‚Argumentation‘ soll eine geregelte [das bedeutet superstrukturelle; A.G.] Abfolge (Se-
quenz) von Sprechhandlungen verstanden werden, die zusammen ein mehr oder
weniger komplexes, kohärentes und intentionales Beziehungsnetz zwischen
Aussagen bildet, das der methodischen Einlösung von problematisierten Geltungsansprüchen dient.“[111]

3.8   Argument und Wahrheit nach Kienpointer

Argumente entstehen auf der Grundlage des Weltwissens und der Vorstellungen
von Normen und Werten der Sprechenden. In einem Satz werden auf dieser
Grundlage Sachverhalte dargestellt. Die behaupteten Sachverhalte können eine
Entsprechung in der Wirklichkeit haben oder nicht; die Überprüfung muss die

---

[109] Herbig (1993) S. 587
[110] Bayer (1999) S. 38
[111] Kopperschmidt (2000) S. 59

Argumentation leisten. Hierbei konstituiert die Sprache keinen objektiven Rahmen der Untersuchung, sondern ist abhängig von den Präsuppositionen, die einem behaupteten Sachverhalt zugrunde liegen:

> „Ich folge der von Frege und Strawson hergeführten Tradition, nach der Präsuppositionen Bedingungen dafür sind, dass überhaupt von der Wahrheit bzw. der Falschheit einer behaupteten Proposition gesprochen werden kann."[112]

Diese Bedingungen sind die kognitiven Vernetzungen, die im synthetischen Denken das Entstehen von Topoi ermöglichen. „In Antike und Mittelalter ist der Status der Schlussregeln, die seit Aristoteles als ‚topoi‘ bzw. in der römischen Rhetorik als ‚loci‘/‚propositionen‘ bezeichnet worden sind, [...] als Ort, an dem Argumente gefunden werden können [...] bzw. als ‚Kraft‘ des jeweiligen Schlusses bezeichnet worden."[113]

Die Wahrheit einer Behauptung, die in einem Argument aufgestellt und im Argumentationsgang plausibilisiert bzw. nachgewiesen werden soll, spiegelt sich in der aus dem Sachverhalt gebildeten Schlussfolgerung. Die Schlussfolgerung aus einem behaupteten Sachverhalt bildet den Schlussstein eines Arguments. Die Schlussregeln nennt Kienpointer „Präsupposition". Behauptung (Proposition) und Schlussregel (Präsupposition) verweisen in dieser Sichtweise aufeinander. Die Behauptung ist in der hier vorliegenden Toposanalyse das Argument oder die Argumente. Die Präsupposition sind die Topoi, aus denen sich Konklusion, die Schlussregel, ableiten lässt.

Propositionen sind den kognitiven Fähigkeiten von Sprechern verhaftet. Die Verknüpfungen der Welt können argumentativ nur insoweit erkannt und auf strittige Fragestellungen hin operationalisiert werden, wie es die Intelligenz der Sprecher zulässt. Es gibt deshalb keinen objektiven Fundus an möglichen Behauptungen, die eine objektiv verstandene Wirklichkeit parzellieren und begreifbar für die Teilnehmer einer Kommunikationsgemeinschaft machen, sondern nur eine subjektive Grundlage für die Annahme richtiger oder falscher Sachverhaltsbeschreibungen und den daraus folgenden Schlussregeln. „Daraus folgt, dass der semantische Präsuppositionsbegriff durch einen pragmatischen, d.h. auf Kontext und Sprecher/Hörer-Wissen bezogenen Präsuppositionsbegriff

---

[112] Kienpointer (1992) S. 31
[113] Ebd. S. 30 Siehe auch Kapitel 7.7

zu ersetzen ist."[114] Keller schlägt diesbezüglich plausibel vor, den Begriff der Wahrheit von Propositionen bzw. Präsuppositionen durch den des kollektiven Wissens zu ersetzen.[115] Aus diesem kollektiven Wissens-Pool einer Gesellschaft erschließen bzw. ziehen die Argumentationsteilnehmer ihre Sachverhalte; Grundlage für diesen Schritt ist, dass Sprecher/Schreiber „subjektiv wahrhaftig" vorgehen.

3.9   Der Topos im argumentativen Diskurs

„Ein Topos [ist; A.G.] das allgemeine formale Muster oder Schema eines Argumentationsschrittes."[116] Argumente, die einer bestimmten inneren Logik folgen, werden gruppenweise erfasst. Das innere Element, das die Gruppe der Argumente verbindet, ist der Topos. „Ein Topos als Argument [...] ist lediglich die Einführung einer Prämisse, die den Menschen plausibel erscheint, mehr nicht. Er ist daher selbstverständlich in den Anschauungen der Gesellschaft, der Kultur, die ihn akzeptiert, eingebettet, sonst wäre er kein Topos. Ein Topos ist, was einleuchtet."[117]

Antikes Urbild der Topik ist die Lehre des Aristoteles. Wengeler entfaltet noch heute die Argumentengruppe der Zuwanderungsdiskussion und ihre innere Struktur nach der Toposlehre der Antike. Ein Topos ist demnach:

> „[E]in Gesichtspunkt, unter dem man einen strittigen Sachverhalt betrachten kann. Er wird mit Hilfe eines ganzen Argumentationsschrittes zum Ausdruck gebracht und nicht allein mit einer Schlussregel. Es handelt sich bei den Topoi der Tradition zum einen um inhaltliche, zum anderen um relationale bzw. formale Kategorien unserer Wissensbestände."[118]

Unser Geist folgt bei der Systematisierung der Bewertung strittiger Sachverhalte den als logisch erachteten Kriterien einer Kommunikations- bzw. Wertegemeinschaft. Das so gestaltete Suchen und Auffinden von Wissen ist konstitutiv für jeden Argumentationsvorgang. Auch diese inhaltliche Bestimmung von Topik stammt aus der Antike: „Cicero nennt die Topik referierend inveniendi artem,

---

[114] Kienpointer (1992) S. 33
[115] Ebd.
[116] Wengeler (1999) S. 38
[117] Pielenz (1992) S. 121
[118] Herbig (1993) S. 587

Kunst des Auffindens. So wie das Auffinden der Dinge, die verborgen sind, leicht wird, wenn man ihren Ort kennt, so müssen wir die Orte kennen, an denen Wissen zu gewinnen ist, das zu Argumenten taugt. Denn diese Orte [...] sind gleichsam die Wohnungen der Argumente. [Es folgt ein Cicero-Zitat; A.G.] ‚Man kann also definieren: Topos/Locus ist der Wohnsitz des Arguments, Argument die gedankliche Anstrengung, die einer zweifelhaften Sache Glaubwürdigkeit verschafft.'"[119]

Logik beschäftigt sich „mit der Relevanz von Prämissen"[120]. Prämissen entspringen dem Wissens- und Wertepool einer Gesellschaft. Die Wissensbestände einer Gesellschaft, an denen der Einzelne je nach seinen Fähigkeiten partizipiert und zu deren Erhalt oder Fortentwicklung beitragen kann, sind im Herbig-Zitat mit „formalen Kategorien" gemeint. Wenn die Konklusion, die aus den Prämissen folgt, stimmig ist, entsteht ein kohärentes Argument, bzw. in seiner Gesamtheit, ein kohärenter Text (siehe 3.1). Die klassische Definition kohärenter Schlussfolgerungen stammt von Aristoteles. Sein bekanntes Beispiel eines kohärenten Schlusses, bei dem die Konklusion (3) aus den beiden Basissätzen (1) und (2) folgt, lautet:

„(1) Alle Menschen sind sterblich.
(2) Sokrates ist ein Mensch.
(3) Also ist Sokrates sterblich."[121]

Dieses Verfahren wird *Syllogismus* genannt. Der Erkenntnisgewinn, der mit diesem Verfahren einhergeht, erlangt seine Stringenz dadurch, „dass der letzte Begriff im mittleren und dieser im ersten enthalten ist; dadurch [...] [kommt; A.G.] die Folgerung des letzten aus dem ersten zustande"[122].

Das „Ziel einer linguistischen Diskursanalyse [ist; A.G.] die impliziten Voraussetzungen der Möglichkeit des im Text Gesagten herauszufinden"[123]. Diese impliziten Grundlagen sind die Argumente, die im argumentativen Diskurs vorgebracht werden. Im Karikaturen-Streits fußen diese Argumente auf der Idee einer freiheitlichen und demokratischen Gesellschaft, zu deren Konstitutiva unter

---

[119] Helmer (2004) S. 11
[120] Bayer (1999) S. 90
[121] Zit. nach Hirschberger (1991) S. 172
[122] Ebd.
[123] Wengeler (2003) S. 83

58

anderem Meinungs-, Presse- und Religionsfreiheit gehören. Auf der Grundlage des Wissens um die Bedeutung dieser Grundlagen tragen die Diskursteilnehmer ihre Argumente vor. Die jeweiligen Topoi im Karikaturen-Streit (siehe 9.2) werden in den Texten verwandt, um die Ursachen des Konflikts zu benennen (9.2.1), die Umstände und Hintergründe des Konflikts zu erklären (9.2.2) und Handlungsaufforderungen zu formulieren, mit Hilfe derer der Konflikt beendet werden kann (9.2.3).

Inhaltliche und formale Kriterien, von denen Herbig spricht, werden von Pielenz zu vier Punkten zusammengefasst: Habitualität, Potenzialität, Intentionalität und Symbolizität[124]. Diese vier Punkte inhaltlicher Bestimmung definiert Pielenz in folgender Weise:

> „Die Habitualität als das prägende Merkmal der Topik vermittelt die argumentative Tiefenstruktur, die einem Denkkollektiv jeweils vorausliegt; in der Potenzialität liegt die kreative anarchisch zugespitzte Interpretationsfähigkeit des Topos; dessen Intentionalität betont, dass sein Überzeugungspotenzial nur im planvollen kontextuellen Vollzug wirksam wird, der Wille zur Versöhnung, zur Aufhebung der Meinungsvarianz ist dem situativen Einsatz der argumentativen Mittel letztlich vorausgesetzt; die Symbolizität schließlich schreibt einen Topos in einer mobil gebrauchsfähigen Merkformel fest und macht ihn damit erst kommunikabel."[125]

Was besagt diese Definition? Verschiedene Prämissen führen zu verschiedenen Anschauungen der einen Wirklichkeit. Sie führen zu Deutungsmöglichkeiten, die mittels sprachlicher Handlungen ausgedrückt werden. Sprachliche Handlungen formen sich aus der praktischen Anschauung der außersprachlichen Wirklichkeit. Am Ende des argumentativen Diskurses soll die Diskussion möglichst im Sinne des jeweiligen Kommunikationsteilnehmers entschieden werden. Idealerweise gilt die sprachliche Handlung als geglückt, wenn ihr – wiederum im außersprachlichen Bereich – eine Handlung folgt. Die Handlungsfolge bei Printmedientexten ist die Übernahme des in ihnen dargelegten Standpunktes. In der Realität findet sich quasi niemals eine hundertprozentige Umsetzung einer Argumentationsfigur in die Praxis, sondern am Ende des Diskursprozesses steht ein Kompromiss, der die „unbeschränkte Vielfalt argumentativer Problemlösungen"[126] berücksichtigt. Die Definition von Pielenz unterstellt jedem Diskussi-

---

[124] Pielenz (1992) S. 123
[125] Ebd. S. 131.
[126] Ebd. S. 127.

onsteilnehmer mit dem Kriterium der Intentionalität, dass er an der Lösung des strittigen Sachverhalts interessiert ist. Die Symbolizität ist als Kriterium besonders relevant für die journalistische Praxis. Erst bildlich vermittelt oder prägnant gefasst werden Argumente versteh- und rezipierbar. „Indem der Topos zu einer Merkformel kondensiert, kann ihn der Argumentierende in seiner Essenz erinnern, ihn identifizieren und im Falle virulenter Meinungsvarianz vielseitig einspannen."[127] Aus dem Moment der Habitualität geht das Argument seinen Weg zur Symbolizität; diese Definition beschreibt den Weg „vom kollektiv Geltenden zu einem handlichen Denkschema. [...] [Es; A.G.] begründet die ‚Abgrenzbarkeit, Erkenntnisfähigkeit, Merkfähigkeit, Wiederholbarkeit des Topos'."[128] Finale Zusammenfassung topischer Argumentation können dann im skizzierten Sinne verschiedene Schlagzeilen sein: „Deutschland den Deutschen, Ausländer raus", „Kinder statt Inder", „Kampf der Kulturen".

Der bekannteste Topos-Typ ist der vergleichende: Wenn x gilt, dann auch y. Zum Beispiel: Wenn jemand im Zeugenstand vor Gericht schon lügt, dann wird er dies auch bei weniger wichtigen Gelegenheiten tun.

Wengeler führt bei seiner Untersuchung der Migrationsdebatte verschiedene Topoi an. Er nennt sie „Gefahrentopos", „Nutzentopos", „Belastungstopos", „Realitätstopos". Für die Untersuchung der Argumente in den Texten in deutschen Printmedien zum Karikaturen-Streit werden ebenfalls bestimmte Topoi benutzt, die im Zuge der Untersuchung herausgestellt und systematisiert werden (9.2).

---

[127] Ebd. S. 130
[128] Ebd.

4. Journalistische Texte im Diskurs der Printmedien

Dieses Kapitel definiert die Textsorten des Zeitungs-Diskurses. Der Vorstellung informierender Textsorten (4.2-4.2.3) und kommentierender Textsorten (4.3-4.3.3) geht die Beschreibung der Abhängigkeit von Zeitungstexten untereinander im medialen Diskurs voraus. Der implizite oder explizite Verweis einzelner Texte zueinander wird mit dem Begriff *Intertextualität* bezeichnet (3.3). In der Diskursanalyse dieser Arbeit wird die Frage gestellt werden, ob bestimmte Topoi nur in bestimmten Textsorten der Zeitung realisiert werden.

4.1 Textsorten in den Printmedien

Die sprachliche Äußerungseinheit ‚Text' kennt in jeweiligen Kommunikationssituationen verschiedene Ausprägungen: Textsorten. Es wurde bereits deutlich, dass gewissen Äußerungsabsichten im Falle der schriftlichen Kommunikation bestimmte Textsorten korrespondieren.

Wie alle Kommunikation bewegen sich die journalistischen Texte als kommunikative Äußerungen ausgehend von einem Sender hin zu einem Empfänger. Im Falle von Zeitungstexten sind die Sender Autoren bzw. Journalisten, die Empfänger Leser bzw. Rezipienten. Thema des Textes ist ein außersprachlicher Gegenstand, auf den sich der Text bezieht. „Damit Sender und Empfänger sich über diesen Gegenstand verständigen können, müssen sie über einen gemeinsamen Code verfügen, d.h. sie müssen die gleiche Sprache sprechen oder zumindest verstehen."[129] Im Fall textlicher Kommunikation muss zudem der Code derart beschaffen sein, dass anhand der Art der verwendeten Sprache und mittels der textlichen Gestalt die Aussageabsicht des Autors sichtbar wird. Textsorten kanalisieren den Gegenstand der Aussage auf konventionalisierte Weise; eine Nachricht (siehe 4.2.1) ist etwas anderes als ein Kommentar (4.3.1).

Das Arbeitsfeld des Journalisten ist dabei ein Teilbereich der gesellschaftlichen Wirklichkeit. Es ist nach Regelprozessen organisiert, die unter anderem durch die Produktionsbedingungen der Zeitungen und Zeitschriften und das gesellschaftliche Umfeld bestimmt werden. Journalistisches Handeln ist dabei Teil des kommunikativen Handlungsgeschehens in einer Gesellschaft. „Journalisti-

---

[129] Pelz (1998) S. 28

sches Handeln wird geprägt von den Wert- und Normvorstellungen (Funktionen des Journalismus, den organisationsspezifischen), Zielen und Praktiken (Gewinnmaximierung und Organisationsgliederung) und den strukturellen Berufsaspekten, also den Standards des Journalismus wie etwa die Selektionskriterien (Nachrichtenfaktoren), die Bearbeitungsroutinen (wie Recherchieren und Nachrichten schreiben) und die Darstellungsformen zur Gestaltung und Präsentation von Medienangeboten."[130] Dabei greifen Journalisten bei der Arbeit auf ihren *Weltbildapparat* zurück. Dieser umfasst auch die Regeln kommunikativen und sozialen Handelns in ihrem Berufsfeld. Die berufliche Erfahrung gewährleistet die Wahl der richtigen Textsorte, die den Sachverhalt, den Gegenstand oder die Nachricht, so darstellt, dass die größtmögliche Zahl an Lesern den kognitiven Verarbeitungsweg, der zum Verständnis des Textes und seiner Einordnung in den gesellschaftlichen Diskurs nötig ist, nachvollziehen kann. Dabei vermitteln sie immer diese Realität, die sich für sie als Journalisten mit ihrer spezifischen Weltsicht darstellt, an die Rezipienten. Der Leser sieht dann durch die Brille des Journalisten die Wirklichkeit.

> „Der Wissensvorrat [des Journalisten; A.G.] strukturiert das journalistische Handeln, weil die im Wissensvorrat sedimentierten Erfahrungen die Grundlage bilden für nachfolgendes Handeln. Im Wissensvorrat drückt sich die Rekursivität von Handeln und Struktur aus, die als konstitutiv für Organisationen gelten muss: Indem die Journalisten auf ihre beruflichen Erfahrungen in ihrer Arbeit zurückgreifen, reproduzieren sie aufgrund erfahrungsgeleiteten Handelns ihre berufliche Wirklichkeit."[131]

Die journalistische Wirklichkeit dringt in die Lebenswirklichkeit des Lesers ein und beeinflusst sie. Der Journalist ist aber nicht nur Journalist, sondern zugleich auch ein ‚normaler‘ Mensch. Seine Lebenswirklichkeit wird nicht nur vom Journalismus bestimmt, sondern auch von andern gesellschaftlichen Teilbereichen und Lebenswelten und deren Kommunikations- und Handlungsweisen geprägt. Die verschiedenen Arten der Wirklichkeitswahrnehmung, -sondierung und -verarbeitung sind vielleicht in keinem anderen Berufsfeld so dicht wie im Journalismus.

Auf dieser Grundlage können journalistische Textsorten wie die ‚Nachricht‘ immer subjektiv mitbestimmt sein. „Von starker Einwirkung auf den Inhalt einer

---

[130] Altmeppen (2000) S. 300
[131] Ebd. S. 298

Nachricht sind auch ihr sprachlicher Ausdruck und die Aufmachung. Diese wiederum sind in Tempo und Form durch die Einstellung mitbestimmt, die der Berichtende zu dem Berichteten einnimmt. Außerdem ist jede Nachricht von dem Wortschatz und der Vorstellungswelt des Volkes, der Schicht oder Gruppe beeinflusst, zu denen der Berichtende gehört."[132] Im Diskurs über den Islam nach dem Terroranschlag in Madrid und der Geiselnahme von Beslan im Jahr 2004 spielte, so legt es zumindest die Auswertung einer im Kapitel 8 herangezogenen Umfrage nahe, die Zugehörigkeit zu bestimmten gesellschaftlichen Schichten und dem damit verbundenen Bildungsstand eine entscheidende Rolle bei der Bewertung der Geschehnisse. So heißt es in der Studie der Konrad-Adenauer-Stiftung:

> „In der Gesamtbetrachtung stellt sich die Ablehnung von Muslimen als ein Problem dar, das am stärksten von folgenden Faktoren beeinflusst wird: 1.) der Wohnort liegt in den neuen Bundesländern. 2.) die Befragten haben einen geringen Bildungsstand. 3.) die Personen sind als Arbeiter beschäftigt. 4.) oder sind bereits Rentner und über 60 Jahre alt. Diese Merkmale überlagern sich teilweise. Arbeiter und Rentner haben z.B. einen geringeren Bildungsstand als die Gesamtbevölkerung."[133]

Insgesamt bescheidet die Studie: „Zwischen 13 und 17 Prozent [aller Befragten; A. G.] konnten oder wollten keine Angaben zu diesen Fragen machen. Trotz der starken Präsenz in den Medien haben sich offenbar viele Deutsche noch keine abschließende Meinung gebildet."[134] In dem Untersuchungsergebnis wird deutlich, dass die Annahmen der Soziolinguistik, dass Herkunft und soziale Schicht Weltwissen prägen, zutreffend sind.

Auch den Zeitungsmachern ist bewusst, dass nicht alle Leser die Verbindungen den Inhalt eines Textes betreffend herstellen können, wie es vom Sender, dem Autor, gewünscht wird. „Die Wahrnehmung und Unterscheidungsfähigkeit vieler ist oft nicht ausreichend, um akzeptable Schlüsse auf die mit der Mitteilung, mit den Themen und der Form ihrer Präsentation verbundenen Wirkungsabsicht der Produzenten und Initiatoren der Information zu ziehen."[135] Ungeachtet der Frage, ob der Zusammenhang zwischen nicht gebildeter Meinung und medialer Vermittlung von Sachverhalten zum Themengebiet ‚Islam' stimmt,

---

[132] Wilke (1976) S. 82f.
[133] Konrad-Adenauer-Stiftung (2003) S. 13
[134] Ebd. S. 2
[135] Straßner (2000) S. 11

verwundert der Verweis auf die Medien an dieser Stelle nicht. Wie bereits erwähnt, kommt ihnen im Vermittlungsprozess ‚öffentlich-politischer Meinungsbildung' eine Schlüsselrolle zu. Die Vermittlung von Nachrichten über den Gegenstand ‚Islam' fallen Textsorten zu, „deren kommunikative Grundfunktion [...] informativ-persuasiv"[136] ist. „Um die informativ-persuasive Grundfunktion zu realisieren, werden in Texten dieses Handlungsfeldes unter anderem kommunikative Verfahren wie ‚informieren', ‚argumentieren' oder ‚bewerten' wirksam."[137] Den Texten dieses Handlungsfeldes korrespondieren die Textsorten Nachricht, Kommentar, Glosse oder Leitartikel.

Die klassische Einteilung der journalistischen Einführungswerke in informierende und kommentierende Textsorten wird hier beibehalten. In den beiden Gruppen werden – vereinfachend gesagt – verschiedene Sprachhandlungen realisiert: INFORMIEREN und KOMMENTIEREN. Die Grenze zwischen beiden ist nicht einfach zu ziehen. Das Vorfindbare in der Welt, oder das objektiv Gegebene, von dem im Kontext der reinen, informativen Berichterstattung häufig in Abgrenzung zum Kommentar die Rede ist, kann subjektiv unterschiedlich wahrgenommen werden. „In Wahrheit jedoch sind Entscheidungen darüber, was tatsächlich der Fall beziehungsweise eine dementsprechende wertneutrale Sachverhaltsschilderung ist und was bereits als eine mit subjektiven Bewertungen behaftete Interpretation beziehungsweise Schilderung eines Sachverhalts angesehen werden muss, beim genaueren Hinsehen oftmals nicht zweifelsfrei zu treffen."[138] Im Hinblick auf die Auswertung in 9.3 bedeutet das, dass bestimmte Topoi sowohl in informierenden als auch in kommentierenden Textsorten vorkommen können.

Zu den Texten, die die Sprachhandlung INFORMIEREN realisieren, gehören in der hier vorliegenden Arbeit Nachricht, Bericht und Reportage. Zu den kommentierenden Textsorten gehören Kommentar, Leitartikel und Essay.

Allen Textsorten ist gemein, dass sie mittels der in ihnen realisierten Sprachfunktionen in den Wissens- und Meinungsbildungsprozess einer Gesellschaft eingreifen. Alle hier dargestellten Textsorten bestimmen somit die öffentlichen

---

[136] Girnth (2005) S. 36
[137] Ebd.
[138] Lehr (2006) S. 171

Diskurse einer Gesellschaft. „In Diskursen werden gesellschaftlich relevante Themen, die strittig sind, kommunikativ verhandelt. [...] [E]s geht für die Diskursbeteiligten darum, bestimmte Sachverhalte positiv oder negativ zu bewerten, die eigene Position argumentativ zu stützen, sich glaubwürdig darzustellen und die gegnerische Position argumentativ anzugreifen."[139] Sprachlich geschieht dies vor allem mittels Bezeichnung und Bewertung, „Referenz" und „Nomination"[140]. Diese beiden sprachlichen Mittel sind ein wesentlicher Bestandteil von Diskursen und Argumentationen (siehe Kapitel 5).

Öffentlich-politische Kommunikation bedient die Grundfunktionen von Informieren (Benennung, Referenz – siehe 5.1) und Bewerten (Nomination – siehe 5.2). Bei einem Arbeitsthema wie dem hier vorliegenden werden vor allem Berichte, Reportagen, Kommentare, Leitartikel und Essays in den Einzeluntersuchungen analysiert.

Das kognitiv-strukturelle Inventar des Textverstehens von Lesern ist an die Verwendung von bestimmten Textsorten gebunden. Die sprachliche Gestalt von Artikeln hilft dem Leser, gemäß der in von Straßner vorgetragenen Definition der Aufgabe von Zeitung in modernen Gesellschaften, sich zu recht zu finden bei der „individuellen Orientierung oder der kollektiven Verständigung über aktuelle und künftige Zustände". Bei der Toposanalyse wird sich die Frage stellen, welche Textsorte(n) aktiviert wird (werden), um bestimmte Argumente des Karikaturen-Diskurses herauszustellen. Hierfür werden nun die relevanten Textsorten des Printjournalismus vorgestellt.

4.2   Informierende Textsorten

4.2.1   Die Nachricht

Nachrichten orientieren sich an den Geschehnissen in der realen Welt. Ihr Inhalt ist faktisch, nicht fiktional. Nachrichten operationalisieren die Vorgänge der Welt. Nachrichten sind im Fluss. Ihre Übermittlung unterliegt einem ständigen Prozess. Bei der Beobachtung und Abbildung der äußeren Wirklichkeit wird nicht das ganze eines Themenkomplexes wiedergegeben, sondern das, was seit

---

[139] Girnth (2005) S. 38
[140] Zu diesen beiden Begriffen siehe Kapitel 8

der letzten Nachricht an Neuem hinzugekommen ist („News is what's different"[141]).

Dieses Neue wird im Begriff der Nachricht zusammengefasst. ‚Nachricht' bedeutet etymologisch „das, wonach man sich zu richten hat, Anweisung."[142] Später wurde die Verwendung von Nachricht im Sinne von „Mitteilung (die Anweisungen enthält), Botschaft, Neuigkeit gebräuchlich"[143]. Die Nachricht ist der Kern der journalistischen Textsorten.

Journalistische Texte kreisen um die Informationsvermittlung durch Nachrichten. Sie beziehen sich dabei auf Außersprachliches. Zum Aspekt des Aktuellen kommt bei der Nachrichtenverarbeitung der Aspekt des Relevanten. Eine Nachricht wird für einen Menschen erst dann relevant, „wenn vor allem die Beziehung zu seinen Lebensinteressen und denen seiner Mitwelt herstellbar ist"[144]. Eine Nachricht ist also demnach zwar an die Objektivität des faktisch Geschehenden gebunden, ihre Übermittlung oder spätestens ihre Übersetzung im Bewusstsein des Empfängers unterliegt jedoch subjektiven Kriterien.

Von einer Nachricht wird immer erwartet, dass es jemand gibt, der sie hören will. Sie ist „mittelbar mit den lebenswichtigen Interessen Einzelner, bestimmter Gruppen oder der Gesamtheit verbunden"[145]. Das Aktuelle ist abhängig von der Frequenz der Nachrichtenübermittlung. Neben Neuigkeit und Relevanz tritt, als drittes Konstitutivum der Nachricht, die Unmittelbarkeit: Was eine Nachricht für mich wird, ist an meinen Weltbildapparat gebunden und an meine Fähigkeiten, in einem Verarbeitungsprozess bereits vorhandenes Wissen mit neuem zu kombinieren.

Um der faktischen, objektiv verstandenen, außersprachlichen Basis der Nachricht Ausdruck zu verleihen, bedienen sich die Texte der Nachrichten einer standardisierten Form. Sie entwickelt sich anhand der sogenannten vier, bzw. fünf W-Fragen im Zusammenhang mit dem Ereignis: „über den Vorgang selbst (Was?), über die daran beteiligten Personen (Wer?), über den Zeitpunkt

---

[141] La Roche (1975) S. 65
[142] Duden Etymologie (1997) S. 479
[143] Duden Etymologie (1997) S. 479
[144] Wilke (1976) S. 78
[145] Ebd.

(Wann?) und den Ort (Wo?). [...] Einige Autoren nennen noch [...] ein fünftes W: Welche Quelle?"[146]

Die Beantwortung dieser Fragen ist die Hauptaufgabe des Journalisten. Aus dieser standardisierten Arbeitsweise erwachsen stereotype Textformen. Der Konsument erwirbt sich durch seine Lesegewohnheit die Fähigkeit, diesen stereotypen Text als Nachrichtentext zu erkennen. Eine gewisse Verobjektivierung hat stattgefunden, allerdings nur in Bezug auf die Form und nicht auf den Inhalt des Textes. Was eine Nachricht formal ist, kann konventionell geregelt werden. Eine Nachricht ist dabei, wie bereits angeklungen, nicht objektiv im eigentlichen Wortsinn, sondern abhängig von den Produktionsvorstellungen und dem Vorwissen des Autors. Die Vorstellung, dass Medien als Spiegel der Realität fungieren, die diese eins zu eins abbilden, geht an der Komplexität sowohl der Wirklichkeit als auch der journalistischen Arbeitsweise vorbei. Die kritische Einführungsliteratur in den Zeitungsjournalismus kommt im Bezug auf die Objektivität und Wirklichkeitsvermittlung von Printmedien zu dem Schluss: „Nicht ‚objektiv wahr' kann die Zeitung sein, wohl aber ‚subjektiv wahrhaftig'."[147]

Für die Definition der Textsorte Nachricht ist es ausreichend, sich auf die formale Bestimmung des Nachrichtentextes zu beziehen. Im Anschluss an La Roche ist eine Nachricht „die objektive Mitteilung eines allgemein interessierenden, aktuellen Sachverhaltes in einem bestimmten formalen Aufbau. [...] Formal [ist sie; A.G.] als eine ganz bestimmte journalistische Darstellungsform, eben die Nachricht [zu deren Elemente Aktualität, Unmittelbarkeit und Relevanz s.o.; A.G.] in der Regel nicht länger als 20 bis 30 Zeilen"[148]. Sprachlich wird die Nachricht dadurch definiert, dass in ihr das Prinzip der Kürze, der Klarheit und die innere Stringenz die Kohärenz des Textes bestimmen.[149]

Im praktischen Journalismus wird zudem darauf hingewiesen, dass in Nachrichtentexten Substantivierungen zu vermeiden sind. Als Richtlinie gilt weiterhin, dass ein Satz nicht mehr als zehn Worte haben sollte. Ebenso eingebürgert hat sich, die Nachrichtenstruktur mit dem neuesten Erkenntnisstand an der Spitze beginnen zu lassen, gefolgt von einem degenealogisch aufgebauten Nachrich-

---

[146] Noelle-Neumann (1994) S. 95f.
[147] Wilke (1976) S. 83
[148] La Roche (1975) S. 64
[149] Vgl. Wilke (1976) S. 168

68

tenkörper. „Die US-Publizistik hat für diese Zweiteilung die Bezeichnungen Climax-First-Form, Top-Heavy-Form und Inverted-Pyramid-Form geprägt."[150]

4.2.2   Der Bericht

Von der Nachricht unterscheidet sich der Bericht grundsätzlich durch seine Länge. Er ist, wie die Nachricht der Erweiterung, der Vertiefung und der Aktualisierung des Weltwissens verpflichtet. Seine Funktion im kommunikativen Handlungsspiel ist wie bei der Nachricht das INFOMRIEREN. Diese Sprechhandlungen werden im Kontext der neuen, aktuellen Sachlage vorgenommen. Der Bericht erfasst zu den neuesten Informationen, die die Nachricht ausmacht, kontextuelle Bezüge, knüpft an Vergangenes und Vorvergangenes an. Dabei gilt formal für den Aufbau „das strenge Aufbauprinzip der Nachricht (Gliederung nach abnehmender Wichtigkeit) [...] statt für Sätze beim Bericht für Absätze"[151]. In seiner direkten Verwandtschaft zur Nachricht gehört er zu der Klasse der referierenden journalistischen Texte. Seine Sprache folgt dem Duktus der Nachricht. Der Bericht kann aber, im Unterschied zur Nachricht, längere zitierte Einschübe haben. In der Analyse der Topoi in Kapitel 9 wird sich zeigen, dass die Berichtsform am häufigsten gewählt wird, um Handlungen in der außersprachlichen Wirklichkeit in ihrer Linearität und Kausalität darzustellen.

Neben den oben angeführten fünf W-Fragen behandelt der Bericht „auch das Wie und das Warum"[152]. Wegen seiner typographischen Abhängigkeit zur Nachricht wird der Bericht in der Literatur auch der „Zwillingsbruder der Nachricht"[153] genannt. Klassische Nachrichten, die die wichtigsten W-Fragen (Wer? und Was?) behandeln, werden häufig unmittelbar nach einem Ereignis von den Presseagenturen herausgegeben; Berichte folgen in einiger, nicht allzu großer zeitlicher Distanz und geben mehr Information. In großen Zeitungen handelt es sich dabei meist um Korrespondentenberichte.

Trotz seiner Nähe zur Nachricht bedient sich der Bericht eines eigenen sprachlichen Handlungsfeldes: „Die erörternde und erklärende Tätigkeit des Be-

[150] Siegel (1978) S. 14
[151] La Roche (1975) S. 131
[152] Noelle-Neumann (1994) S. 98
[153] La Roche (1975) S. 131

richts ist eine selbstständige geistige Tätigkeit"[154] und macht deswegen den Bericht zu einer eigenen Sorte innerhalb der Gattung Zeitungstexte.

4.2.3 Die Reportage

Auch die Reportage nimmt von faktischen Ereignissen in der außersprachlichen Wirklichkeit ihren Ausgang. Im Unterschied zu Nachricht und Bericht wird in der Reportage ein subjektiver Blickwinkel, den der Autor beim Schreiben wählt, zum bestimmenden Element der Textgestaltung. Lässt die kodifizierte Sprache der Nachricht oder des Berichtes keine Rückschlüsse auf den Autor zu, so lebt die Reportage gerade von demjenigen, der sie erzählt. Von daher hat sie zumindest durch die Wortwahl eine gewisse Nähe zu erzählenden Texten. Durch die Person des Reporters gewinnt die Darstellung der Reportage ihre Unmittelbarkeit. Die Reportage gewann große Verbreitung durch die Entstehung der Massenpresse. Zuvor kamen die für sie konstitutiven Elemente im Reisebericht vor. ‚Vater der Reportage' wird der griechische Geschichtsschreiber Herodot genannt, der über seine Reisen Erlebnisberichte verfasste, die in der Literatur als Vorläufer der Reportage verstanden werden. Je nach Zeitung gibt es auch Raum für literarische Reportagen. Dies hängt vor allem vom Umfang ab, den die Blattmacher für Reportagen zur Verfügung stellen können.

Die historische Abhängigkeit hat nicht linear zur Entwicklung der Zeitungsreportage aus früheren Formen geführt, sondern zu einer Separation in einen literarischen und einen journalistischen Zweig. Die Diskussion in der Literaturwissenschaft kreist deshalb häufig um die Frage, welche der beiden Formen den allgemeinen Kriterien des Genres am nächsten kommt. Noch bevor man zu internen, sprachlichen Parametern der Reportage kommt, muss bei diesen beiden Typen von Reportage auf die verschiedenen Kontexte geachtet werden, in denen sie entstehen. „Die Zeitungsreportage unterliegt ganz anderen Produktionsgesetzen und -zwängen, sie verfolgt andere Ziele als die literarische Reportage."[155] Die Produktionsvorgaben der Zeitung erlauben dem Reporter weniger Zeit zum Reflektieren und Ordnen des abzubildenden Sachverhaltes. Ganz anders die literarische Reportage. Kommt es zum Beispiel zu einem Reisebericht, gibt der Autor sich selbst den

[154] Traub (1982) S. 16
[155] Geisler (1982) S. 4

zeitlichen Rahmen für seine Produktion vor. Die Ziele der kommunikativen Handlung sind bei literarischer und journalistischer Reportage gleich hoch gesteckt. Für den Leser ist auf den ersten Blick ein Unterschied zwischen beiden Formen nicht unmittelbar ablesbar. „Heute ist der Übergang von der literarischen zur rein journalistischen Reportage, die uns ferne Sitten und fremde Welten, aber auch Sandstrände und Ferienclubs näher bringt, durchaus fließend, wie etwa die Lektüre der Monatszeitschrift ‚Geo‘ belegt".[156] Auch die Reportagen, die sich mit dem Karikaturen-Streit beschäftigen und die hier untersucht werden, sind nicht eindeutig der einen oder anderen Variante der Reportage zuzuschlagen.

In der Reportage wird „die Wirklichkeit des Abgebildeten […] konstituiert durch vorher bereits Bestehendes"[157]. Das heißt zum einen, dass durch vom Reporter unabhängige Faktoren eine gewisse Faktenlage geschaffen wurde, deren kausale Abhängigkeiten und Auswirkungen den Rahmen der Reportage bilden. Das Genre der Reportage ist somit an Faktizität gebunden. Für diese Fakten gibt es einen – quasi kodifizierten – Umgang, den die journalistische Theorie mit fünf Schlagworten zusammenfasst: „Dokumentation (= Recherche), Authentizität (= Augenschein), Glaubwürdigkeit (= Überprüfbarkeit des Faktischen), Unmittelbarkeit (= sinnliche, konkrete Beobachtung) und Redlichkeit (= das Thema wichtiger nehmen als sich selbst)."[158]

4.3   Kommentierende Textsorten

Die drei genannten Textsorten verwirklichen die sprachliche Handlung INFORMIEREN. „News is what is different" bedeutet, die ‚Unterschiedlichkeit' im Lauf der Nachrichten hervorzuheben und neue Aspekte im täglichen Nachrichtenfluss herauszuarbeiten. Daneben gibt es Textsorten, die KOMMENTIEREN, das Faktische einordnen, zuordnen und kontextualisieren. Rein informationsbetonte Textsorten können diese sprachliche Handlung nicht realisieren. Mit der kommentierenden Textfunktion geht der sprachliche Handlungstyp des BEWERTENS einher. In kommentierenden Texten werden Argumente präsentiert und im Sinne der Intention auf das Sprechhandlungsziel des Sprechers ge-

---

[156] Haller (1997) S. 26
[157] Siegel (1978) S. 68
[158] Haller (1997) S. 26

wichtet. Das Ziel der kommentierenden Textsorten ist die Ermöglichung und die Beförderung des Meinungsbildungsprozesses. Diese Texte prägen den Weltbildapparat einer Gesellschaft und sind daher von zentraler Bedeutung für die Argumentation von Diskursen. Der kommentierende Text ermöglicht den strategischen Einsatz sprachlicher Mittel, die abwägen und bewerten.

4.3.1 Der Kommentar

Der Kommentar ist eine ergänzende Textform zu den Nachrichtentransporteuren Nachricht und Bericht. Er wird häufig in der Nähe der informierenden Textsorten gesetzt.

„Kommentare sind Meinungsbeiträge. [...] Es wird Stellung genommen zu Gegenständen, die in Berichten mitgeteilt werden. [...] Selten werden die Leser mit den Thematiken erst im Kommentar vertraut gemacht."[159] So findet man bei der Frankfurter Allgemeinen Zeitung zwei große Kommentare auf der ersten Seite des ersten Buches. Die Tageszeitung Die Welt hat einen Kommentar auf der ersten Seite abgedruckt. Daneben gibt es im Inneren des ersten Buches noch eine Seite, die Leitartikel und weitere meinungsbildenden bzw. kommentierenden Texte. Die Süddeutsche Zeitung unterhält auf Seite vier ebenfalls Kommentare. Zudem greift das „Streiflicht" auf Seite eins, teils kommentierend, teils glossierend (häufig beides auf einmal), (aktuelle) Entwicklungen auf.

„Soll der Bürger politische Entscheidungen treffen, muss er umfassend informiert sein, auch die Meinungen kennen und gegeneinander abwägen können, die andere sich gebildet haben. Die Presse hält diese ständige Diskussion in Gang; sie beschafft die Informationen, nimmt selbst dazu Stellung und wirkt damit als orientierende Kraft in der öffentlichen Auseinandersetzung. In ihr artikuliert sich die öffentliche Meinung."[160]

Straßner definiert die Aufgabe von Kommentaren so: „Diese sollen Interpretationshilfen erhalten, Unterstützung, bestimmte Sachverhalte zu begreifen, sie einzuordnen in die Geschehenswelt wie in ihr Weltbild."[161]

Eine Presse, die der Öffentlichkeit verschiedene Deutungsmuster der politischen und gesellschaftlichen Realität anbieten kann, gehört zu den wesentlichen Merkmalen freier Gesellschaften. Die Möglichkeit, seine Meinung zu artikulieren,

---

[159] Straßner (1999) S. 17
[160] Nowag; Schalkowski (1998) S. 44
[161] Straßner (1999) S. 17

72

ist gebunden an den Begriff der kritischen Öffentlichkeit, der in dieser Arbeit bereits skizziert wurde (siehe 3.5). Textsorten, die INFORMIEREN, liefern die grundlegenden außersprachlichen Wissensbestände über einen Sachverhalt. Der kommentierende Text evaluiert diese Phänomene mittels der Sprache, dabei konstruiert er beim KOMMENTIEREN Handlungsoptionen und Modelle der Wirklichkeit, die (noch) keinen Bezug in der außersprachlichen Wirklichkeit haben. „In ihr [der Diskussion; A.G.] artikuliert sich die öffentliche Meinung; die Argumente klären sich in Rede und Gegenrede, gewinnen deutliche Konturen und erleichtern so dem Bürger Urteil und Entscheidung."[162] Der Kommentar realisiert auf diese Weise die in 3.4 und 3.7 dargelegten Mechanismen eines Diskurses.

Kommentierende Textsorten weisen in den Bereich der Argumentation und eröffnen gesellschaftliche Diskurse. In ihnen werden strittige Sachverhalte, die in der außersprachlichen Wirklichkeit ihren Ursprung haben, mittels sprachlich artikulierter Handlungsoptionen auf ein unstrittiges Ende hin verhandelt. Der Erkenntnisgewinn, der aus diesen Sprachhandlungen erwächst, ist hypothetischer Natur und ist nicht durch außersprachliche Entsprechungen in der Wirklichkeit gedeckt. In seinem Aufbau folgt die Sprachhandlung KOMMENTIEREN in meinungsbildenden Textsorten gewissen Strukturen, die den Argumenten des Sprechers zum Durchbruch verhelfen sollen.

4.3.2   Aufbau des Kommentars

Der Kommentar beschäftigt sich mit strittigen Sachverhalten, die sich aus außersprachlichen Umständen ergeben. Um kommentieren zu können, bedarf es des entsprechenden Weltwissens, das die Einordnung von neuen Sachverhalten in eine Kette von Ereignissen ermöglicht. „Der Kommentar arbeitet den Hintergrund eines erkenntnisschweren Phänomens auf, indem er die Ursachen des Phänomens aufdeckt, die Motive der damit befassten Personen erhellt oder die Funktion des Phänomens innerhalb eines größeren Ganzen beleuchtet."[163] Unter ‚Ursache' können auf Grundlage des hier verwendeten Argumentbegriffs die Prämissen verstanden werden, „die Funktion des Phänomens" wird in der Schlussfolgerung standpunktbezogen durch den Text formuliert.

---

[162] Nowag; Schalkowski (1998) S. 44
[163] Nowag; Schalkowski (1998) S. 49

Die Einordnung eines Sachverhaltes ins Weltwissen des Rezipienten geschieht auf der Grundlage der gültigen Werteordnung einer Gesellschaft. Sachverhalte werden nicht selten darauf abgeklopft, ob sie dieser Werteordnung entsprechen, sie in Frage stellen oder außer Kraft setzen. So stellen die jährlich wiederkehrenden Tarifstreitigkeiten zwischen Arbeitnehmern und Arbeitgebern, in die Gewerkschaften involviert sind, die Frage nach dem Gewissen des Sozialstaats. Es wird diskutiert, ob die Politik der SPD noch dem Grundgedanken der Sozialdemokratie entspricht usw. Die Basisprämissen der Gesellschaft sind – meist implizit – der Maßstab, mit dem ein Kommentar misst. Nach Nowag/Schalkowski gibt es drei Typen von Kommentaren, die auf dieser Grundlage meinungsbildend in den Texten der Zeitung vorkommen: der Standpunktkommentar, der diskursive Kommentar und der dialektische Kommentar[164]. Diese drei haben in ihrer inneren Struktur neben der dominanten kommentierenden Sprachfunktion auch referierende Elemente.

Der Standpunktkommentar referiert nur die eigenen Argumente ohne auf etwaige Kontra-Positionen einzugehen. Der diskursive Kommentar „setzt sich mit einer gegnerischen Position auseinander und bedient sich unterschiedlicher Argumenttypen oder Erklärungsansätze, um die eigene Position zu stärken und die gegnerische zu schwächen"[165]. Das Hauptmerkmal des dialektischen Kommentars „besteht darin, dass er zu seinem Gegenstand zwei widerstreitende Thesen zulässt, die sich auf die Gegensatzpaare ‚gut/nicht gut', ‚nützlich/schädlich', ‚empfehlenswert/abzulehnen' usw. reduzieren lassen"[166].

4.3.3 Leitartikel und Essay

Der Leitartikel gehört zu den kommentierenden Textsorten. Er ist klassischerweise das Aushängeschild einer Zeitung. „Vom Kommentar unterscheidet er sich in erster Linie durch seine umfassende Länge. Die Länge des Leitartikels impliziert die Bedeutung, die das Blatt der Diskussion des angesprochenen Sachverhalts beimisst. Ein Leitartikel ist die Quintessenz oder Flagge der Zei-

---

[164] Ebd. S. 163
[165] Ebd. S. 168
[166] Ebd. S. 174

tung – die Kundgebung der Redaktion."[167] Bekanntestes Beispiel hierfür sind in der deutschen Zeitungslandschaft die Leitartikel auf der ersten Seite der Frankfurter Allgemeinen Zeitung. Die Stärke des Leitartikels liegt in der ausgewogenen Darstellung verschiedener Standpunkte zu einem Thema und darin, diese zu bewerten. „Die meisten Leitartikel werden mit abwägender Argumentation geschrieben (und nicht selten ohne Fazit); ein Filigran aus Analyse, Andeutungen und bedächtigem Urteil."[168] Der Leitartikel steht häufig im ersten Buch einer Zeitung, dem politischen. Im Feuilleton werden kommentierende Aussagen auch in Kommentarform transportiert. In diesem Ressort bietet sich aber auch die Textform des Essays an:

> „Kürzere, geschlossene, verhältnismäßig locker komponierte Prosastücke betrachtenden Inhalts werden meist als Essay (urspr. Versuch) bezeichnet. Er zielt auf Erkenntnis und Bewusstseinssteigerung. Er untersucht die unterschiedlichsten Phänomene, um sie geistig zu durchdringen und intellektuell zu klären."[169]

Häufig ist der Essay der Text eines Gastautoren. So bemüht die Süddeutsche Zeitung gerne den in Deutschland lebenden iranischen Schriftsteller und freien Autoren Narvid Kermani, wenn es darum geht, Sachverhalte zu klären und zu kommentieren, die den Iran und den schiitischen Islam betreffen. Der Essay „wird häufig aufgegliedert in Thesen, Gegenthesen, Synthese oder Thema, Gegenthema mit positiven oder negativen Einwänden, Fazit"[170].

---

[167] Mast (2000) S. 264
[168] Schneider (1996) S. 138
[169] Straßner (2000) S. 44
[170] Ebd.

5. Sprachliche Mittel und kommunikative Strategien im Diskurs

Journalistische Texte systematisieren in kodifizierter Form (siehe Kapitel 4) für die Autoren relevante Ausschnitte der Wirklichkeit und bewerten sie im Rahmen des in einer Gesellschaft gültigen Weltbildes zu einer bestimmten Zeit. Die moralische Bewertung, die in den Texten vorgenommen wird, orientiert sich an dem jeweiligen Wertekanon einer Gesellschaft. Da westliche, pluralistische Gesellschaften verschiedene Wertekontexte kennen, bleiben die jeweiligen moralischen Bewertungen nicht unwidersprochen. Diese Heterogenität ist die Grundspannung, in der Diskurse in freien Gesellschaften entstehen. Die Texte versuchen, die Leser mittels verschiedener Strategien von ihrer Sicht zu überzeugen.

Zum Aufbau dieses Kapitels

Überzeugen zu wollen, ist die Basis jeder kommunikativen Strategie. Sprachlich realisiert wird diese Intention zuerst durch die Benennung der für die Argumentation notwendigen Begriffe (5.1). Der Benennung (Referenz) von Begriffen und Sachverhalten folgt deren Bewertung (Nomination). Überzeugt diese Bewertung, wird der Terminus mit der vom Sender intendierten (moralischen etc.) Einordnung vom Empfänger gebraucht (5.2). Im Prozess von Referenz und Nomination werden bestehende Begriffe ‚besetzt'. Im Zuge der Erstbenennung werden neue Termini kreiert und mit einer Bedeutung versehen. Erstbenennung ist im sprachlichen Diskurs für das Gelingen der Argumentation besonders in Gesellschaften, die einem schnellen Wandel unterliegen, entscheidend (5.3). Beispiele hierfür sind im gegenwärtigen Islam-Diskurs Termini wie ‚Euro-Islam' oder ‚islamischer Luther'. Das Vokabular, das in einer Gesellschaft verwendet wird, wird vor allem determiniert von der herrschenden politischen Struktur. Im Sinne der Aufrechterhaltung der gesellschaftlichen Ordnung wird die Verwendung entsprechender Begriffe mit bestimmten Handlungsaufforderungen verknüpft. Ideologiegebundenes Vokabular ist ein wesentlicher Bestandteil eines öffentlich-politischen Diskurses (5.4). Auf diesen Zusammenhang hat Foucault bei seiner Diskurstheorie hingewiesen (siehe 3.4.1). Innerhalb des ideologiegebundenen, öffentlichen Diskurses ist entscheidend, mit welchen Ter-

mini und Bewertungen die am Diskurs beteiligten Gruppen sich gegenseitig bezeichnen und klassifizieren (5.4.1 und 5.4.2). Journalistische Texte als Teil des
öffentlich-politischen Diskurses referieren und benennen. Diese Texte geben
dadurch eine Einstellungsbekundung ab, die dann wiederum der Diskursgemein-
schaft zur Disposition gestellt wird (5.5). Dieser gleichberechtigte argumentative
Austausch von Argumenten verleiht dem Diskurs in den Medien eine demokratische Note. Der intertextuelle Bezug (siehe 3.3) im medialen Diskurs ist der
deutlichste Ausdruck dieses offenen Austauschs von Argumenten. Diese Offenheit darf aber nicht darüber hinwegtäuschen, dass der mediale Diskurs nur ein
Ziel hat: Mittels der in 5.1-5.5 dargestellten sprachlichen Mittel die Deutungshoheit über einen bestimmten Sachverhalt oder eine bestimmte Frage zu gewinnen.

5.1   Referenz als Teil einer kommunikativen Strategie

Zu den Strategien der öffentlichen Kommunikation gehört das Benennen und
Bewerten von Sachverhalten im Sinne dessen, der eine sprachliche Äußerung
vornimmt. Dies gilt für gesprochene und geschriebene Sprache. „Unter Strategie
lassen sich diejenigen sprachlichen Handlungsschritte fassen, die im Dienste einer bestimmten Intention stehen. Als primäre Intention kann [...] – grob vereinfachend – das Erreichen einer Zustimmung seitens der Öffentlichkeit angesetzt
werden."[170]

Zeitungstexte sind Teil der politisch-öffentlichen Kommunikation. Sie sind
als solche Teil einer mittelbaren Kommunikationssituation, da der Autor die Leser seines Textes nicht kennt. Man kann die Rezipienten der Zeitungstexte, dies
gilt besonders für kontroverse Themen wie ‚Kampf der Kulturen' und ‚Meinungsfreiheit gegen Respekt vor religiösen Überzeugungen', indes in zwei
Gruppen aufteilen: die Gruppe, die die Argumentation des Autors teilen, und die
Gruppe, die sie ablehnt. Diese beiden Seiten markieren die äußeren Ränder der
Positionen, die Diskursteilnehmer einnehmen können: völlige Zustimmung und
völlige Ablehnung[171]. Die im Diskurs vorgebrachten Argumente beanspruchen

---

[170] Girnth (2001) S. 198
[171] Siehe die vier Kriterien der Topik. Nach Bayer haben beide Parteien den Willen zur Eini-
gung und werden sich aufeinander zu bewegen.

auf der je vom Sprecher bewusst oder unbewusst gesetzten Wertgrundlage ihre Geltung. Die Argumentation des Autors speist sich aus dem Weltwissen, seiner kognitiven Welthabe und seiner soziologischen Prägung. Durchgeführt wird die Argumentation mittels journalistischer Techniken, die textsortenbezogen in der Zeitung oder der Zeitschrift vorkommen. Bestimmte Aussageabsichten werden in bestimmten Textsorten realisiert.

Auf der Grundlage von Prägungen und Wertprämissen vermitteln Zeitungstexte Einstellungen. „In der Kommunikation werden Einstellungen als bewertende Stellungnahmen realisiert. Einstellungen, die der Einzelne gegenüber einem Gegen-stand hat, sind als das Ergebnis von Bewertungen aufzufassen."[172]

Diese Bewertungen werden sprachlich umgesetzt. Der Einstellungsbekundung geht die Benennung des Gegenstandes voraus. Girnth bezeichnet im Anschluss an Wimmer „Benennung" als „Referenz". Er versteht darunter „die Bezugnahme auf kommunikativ bestimmte Gegenstände mittels sprachlicher Ausdrücke"[173]. „Ein Referenzakt ist dann geglückt, wenn der Hörer ([der Leser; A.G.] weiß, worüber, das heißt über welchen Gegenstand, gesprochen wird."[174]

Einen Beitrag für die Wochenzeitung Die Zeit mit dem Titel „Die Muslime sind längst unter uns" beginnt der Autor Klaus Berger so: „Wenn Christen im Orient von ihrem Gott sprechen, sagen sie allah."[175] Hier wird durch eine bestimmte Gruppe (Christen im Orient) auf einen außersprachlichen, in diesem Falle abstrakten, Gegenstand bzw. Begriff („allah') referiert. Der Eingangssatz ist als informative Darstellung eines Ist-Zustandes aufzufassen.

5.2   Nomination und Attribuierung

Die Nomination ist eine Form der Referenz. Nomination „geht […] über das nur Referieren hinaus und bewertet gleichzeitig das in Rede stehende Referenzobjekt. Man bezeichnet diese stellungsbeziehende Form der Referenz als Nomination und die zu diesem Zwecke verwendeten Wörter als Nominationsausdrü-

---

[172] Girnth (1993) S. 61
[173] Ebd. S. 75
[174] Ebd. S. 76
[175] Berger (2004) S. 51

cke"[176]. Die Wahl und die Verwendung sprachlicher Ausdrücke hängen von der sprachlichen Kompetenz des Sprechers bzw. Autors ab.

„Nomination ist kommunikative Referenz unter der Verwendung von ausgewählten nominalen Mitteln. Die Selektion erfolgt auf Grund der kommunikativen Kompetenz des Sprechers, seiner Intention und der von ihm vorgenommenen Situations- und Beziehungsdefinition."[177]

Herrgen fasst im Anschluss an Bellmann den Nominationsakt im Unterschied zur Referenz wie folgt: „Nomination [...] [ist; A.G.] gegenüber der Referenz auf einer nächsten und höheren Stufe die präzisierende, zumeist auch stellungsbeziehende, wertende Form der Ausdrucksverwendung. Nomination ist Referenz plus –[...] Wertungspragmatik. Ein Nominationsakt ist geglückt, wenn der Zuhörer nicht nur versteht, wovon die Rede ist, sondern wenn er darüber hinaus dem Redebeitrag entnehmen kann, welches die Einstellung des Sprechers gegenüber dem [...] Referenzobjekt ist."[178]

Nomination ist das Mittel zum Gelingen des Diskurses. Wenn Argumente wertend aufeinander bezogen werden, erschließt sich dem Leser, „wovon die Rede ist". Hier ist die Schnittstelle zwischen der Aussageabsicht eines Diskurses und den sprachlichen Mitteln seiner Realisierung. Die Nomination ist das entscheidende Scharnier zwischen der Information (Benennung, Referenz) und der Kommentierung (Bewertung) eines Sachverhalts. In ihr wird die Konklusion angebahnt und die Handlungsaufforderung vorbereitet. Die Kohärenz des Arguments, in dessen Mitte die Nomination steht, steht und fällt mit einer angemessenen, aus der Information (Referenz) gewonnenen, rational nachvollziehbaren, Bewertung.

Diese ganzheitlichen Aussagen markieren die Schritte der Argumentation. Klaus Bayer fasst die Ausdrucks- und Inhaltsseite einer Aussage so zusammen: „Man nennt die Bezugnahme auf Objekte Referenz, das Ausdrücken von Eigenschaften einzelner Objekte oder von Beziehungen zwischen Objekten nennt man Prädikation. Eine vollständige Aussage, die sowohl referierende als auch prädizierende Teilausdrücke enthält, nennt man auch Proposition."[179] Der prädizie-

---

[176] Girnth (2002) S. 56
[177] Bellmann (1988) S. 12
[178] Herrgen (2000) S. 136f.
[179] Bayer (1999) S. 78

rende Teil einer Aussage liegt in der Argumentationstheorie im Bereich der Prämissen. Die Prämissen (siehe Kapitel 3.9) sind das Fundament, das eine Argumentation plausibel und die dazugehörende sprachliche Äußerung kohärent macht. Sie sind die „impliziten Voraussetzungen der Möglichkeit des im Text Gesagten". Hierbei führt der Weg über den prädizierenden Teil der Aussage, der sich im Text ausdrückt, auf den Sachverhalt oder Tatbestand, den er bezeichnet.

Bei der Analyse von Argumenten muss die Relevanz der sprachlich gefassten, bewertenden Prämissen einer Aussage überprüft werden. Für „p (gilt), weil q (gilt)" sind die Prämissen maßgeblich, die dem Geltungsanspruch von Argumenten – außersprachlich – zugrunde liegen. „Geltungsgründe bzw. Argumente werden stark, einleuchtend [...], schlüssig, überzeugend, gut usw. genannt. [...] Die spezifische Güte von Argumenten [soll; A.G.)] ihre Überzeugungskraft heißen."[180] In den Prämissen artikulieren sich die Überzeugungen der Sprecher, ihre Einstellungen, die sie in argumentativer Form in sprachlichen Handlungen wie REFERIEREN und BEWERTEN ausdrücken. Diese Grundüberzeugungen sind linguistisch nicht zu überprüfen, sie liegen im psychologischen Spektrum der argumentierenden Person. „Man kann die Ernsthaftigkeit eines Interesses an argumentativ gestützter Verständigung in der Tat nicht einlösen, allenfalls indirekt, durch die langfristig beobachtbaren Konsequenzen der argumentativ vertretenen Überzeugungen. Sie konstruieren das, was [...] die ‚Glaubwürdigkeit' (ethos) einer Person heißt und nachweislich bis heute als eine der stärksten Überzeugungsressourcen gilt."[181]

Zurück zur Nomination: In einem Artikel, der am 16. Dezember 2004 in der Wochenzeitung Die Zeit erschienen ist, heißt es unter dem Aufruf: „Raus aus der Glaubensfalle!": „Die Muslime müssen es einsehen: Im Namen des Islam wird gemordet. [...] Die religiös motivierte Gewalt ist ein Hinweis auf eine tiefergreifende Krise."[182]

Der Autor bewertet die Gewalt, von der in seinem Artikel die Rede ist, als religiös motivierte Gewalt. Die Nomination erfolgt hier durch Attribuierung; Gewalt wird mit einem attribuierten Partizip religiös motiviert gekennzeichnet.

---

[180] Kopperschmidt (2000) S. 52
[181] Ebd. S. 53
[182] Scheffer (2004) S. 12

Durch Attribuierung wird der ohnehin schon negativ konnotierte Ausdruck *Gewalt* verstärkt und eingeordnet; es ist nicht von einer unspezifischen Form der Gewalt die Rede, sondern von *religiös motivierter*. Dieses Beispiel verdeutlicht die beiden Grundaufgaben der Attribuierung: „Die Attribuierung [dient; A.G.] im Bezug auf die nominale Determinierung einerseits der Bildung neuer Begriffe (Begriffsbildung) und andererseits der Identifizierung der intendierten Gegenstände (Gegenstandsidentifikation)."[183]

Um der semantischen Inhaltsseite die Konkretisierung zu verleihen, die vom Autor beabsichtigt ist, wird die Attribuierung als sprachliches Mittel eingesetzt. „[E]rst die Relation in einem Satz [...] ermöglicht [es; A.G.], einen identifizierenden Gegenstand kommunikativ zu vermitteln. Sonst kann keine Relation hergestellt werden."[184] Auch die Attribuierung kann zur Bewertung von Aussagen dienen. Durch sie kann positiv oder negativ konnotiert werden. (Im vorliegenden Fall eindeutig negativ.)

Der Autor attestiert, dass diese *religiös motivierte Gewalt* Ausdruck einer *tiefergreifenden Krise* ist. Eine Binnenbewertung des Islam wird negativ vorgenommen: Krisenstimmung, Stagnation und Führungslosigkeit kennzeichnen die Situation. Die Aufforderung, die in der Überschrift ergeht („Raus aus der Glaubensfalle!") wird aufgegriffen. Mann kann diese Aussage weiterführen mit *Raus aus der tief greifenden Krise*. Die Bewertung, die vorgenommen wird, die Einstellung des Autors, wird in diesem Satz deutlich: Sie ist negativ.

In „Muslime fordern ihren Platz in Europa" schreibt Günther Lachmann: „Die islamische Intelligenz strebt eine breite Partizipation der Muslime an Politik und Wissenschaft in Europa an. [...] Am Ende, glauben sie, wird der Islam stärker sein als die säkulare, wertentleerte und damit in ihrer Widerstandskraft geschwächte europäische Gesellschaft."[185] Der Terminus *islamische Intelligenz* ist eindeutig aufgrund der deutschen Vergangenheit vorbelastet und negativ besetzt. Im Dritten Reich haben die Nationalsozialisten für die Diskreditierung der jüdischen Mitbürger und um die unbegründete Angst vor einer versteckten Einflussnahme des „Finanzjudentums" bei den Deutschen anzuheizen, von der „jüdi-

---

[183] Son (1998) S. 61
[184] Ebd. S. 64f.
[185] Lachmann (2005) S. 13

schen Intelligenz" gesprochen. Dieses Beispiel macht deutlich, dass, wie die Pragmalinguistik zu Recht annimmt, nicht nur das Wort in seiner lexikalischen Verfasstheit eine Bedeutung erlangt, sondern vor allem erst in seinen Bedeutungszusammenhängen. Der Ausdruck *islamische Intelligenz* ist negativ konnotiert. Die Nebeneinanderstellung der Adjektive *säkular* und *wertentleert* ist ebenfalls eine Negativbewertung der in Europa vorherrschenden Gesellschaftsform. Die säkulare Gesellschaft bezieht sich auf Konzepte, denen aus ihrer Sicht der Rang eines Wertes zukommt: Meinungsfreiheit, Gewissensfreiheit oder Wahlfreiheit, um nur einige zu nennen. Der Autor kennzeichnet die Gesellschaften Europas als *in ihrer Widerstandskraft geschwächt*. Ursache dafür ist die *säkulare, wertentleerte* Moderne.

5.3 Nomination und Erstbenennung

Vom Akt der Nomination ist der Akt der Erstbenennung[186] zu unterscheiden. Im Themenbereich ‚Islam' referieren Autoren auf Gegenstände, die es in der Begriffssprache, dem Lexikon der abendländischen Philosophie, der christlichen Religion aber auch der politischen Theorie noch nicht gibt. Nach Bellmann gibt es Zeiten, „in denen infolge kultureller Neuerungsschübe Erstbenennungsaktivitäten deutlicher hervortreten und fassbar werden"[187]. Ich gehe davon aus, dass mit dem Beginn der Arbeitsmigration von Menschen aus islamisch geprägten Gesellschaften in der zweiten Hälfte des zwanzigsten Jahrhunderts eine solche kulturelle Veränderung eingetreten ist, in Folge derer nach Bellmann Erstbenennungen nötig werden. Sprachliche Innovation wird mit Hilfe nominationsfähiger Ausdrücke ermöglicht. Gerade die Problematik der bildlichen Darstellung im Islam belegt, dass die Deutschen über den Islam und das Leben der Muslime noch nicht genügend wissen.

Ein neuer Begriff, oder ein bereits eingeführter Begriff, der in einem neuem Verwendungskontext eine neue Konnotation erfährt, wird durch die Nominierung von Begriffen gewährleistet: „Dies erklärt sich [...] aus der Tatsache, dass die Wortwahl jenen Bereich der Sprachproduktion betrifft, der es erlaubt,

---

[186] Bellmann (1988) S. 11
[187] Ebd. 67

82

sprachstrategische Mittel am verhältnismäßig leichtesten und raschesten bei der Textproduktion einzusetzen bzw. bei der Rezeption zu erkennen."[188]

In der Untersuchung der Zeitungstexte zum Karikaturen-Streit wird deshalb die Frage zu beantworten sein, ob neue Wortschöpfungen wie *Europäischer Islam* oder *Islam in Europa* zu durchgängigen Termini der deutschen Zeitungssprache geworden sind. Bereits in einem Interview in der Frankfurter Rundschau vom 24. November 2004 wird der Islamexperte Bassam Tibi gefragt: „Wie weit ist Deutschland auf dem Weg zu einem Euro-Islam?"[189]

Im Hinblick auf die Situation des Islam in Italien wird Innenminister Pisanu in der indirekten Rede in der Neuen Zürcher Zeitung mit den Worten in einem Artikel mit der Überschrift „Italien strebt nach einem ‚eigenen' Islam" wiedergegeben: „Sein Ziel sei indes ein ‚italienischer' Islam, also nicht ein ‚Islam in Italien'."[190]

Und der französische Präsident, Nicolas Sarkozy, schreibt zu einer Zeit, da er noch der stellvertretende Vorsitzende der Regierungspartei UMP war, in einem Beitrag für Die Welt unter dem Titel „Den Islam positiv diskriminieren": „Wenn sich unsere Mitbürger als fähig erweisen, einen französischen Islam zu erfinden, einen Islam, der in die europäische Kultur integriert ist, dann könnte er ein Vorbild für die gesamte [...] Welt werden."[191] Die Termini *Euro-Islam, italienischer Islam, Islam in Italien* und *französischer Islam* sind Ergebnisse eines Erstbenennungsprozesses, der, wie Bellmann sagt, die Folge eines kulturellen Neuerungsschubes illustriert.

Neben das Kriterium „Erstmaligkeit" setzt Bellmann bei der Benennung von neuen Begriffen das Kriterium, dass dieser Begriff „mit hoher Verbindlichkeit zugeordnet wird"[192]. Die Kontexte, denen die vier oben genannten Begriffe entnommen sind, definieren nicht, was mit ‚Euro-Islam' etc. gemeint ist. Der Bedeutungsraum, der hermeneutische Rahmen dieser Äußerungen lässt sich erahnen. Es scheint so zu sein, dass Zeitungstexte über den Stand gesellschaftlicher Diskurse hinaus keinen Schritt weiter gehen und Lösungen für die Erstbenen-

[188] Bandauer (1989) S. 67
[189] Speck (2004) S. 25
[190] Tzermias (2004) S. 8
[191] Sarkozy (2004) S. 9
[192] Bellmann (1988) S. 11

nungsproblematik anbieten. Die „hohe Verbindlichkeit' in der Bedeutung und Verwendung muss anscheinend von anderen gesellschaftlichen Akteuren für diese neuen Begriffe durchgesetzt werden.

Neue Termini, die Erweiterung des Lexikons einer Sprache und – damit verbunden – des ideologiegebundenen Vokabulars, werden sowohl im Referenz- als auch im Nominationsakt gebildet. „Lexikalische Innovationen im Nominationsakt gehören, ebenso wie der darauf fußende lexikalische Sprachwandel, zur Normalität der Sprachverwendung."[193]

Im Hinblick auf eine *Moschee* könnte von der Synonymisierung mit *Gotteshaus* im Zuge der lexikalischen Innovation von einem *islamischen Gebetshaus* oder einem *Versammlungsraum von Muslimen* gesprochen werden. Neben dem Gebetsraum ist die Moschee auch ein Raum der juristischen und wissenschaftlichen Gelehrsamkeit. Muslime versammeln sich in der Moschee nicht nur zum Gebet. Das unterscheidet ihre Versammlungsstätten von der Bedeutung und der Verwendung christlicher Gotteshäuser.

5.4   Ideologiegebundenes Vokabular

Um Strategien kommunikativen öffentlichen Handelns umzusetzen, bedarf es bestimmter Mittel. Die Nominationslehre geht davon aus, dass nominale Begriffe zur bewertenden Darstellung eines Sachverhaltes verwendet werden. Öffentliche Diskurse setzen eine gewisse konventionalisierte Verwendung von Begriffen und deren Bedeutung voraus. Im Diskurs geraten die verschiedenen Deutungen der Begriffe und deren Verwendungen in Konflikt. Die Deutungshoheit aktueller Sachverhalte soll mittels Argumentationen für die jeweilige Sichtweise entschieden werden. Die in diesen Prozessen verwendeten Begriffe werden dem Ideologievokabular zugeordnet. Zum ideologiegebundenen Vokabular „gehören vor allem Wörter, die soziale Beziehungen innerhalb einer Gemeinschaft bezeichnen (Familie, Nation, Klasse, Gesellschaft, kapitalistischer/sozialistischer Staat). Zur Ideologiesprache gehören alle Wörter, die Prinzipien der politischen Organisationen zum Ausdruck bringen (parlamentarische Demokratie, freie/geheime Wahlen, Pressefreiheit, Pluralismus, Mehrheitsentscheidung, Min-

---

[193] Herrgen (2000) S. 138

derheitsrechte, Rechtstaatlichkeit)"[194]. Auch hier wird die die Gesellschaft stützende und Macht erhaltende Bedeutung, die durch die Verwendung von ideologiegebundener Sprache in der Theorie Foucaults (siehe 3.4.1) zum Tragen kommt, deutlich. Über die Inhaltsseite dieser Begriffe werden Einstellungen zum Ausdruck gebracht, die beim Hörer bzw. Leser bestimmte Assoziationen auslösen.

> „Ideologiegebundene Wörter bilden ein triadisches Ensemble aus denotativen, evaluativen und deontischen Bedeutungskomponenten. […] In die denotative Bedeutungskomponente gehen solche Merkmale ein, die begrifflicher Natur sind und die Eigenschaften des Denotats (des außersprachlichen Gegenstandes oder Referenzobjektes) repräsentieren. […] Die evaluative Bedeutungskomponente enthält diejenigen Merkmale, die das Referenzobjekt bewerten. […] In den deontischen semantischen Merkmalen sind Sollen- und Nicht-Sollen-Aussagen kodifiziert. […] Aufgrund dieser drei Bedeutungskomponenten kann […] [jeder, der an der öffentlich-politischen Diskussion teilnimmt; A.G.], mit ideologiegebundenen Wörtern Referenzobjekte bezeichnen, sie bewerten und zu Handlungen auffordern."[195]

Übertragen auf die Argumentation kann man sagen, dass die Denotate den Prämissen entsprechen, die evaluativen Bedeutungskomponenten und die deontischen semantischen Merkmale den Konklusionen. Die dort zum Ausdruck kommenden „Sollen- und Nicht-Sollens-Aussagen" werden vor allem in kommentierenden Textsorten realisiert.

5.4.1 Symbolwörter, Stigmawörter und Hochwertwörter und ihre Bedeutung in Diskursen

Wird ein Terminus mit hoher Verbindlichkeit im öffentlichen Diskurs verwendet, wird er als *Symbolwort* bezeichnet. Symbolwörter sind Teile des ideologiegebundenen Vokabulars. „Die Eigenschaft der Ideologiegebundenheit von Wörtern bezieht sich auf die Determination ihrer Bedeutung durch die einer Gesellschaft oder politischen Gruppe zugrunde liegenden Deutungen und Wertungen sozialer Tatsachen."[196]

In der politisch-öffentlichen Kommunikation folgt auf die Erstbenennung die Strategie des Begriffe-Besetzens. Im politischen Sprachhandeln wird unter

---

[194] Shrouf (2006) S. 23f.
[195] Girnth (2002) S. 51
[196] Ebd. S. 50

„Begriffe besetzen" der Akt verstanden, „der das Wort als Mittel der Persuasion einsetzt"[197]. Symbolwörter können von unterschiedlichen (politischen) Gruppen benutzt werden. Es geht im Sprechakt des Überzeugens, der Persuasion, darum, dass eine Gruppe ihren Bedeutungsinhalt eines Begriffes über das Interpretationsangebot desselben Begriffes, den eine andere Gruppe verwendet, obsiegen lässt[198]. Für die Gruppe, der dies gelingt, ist die Strategie der öffentlichen Kommunikation gelungen. „Der Kampf um Symbolwörter besteht in der Kontroverse um die inhaltlich-darstellenden Merkmale ihrer Bedeutung, den sogenannten denotativen Bedeutungskomponenten. Was jeweils [...] [als Symbolwort; A.G.] verstanden wird, ist abhängig von der gruppen- bzw. parteispezifischen Sichtweise."[199] Symbolwörter können dabei positiv oder negativ bestimmt, konnotiert sein. Der Terminus ‚Islam' ist, folgt man den Ergebnissen der Meinungsumfragen in Kapitel 8, an sich schon ein negativ konnotierter Begriff. Unter „Konnotation" versteht Girnth die evaluativen und deontischen Bedeutungskomponenten eines ideologiegebundenen Wortes.[200]

> „Symbolwörter haben die Funktion, die komplexe Wirklichkeit vereinfachend, man könnte auch sagen verdichtend, darzustellen. In der öffentlich-politischen Kommunikation sind sie auf Grund ihrer Reduktionsleistung leicht verfügbar und besitzen eine starke emotionale Anziehungskraft auf die Adressaten. Indem sie die komplexe Wirklichkeit reduzieren, weisen sie ihr gleichzeitig eine ideologiekonforme Wertung zu."[201]

5.4.2   Miranda und Antimiranda

Symbolwörter mit positiver Wertung heißen *Miranda*. Zu ihnen gehören etwa *Freiheit, Frieden, Sicherheit, Glück, Gerechtigkeit*. Sie werden auch *Fahnenwörter* genannt. Ihnen gegenüber stehen die *Anti-Miranda* als Stigmawörter: z.B. *Krieg, Armut, soziale Ungerechtigkeit* u.a.

Miranda und Anti-Miranda hängen von der politischen Herrschaftsform in einer Gesellschaft ab und deren Maßstäbe, sich selbst und die anderen zu klassifi-

---

[197] Girnth (2001) S. 193

[198] Auch hier ist ein Vermerk auf die Topik-Definition von Bayer angebracht. Sein Punkt Vier zielt genau darauf ab. So könnte es zum Beispiel zu einer erregten Diskussion darüber kommen, was nun genau unter dem Begriff des Euro-Islam zu verstehen ist.

[199] Girnth (2001) S. 195

[200] Vgl. Girnth (2002) S. 51

[201] Ebd. S. 52

86

zieren. „Fahnenwörter und Stigmawörter sind in Reichweite und Lebensdauer von der Durchsetzungskraft der betreffenden Ideologie bestimmt."[202] Sie gehören zum parteiübergreifenden Wortschatz. Fahnen- und Stigmawörter (z.b. *Toleranz* und *Humanität*) bleiben innerhalb einer Gesellschaft häufig gleich und verändern sich nicht durch einzelne Diskurse; ihre Inhaltsseite wird im Kontext eines Diskurses von den Geltungsansprüchen Norm setzender gesellschaftlicher Gruppen vereinnahmt und modifiziert. Die Frage nach dem Wie der Integration von Muslimen in westliche Gesellschaften nach der Ermordung Theo van Goghs ist ein Beispiel für diesen Vorgang. Die Hochwertwörter *Freiheit* (in Verbindung mit Meinung oder Presse) und *Toleranz* beispielsweise werden im Karikaturen-Streit angeführt. Sie werden in ihrer positiven Konnotation weder angegriffen noch kritisiert. Die Begriffe werden nicht abgelöst, sondern diskutiert. Die Diskussionen betreffen die Bewahrung der positiven Inhaltsseite der Termini angesichts der aktuellen Herausforderung durch den Karikaturen-Streit.

5.5 Einstellung, Einstellungsbekundung und Bewertung in journalistischenTexten

Für das Gelingen von Diskursen sind Überzeugungen notwendig. In den kommentierenden Zeitungstextsorten lebt der Aufbau der Argumentation von Prämissen, die den Charakter von Ausgangsüberzeugungen haben. Diese können im Falle des Karikaturen-Streits etwa lauten: „Ja, wir haben einen Kampf der Kulturen" (9.2.3.3), „Nein, wir haben keinen Kampf der Kulturen" (9.2.3.4).

Diese Überzeugungen werden als Einstellungen bezeichnet. Als zum Autoren oder Emittenten, zu seinen psychischen und kognitiven Prozessen, gehörig entziehen sich die Einstellungen der wissenschaftlichen Betrachtungsweise der Linguistik. Nicht aber die Einstellungsbekundungen. Die sprachlichen Äußerungen einer Argumentation verweisen zurück in den Bereich der inneren Struktur von Argumentationen, den Prämissen. Einstellungsbekundungen realisieren die Prämissen und machen sie somit materiell fassbar und zu einem reellen Beitrag. Ohne Sprache gibt es keine Argumentation.

---

[202] Sittel (1990) S. 182

Einstellungsbekundungen sind Äußerungen von Überzeugungen. In journalistischen Texten, die kommentierenden Charakter haben, ist davon auszugehen, dass Einstellung und Einstellungsbekundung des Autoren in eins fallen; beweisen lässt sich dies nicht immer und nicht zwingend. Fakt ist, dass der sichtbare und evaluierbare Teil der sprachlichen Äußerung Printmedientext, der als Einstellungsbekundung identifizierbar ist, einen Bestandteil des argumentativen Diskurses darstellt, der für das Positionieren des jeweiligen Standpunktes in der politisch-öffentlichen Kommunikation einer Gesellschaft von entscheidender Bedeutung ist. „Grundlage von Bewertungen sind die in einer Gesellschaft gängigen Normen und Werte, auf deren Basis bestimmte Erwartungen bezüglich menschlichen Verhaltens und Handelns bestehen und die als Vergleichsbasis für Wertentscheidungen fungieren."[203] „Um [...] klären zu können, was BEWERTEN [im Original hervorgehoben; A.G.] heißt [...], muss man bei den Wertvorstellungen ansetzen."[204] In Diskursen wird vor allem die Sprachhandlung BEWERTEN realisiert. Kommentierende Textsorten geben per definitionem Einordnungshilfen und damit Bewertungen wieder (siehe 4.3). Dies wird beim Karikaturen-Streit umso deutlicher, da die Problematik des Verhältnisses der Pressefreiheit zum Respekt vor religiösen Überzeugungen die Journalisten persönlich betrifft. Die Wertungen, die Journalisten vornehmen, sind verankert in ihrem Weltbildapparat; der Grad an Reflexion der Bewertungen ist abhängig von den kognitiven Möglichkeiten des Einzelnen und der Begabung, diese sprachlich zu vermitteln. Einstellungsbekundungen beziehen sich meist auf außersprachliche Gegebenheiten. Ein Text zum Thema ‚Karikaturen-Streit' referiert auf die außersprachlichen Vorkommnisse: die Massenproteste in der islamischen Welt, das Niederbrennen westlicher Botschaften, der Warenboykott westlicher Produkte. Diese Begebenheiten sind, „obgleich sprachlich präsentiert, selbst nicht sprachlicher Natur und damit nicht Teil des betreffenden Zeitungstextes. Einstellungsbekundungen dieser Art sind, da sie sich ausschließlich auf Gegebenheiten außerhalb des Textes, in dem sie vorkommen, beziehen, als explizit sachbezogen zu charakterisieren."[205]

[203] Spieß (2006) S. 30
[204] Ripfel (1987) S. 161
[205] Lehr (2006) S. 173

88

Einstellungsbekundungen sind immer wertend. Sie geschehen auf Grundlage des Weltbildapparates und des Normenhorizont des Sprechers. Eine Bewertung wird mit sprachlichen Mitteln vorgenommen. Bei einer Bewertung wird „aufgrund eines bestimmten verbalen Ausdrucks – dem Wertenden oder Valuans – [...] ein Objekt, ein Sachverhalt, eine Person eine Handlung (...) zu einem Bewerteten oder Valuatum gemacht"[206]. Die Formen der Bewertung sind vielfältig; sie kann beispielsweise mittels Symbol- oder Stigma-, oder Hochwertwörtern geschehen. Bei der Analyse von Zeitungstexten mit wertenden Äußerungen oder Implikationen ist ein Instrumentarium zur Untersuchung dieser Einstellungsbekundungen und Bewertungen nötig:

„Eine Analyse bewertender Texte kann [...] unter anderem durch folgende Fragen geleitet werden:
- Wer bewertet bzw. wer ist das bewertende Subjekt?
- Welche Aspekte des Bewertungsgegenstandes werden zur Bewertung herangezogen?
- Welche Sollergebnisse werden vom Bewertungsgegenstand erwartet bzw. wie sieht die bewertungsinterne Gewichtung aus?
- Welche bewertungsaspektexterne Gewichtung liegt vor bzw. welche Rangordnung der relevant gesetzten Bewertungsaspekte liegt der Bewertung zugrunde?
- Welche Vergleichsbasis hat also das bewertende Subjekt bzw. welche Wertvorstellungen bilden die Grundlage der Bewertung?"[207]

Das Gesagte bedeutet im Bezug auf den in den Zeitschriften und Zeitungen geführten Diskurs zum Karikaturen-Streit:

(1) Das bewertende Subjekt ist der Autor, der entweder Redakteur, Korrespondent einer Tageszeitung, eines Magazins ist. Autor kann unter anderem auch ein wissenschaftlicher Experte oder Angehöriger einer betroffenen Gruppe sein.

(2) Der Bewertungsgegenstand, der Karikaturen-Streit, wird unter dem Aspekt der Vorkommnisse in der außersprachlichen Wirklichkeit untersucht (er erklärt die Ursachen und Entwicklungen, meist in informierenden Textsorten).

(3) Der Diskurs setzt die verschiedenen Bewertungsmöglichkeiten der Karikaturen, die zu den Protesten geführt haben, in Relation (er benennt Gründe, meist in kommentierenden Textsorten).

(4) Als externe äußere Bewertungsmaßstäbe liegen diesem Diskurs die Werte Meinungs- und Pressefreiheit zugrunde. Ebenso spielt der Schutz religiöser Be-

[206] Sager (1982) S. 41
[207] Ripfel (1987) S. 158

kenntnisse eine Rolle, was dem Bereich der Religionsfreiheit zugeordnet werden kann (dies berührt wiederum den Raum der Überzeugung, der Handlungsaufforderung, der Konklusion).

6. Der „Kampf der Kulturen" – Samuel Huntingtons ‚Neugestaltung der Weltpolitik' und der Karikaturen-Streit

Für Samuel Huntington ist das Jahr 1989 eine historische Zäsur. Der Untergang des Ostblocks beendete das bipolare Kräfteverhältnis auf dem Globus. Mit dem Ende des Warschauer Paktes sei nicht nur die Bedrohung eines gegenseitigen atomaren und militärischen Vernichtungsschlages zwischen Ost und West gewichen. Auch die ideologische Entgegensetzung zwischen marxistisch-leninistischer und freiheitlich-demokratischer Gesellschaftsordnung sei damit beendet gewesen. Das Kräfteverhältnis wird nach dem Jahr 1989 von einem anderen Faktor bestimmt: „In der Welt nach dem Kalten Krieg sind die wichtigsten Unterscheidungen zwischen Völkern nicht mehr ideologischer, politischer oder ökonomischer Art. Sie sind kultureller Art", so Huntington.[208] „Völker und Nationen versuchen heute, die elementarste Frage zu beantworten, vor der Menschen stehen können: Wer sind wird?"[209] Die Antwort auf diese Frage suchen die Völker und Nationen in den Traditionen und Überlieferungen der Kultur, der sie angehören.

Kulturen definieren sich entscheidend über Sprache und Geschichte, gründen aber auf nicht verhandelbaren Überzeugungen, die sie von anderen Kulturen unterscheiden. „Die philosophischen Voraussetzungen, Grundwerte, sozialen Beziehungen, Sitten und allgemeinen Weltanschauungen differieren von Kulturkreis zu Kulturkreis erheblich."[210] Der Faktor Religion spielt nach Huntington bei der Bestimmung eines kulturellen Raumes und seiner Unterscheidung von anderen Hemisphären eine entscheidende Rolle: „Ein elementares Merkmal von Kulturkreisen ist die Religion."[211] Die Folge daraus: „Die Revitalisierung der Religion in weiten Teilen der Welt verstärkt [die; A.G.] [...] kulturellen Unterschiede."[212]

---

[208] Huntington (2002) S. 21
[209] Ebd.
[210] Ebd. S. 25
[211] Ebd. S. 61
[212] Ebd. S. 25

Die Selbstvergewisserung innerhalb kultureller Hemisphären geschieht nach Huntington durch die Abgrenzung von den Anderen, nach dem Schema ‚die und wir'. „Die geläufigste Einteilung, die unter verschiedenen Namen kursiert, ist [dabei; A.G.] die in reiche (moderne, entwickelte) und arme (traditionsverhaftete, unentwickelte oder Entwicklungs-)Länder."[213]

„Die wichtigsten Gruppierungen von Staaten sind [...] die sieben oder acht großen Kulturen der Welt."[214] Huntington nennt die chinesische, die japanische, die hinduistische, die islamische, die westliche, die lateinamerikanische und die afrikanische Kultur.[215] Eine besondere Bedeutung kommt nach Huntington dabei der westlichen Kultur zu:

> „Der Terminus ‚der Westen' wird heute allgemein benutzt, um das zu bezeichnen, was man einmal das christliche Abendland zu nennen pflegte. Der Westen ist damit der einzige Kulturkreis, der mit einer Himmelsrichtung und nicht mit dem Namen eines bestimmten Volkes, einer Religion oder eines geographischen Gebiets identifiziert wird. Das löst diesen Kulturkreis aus seinem geschichtlichen, geographischen und kulturellen Kontext heraus. Historisch gesehen ist die westliche Kultur europäische Kultur. Heute ist die westliche Kultur euroamerikanische oder nordatlantische Kultur."[216]

Diese Kultur ist global betrachtet die dominanteste:

> „Der Westen ist und bleibt auf Jahre hinaus der mächtigste Kulturkreis der Erde. Gleichwohl geht seine Macht in Relation zur Macht anderer Kulturkreise zurück. In dem Maße, wie der Westen versucht, seine Werte zu behaupten und seine Interessen zu schützen, sind nichtwestliche Gesellschaften mit einer Alternative konfrontiert. Einige versuchen, den Westen nachzuahmen und sich dem Westen anzuschließen, ‚mitzuhalten'. Andere konfuzianische und islamische Gesellschaften versuchen, ihre wirtschaftliche und militärische Macht auszuweiten, um dem Westen zu widerstehen, ‚dagegenzuhalten'."[217]

Der Kampf der Kulturen hebt also mit der Erfahrung einer dominanten, westlichen Lebensweise an, die als Anfrage an die eigene Kultur verstanden und gegebenenfalls als Bedrohung der eigenen Lebensart empfunden wird. Im Selbstverständnis des Westens liegt es, dass er davon ausgeht, dass seine kulturellen, philosophischen und staatstheoretischen Grundlagen universalisierbar sind. („Das Konzept einer ‚universalen Kultur' ist ein typisches Produkt des westlichen Kul-

---

[213] Ebd. S. 36
[214] Ebd. S. 21
[215] Ebd. S. 57-62
[216] Ebd. S. 60
[217] Ebd. S. 28

turkreises."[218]) Diese Überzeugung wird gespeist von der Tradition der antiken Philosophie, dem Humanismus, der Aufklärung, die in einem Zusammenspiel mit der christlichen Theologie eine Anthropologie hervorgebracht haben, die den Menschen aus seinem Menschsein definiert ohne dabei äußeren Determinanten wie der Herkunft, der Rasse etc. eine Bedeutung bzw. eine unterscheidende Qualität beizumessen. Dieses Menschenbild nimmt für sich in Anspruch, für alle Menschen gültig zu sein und die Interessen aller Menschen zu vertreten, so Huntington.

Der zweite Strang, der zur Annahme einer Universalisierbarkeit der westlichen Kultur führt, besteht aus den Errungenschaften der technischen Moderne, die ihren Ursprung in der westlichen Hemisphäre haben. Moderne Verkehrs- und Kommunikationsmittel sind Beispiele, die Huntington als Beleg anführt.[219] Diese Errungenschaften sind mittlerweile in allen Kulturen auf dem Globus zu finden.

Bei Huntington implizieren die Begriffe ‚Zivilisation' und ‚Kultur' „die Werte, Normen, Institutionen und Denkweisen, denen aufeinander folgende Generationen einer gegebenen Gesellschaft primäre Bedeutung beigemessen haben."[220] Das Argument der Tradition und Autorität spielt bei der Begriffserläuterung von Kultur und Zivilisation somit eine besondere Rolle.

Von einer globalen Einheitskultur sind wir aber nach Huntington weit entfernt. Dafür sind seiner Ansicht nach eine globale Sprache und eine globale Religion nötig. Eine Entwicklung in diese Richtung sei nicht auszumachen. Eine Globalisierung technischer Errungenschaften reiche nicht aus, um von einer weltumspannenden Kultur sprechen zu können.

Der universale Anspruch des Westens ist, so Huntington, der zentrale Ansatzpunkt für neue weltpolitische Konflikte im 21. Jahrhundert. Diese Konflikte werden zum einen dadurch hervorgerufen, dass die Kulturleistungen des Westens nicht mehr uneingeschränkt bejaht werden, zum anderen dadurch, dass nicht-westliche Kulturen sich auf ihre Wurzeln besinnen und bewusst ihren eigenen Lebensentwurf gegen die Programmatik der westlichen Hemisphäre set-

---

[218] Ebd. S. 92
[219] Ebd. S. 104-110
[220] Ebd. S. 51

94

zen. Dies trifft in besonderem Maß für die islamische Welt zu, so Huntington. Für Huntington ist der Konflikt zwischen dem Islam und der westlichen, christlich geprägten Welt deshalb der nachhaltigste Konflikt der Zukunft. Für den Politologen bedeutet dieser Konflikt die Fortschreibung, Weiterführung und Neuauflage der Konflikte der Vergangenheit:

> „Die Beziehungen zwischen dem Islam und dem Christentum – dem orthodoxen wie dem westlichen – sind häufig stürmisch gewesen. Sie betrachten sich gegenseitig als den Anderen. Der Konflikt zwischen liberaler Demokratie und Marxismus war ein flüchtiges und vordergründiges Phänomen, verglichen mit dem kontinuierlichen und konfliktreichen Verhältnis zwischen Islam und Christentum."[221]

Beide Religionen haben verschiedene Auffassungen: von der Wirklichkeit, Gesellschaft, Politik, Menschenrechten. Dieser Konflikt lässt sich weder durch eine Einheitskultur noch durch theologische Dialogforen harmonisieren. Huntington skizziert den Konflikt zwischen beiden Welten für die Zukunft in Form eines Entweder-oder.

Huntingtons Menetekel, mit dem er seine Vorstellung zum Konflikt zwischen dem Islam und der westlichen Welt schließt, wird von den Befürwortern der These eines Kampfes der Kulturen immer wieder angeführt. Huntington schreibt:

> „Solange der Islam der Islam bleibt (und er wird es bleiben) und der Westen der Westen (was fraglicher ist), wird dieser fundamentale Konflikt zwischen zwei großen Kulturkreisen und Lebensformen ihre Beziehungen weiterhin auch in Zukunft definieren, so wie er sie 1400 Jahre lang definiert hat."[222]

---

[221] Ebd. S. 335
[222] Ebd. S. 339

7.   Das Bilderverbot im Islam

Der Konflikt um die Muhammad-Karikaturen dreht sich nicht primär um die negative Botschaft der Zeichnungen, sondern um die Darstellung des islamischen Propheten überhaupt. Die islamische Theologie hat im Verlauf ihrer Geschichte eine ablehnende Position zu künstlerischen Darstellungen religiösen Inhalts eingenommen. In dieser Haltung unterscheidet sie sich elementar von der christlichen. Der Grund dafür liegt in der Verschiedenheit der Gottesbilder in den monotheistischen Religionen.

Sowohl das Christentum als auch der Islam kennen und anerkennen die Zehn Gebote, den Dekalog des Moses, der im Buch Exodus des Alten Testamentes, der Thora der jüdischen Religionsgemeinschaft, überliefert ist. Dort heißt es zum Bilderverbot in Kapitel 20, Vers 4: „Du sollst dir kein Gottesbild machen und keine Darstellung von irgendetwas am Himmel droben, auf der Erde unten oder im Wasser unter der Erde." Dieses Bilderverbot bezieht sich in erster Linie auf Darstellungen Gottes. Es richtete sich an ein Israel, dessen Nachbarvölker in ihren Tempeln einer Vielzahl von Idolen in Menschen-, Tier und Phantasiegestalt huldigten und diesen Götterbildern helfende Kräfte zusprachen. Auf diese Götter in Tiergestalt verweist wohl der zweite Teil des Bilderverbotes: Nichts aus der diesseitigen Welt sollte in Kunstform dargestellt und als Gott verehrt werden.

Der Gott Israels ist im Vergleich zu den Göttern der Nachbarvölker nicht greifbar in einem Gebäude oder einer Darstellung, sondern in seinem Bund, den er mit Israel geschlossen hat. Im Kontext des Bundesschlusses werden die Zehn Gebote übermittelt, zu denen das Bilderverbot gehört. Die Bundeslade, die Heilige Schrift, wird zum Zeichen der Gegenwart Gottes. Diese Bundeslade führte das Volk stets mit sich. Nach der Sesshaftwerdung wurde diese Schrift im Allerheiligsten des Jerusalemer Tempels aufbewahrt. Israel blieb, trotz des Tempelbaus, seiner Überzeugung treu, dass Gott in keinem Haus wohnhaft und so vom Menschen vereinnahmt und verstanden werden kann, denn das Begreifen Gottes übersteigt stets menschliche Fähigkeiten, der Creator die Kreatur. So erlebt der Prophet Jesaja in einer Vision, die im 6. Kapitel des nach ihm benannten

Buches beschrieben ist, die Gegenwart Gottes im Jerusalemer Tempel. Der Thron Gottes im Tempel ist in dieser Vision leer.

Der Mensch Jesaja ist nur Adressat der Botschaft Gottes, die er in seiner Vision hört. Hierbei wirft sich der Prophet mit dem Gesicht zur Erde. Die alttestamentarische Tradition geht davon aus, dass derjenige, der Gott sieht, sterben muss. Theologisch steckt dahinter die Aussage, dass der Mensch Gott nicht fassen kann.

Der Islam entstand in einer ähnlichen Situation wie das Judentum und entwickelte in diesem Umfeld eine vergleichbare Anthropologie. Die Einheit Allahs in der neuen Lehre Muhammads steht gegen die Vielzahl der heidnischen Idole der Mekkaner. Der Gott, den Muhammad in seiner Heimatstadt verkündet, ist der in sich ruhende Schöpfer, der dem Blickwinkel des Menschen entzogen ist und dessen Kraft im Werk seiner Schöpfung sichtbar wird und nicht in den Götzen aus Stein und Holz. Der Mensch ist Teil der Schöpfung und Gott untergeordnet. „Die Menschen sollen ihre Kreatürlichkeit begreifen und annehmen; hierzu ruft Muhammad sie ein ums andere Mal auf. [...] Die unüberbrückbare seinsmäßige Kluft zwischen dem einen Gott und den Menschen erscheint unter diesem Blickwinkel als der Gegensatz zwischen ‚schaffend' [...] und ‚geschaffen'."[223]

Wie die Lade Gottes Bund mit dem Volk Israel legitimiert, so legitimiert Muhammad seine Sendung mit der Schrift des Korans. Dieser sei zu ihm herab gesandt worden. „Die islamische Kultur kennt ursprünglich keine Heiligenbilder, weil die göttliche Botschaft selbst durch einen gewöhnlichen Menschen, den Propheten, in ihrer verbalen Form übertragen wurde. Anstelle von Heiligenbildern verwendete man die Schrift und das Ornament zum Schmuck von Bauwerken und Gegenständen."[224] Damit geht das Verbot der Darstellung Gottes einher. Wird im jüdisch-christlichen Gottesbild die Heiligkeit Gottes (siehe Kapitel 2) hervorgehoben, so ist es im Islam Gottes Schöpferkraft, die so sehr seinem Wesen entspricht, dass das Bilden und Herausbilden atmender Wesen, Mensch und Tier, als Anmaßung und Gotteslästerung begriffen wird. Das Bilden, also Malen, in Stein hauen etc. wird als Sünde verworfen.

---

[223] Nagel (1994) S. 27
[224] Steinbach; Ende (2005) S. 839

Das Abbildungsverbot wurde in der islamischen Geschichte nie ganz ein-
gehalten: „Hier gab es während des islamischen Mittelalters und bis in die Gegenwart hinein Malerei mit durchaus religiösen Themen, z.B. Darstellungen
Muhammads und der schiitischen Imame."[225] Hierbei blieb aber häufig das Gesicht des Propheten ausgespart. Moses und Muhammad sind für Juden und Muslime Überbringer des göttlichen Wortes. Dessen Sender, Gott, bleibt hinter seinem Wort verborgen.

Diese Sichtweise ist dem Christentum fremd. Dieser Glaube „bezieht sich auf
den Menschen Jesus von Nazareth als die Repräsentation Gottes und sieht diese
bezeugt in den Schriften der Bibel, die er wiederum als ‚Gottes Wort' bekennt,
obwohl sie von Menschen verfasst sind. [...] Gott spricht nach christlichen
Glauben nicht nur in die Geschichte und Kultur hinein, sondern im Medium ge-
schichtlicher Ereignisse und kultureller Zeugnisse."[226] Das Leben, Sterben und
Auferstehen Jesu von Nazareth verstehen Christen somit als Gottes Wirken in
der Welt. Jesus ist eine Offenbarung, so wie Thora und Koran eine Offenbarung
für Juden und Muslime sind. Indem Gott sich den Menschen in einem Menschen
sichtbar macht, fällt im Verlauf der christlichen Geschichte das Abbildungsverbot. Die Bilder in den Kirchen werden zum Volkskatechismus für die Gläubigen, die in ihrer Mehrheit weder lesen noch schreiben konnten. In diesem Punkt
haben sich die Überzeugungen der monotheistischen Traditionen grundlegend
auseinander entwickelt.

Gibt es nun ein Bilderverbot im Islam oder nicht? Diese Frage kann nicht mit
einem klaren Ja oder Nein beantwortet werden. „Die Meinungen der muslimischen Rechtsgelehrten zum Bild fußen auf drei Prinzipien, die auch schon in den
Hadithen [der Prophetentradition; A.G.] formuliert wurden: auf dem Verbot,
Götzenbilder anzubeten, auf dem Merkmal der Unreinheit, sowie auf der Vorstellung, dass man nichts stellvertretend für Gott erschaffen solle."[227]

Es ist nun die Frage, ob es sich bei den Karikaturen um Darstellungen handelt, die für die religiöse Vorstellung von Muslime verletzend sind. Keine der
Karikaturen zeigt Gott selbst. Einige, nicht alle, Zeichnungen zeigen in despek-

---

[225] Ebd.
[226] Zirker (1999) S. 185
[227] Naef (2007) S. 25

tierlicher Weise Muhammad. Für Muslime stellt diese Art und Weise der Zeichnungen eine Ehrverletzung ihres Propheten und eine Herabwürdigung der Religion, die er gegründet hat, dar. Unterlegt wird dieses Gefühl sicherlich mit der Skepsis, mit der die islamische Theologie von jeher die bildliche Darstellung betrachtet hat.

8. Der Islam aus der Sicht der Deutschen – eine Imageanalyse

Im Juli 2006 gab das renommierte PEN-Institute in Washington D.C. die Auswertung einer Umfrage zum Thema „Islam und Muslime" heraus. Die Umfrage wurde in folgenden Ländern durchgeführt: USA, Deutschland, Frankreich, Spanien, Großbritannien und Russland sowie der Türkei, Ägypten, Jordanien, Indonesien, Pakistan und Nigeria. Die Studie besagt, dass der Karikaturen-Streit das Klima zwischen Muslimen und Nicht-Muslimen deutlich verschlechtert hat:

"Nothing highlights the divide between Muslims and the West more clearly than their responses to the uproar this past winter over cartoon depictions of Muhammad. Most people in Jordan, Egypt, Indonesia and Turkey blame the controvery on Western nations' disrespect for the Islamic religion. In contrast, majorities of Americans and Western Europans who have heard of the controversary say Muslims' intolerance to different points of view is more to blame."[228]

In den Begründungen deutet sich bereits die Fragestellung an, die auch im Diskurs der Zeitungstexte als zentrale wiederkehrt: Wie ist das Verhältnis zwischen freier Meinungsäußerung und dem Respekt vor den religiösen Überzeugungen anderer? In welchem Verhältnis stehen diese beiden Werte zueinander?

Die Deutschen und die Spanier sind die größten Islam-Skeptiker in Europa. „Roughly eight-in-ten Spanish (83%) and Germans (78%) say they associate Muslims with being fanatical."[229] Zahlen zum Vergleich: In Frankreich sagten dies 50%, in Großbritannien 48% und in den USA 43% der Befragten.

Eine Umfrage des Allensbach-Instituts, die am 17. Mai 2006 in der Frankfurter Allgemeinen Zeitung vorgestellt wurde, verfestigt den negativen Trend: „91 Prozent der Befragten sagten im Mai 2006, sie dächten bei dem Stichwort Islam an die Benachteiligung von Frauen – im Jahr 2004 hatten 85 Prozent so geurteilt. Die Aussage, der Islam sei von Fanatismus geprägt, unterstützten vor zwei Jahren 75, jetzt 83 Prozent. Der Islam sei rückwärtsgewandt, sagen heute 62 Prozent im Vergleich zu damals 49 Prozent, er sei intolerant, meinen heute 71 Prozent gegenüber damals 66 Prozent, und die Ansicht, der Islam sei undemo-

---

[228] The Pew Global Project Attitudes (2006) S. 1
[229] Ebd. S. 5

kratisch, hat in den vergangenen zwei Jahren von 52 auf 60 Prozent zugenommen."[230]

Die Deutschen nehmen mit Unbehagen die Ausbreitung des Islam wahr. So sagen 74 Prozent der Befragten: Sollte die Baubehörde dem Neubau einer Moschee zustimmen, die Bevölkerung aber dagegen sein, sollten die Muslime auf den Bau des Gebetshauses verzichten. 56 Prozent der Befragten stimmen der Aussage zu: „Wenn es in manchen islamischen Ländern verboten ist, Kirchen zu bauen, sollte es bei uns auch verboten sein, Moscheen zu bauen."[231]

52 Prozent der Befragten sagten im Mai 2006 (einige Zeit nach den Unruhen in der islamischen Welt), dass sie kein Verständnis für die Behauptung der Muslime hätten, durch die Veröffentlichung der Muhammad-Karikaturen seien ihre religiösen Gefühle verletzt worden. Im Februar, auf dem Höhepunkt des Konflikts, ergab eine N24-Emnid-Umfrage sogar: „Eine überwältigende Mehrheit von 83 Prozent äußert kein Verständnis für die gewalttätigen Proteste von Muslimen wegen der Verunglimpfung Mohammeds in Karikaturen westlicher Zeitungen. Verständnis haben nur zwölf Prozent."[232]

Es wurde auch die Frage „Haben wir einen ‚Kampf der Kulturen'?" gestellt: „Damit ist ein ernsthafter Konflikt zwischen Islam und Christentum gemeint. (…) Vor zwei Jahren meinten 46 Prozent der Befragten, es gebe einen solchen Kampf der Kulturen, 34 Prozent widersprachen. Heute sagen 56 Prozent der Deutschen, die Gesellschaft stehe bereits jetzt in einer solchen Auseinandersetzung, nur noch 25 Prozent vertreten die Ansicht, das könne man nicht sagen."[233] Das Fazit der Herausgeber: „In den Köpfen der Bürger hat der Kampf der Kulturen bereits begonnen."[234]

Zur Illustrierung dieser Entwicklung, die gesellschaftliches Sprechen über den Islam beeinflusst, gehen wir hier noch etwas weiter auf der Zeitschiene zurück: Bereits nach den Bombenanschlägen islamistischer Extremisten am 11. März 2004 in Madrid und der Geiselnahme von mehreren hundert Kindern durch tschetschenisch-muslimische Gotteskrieger im russischen Beslan am 3. Septem-

---

[230] Noelle; Petersen (2006) S. 5
[231] Ebd. S. 5
[232] Siehe Literaturverzeichnis
[233] Noelle; Petersen (2006) S. 5
[234] Ebd. S. 5

ber desselben Jahres fielen die Sympathiewerte für den Islam in den Keller: Das Nachrichtenmagazin Focus titelte im Heft 40/2004: „Die Image-Katastrophe. Die Deutschen denken sehr schlecht über den Islam. Unter den Muslimen beginnt die Selbstkritik." Anlass für diese Schlagzeile war eine Umfrage des Allensbach-Instituts, bei der die Befragten unter anderem antworten sollten auf die Frage: „Wenn sie das Wort ‚Islam' hören, woran denken sie dann?" 93 Prozent der Befragten gaben an „Unterdrückung der Frau", 83 Prozent „Terror", 82 Prozent „fanatisch, radikal", 70 Prozent „gefährlich" und 66 Prozent „rückwärts gewandt". Nur 6 Prozent der befragten Deutschen dachten beim Stichwort Islam an „Offenheit, Toleranz" oder „sympathisch".[235] Diese Angaben stellen in den Augen des Autors Ali Kizilkaya eine „Image-Katastrophe" dar. Kizilkaya, der Vorsitzende des Islamrats in Deutschland, wird mit den Worten in einer Bildunterschrift der Ausgabe 40/2004 zitiert: „Die Allensbach-Umfrage macht uns Angst und Bange."[236] Im Text des dazugehörenden Artikels äußert er sich zudem: „Als Muslim werde ich in Deutschland als potenzielle Gefahr gesehen."[237]

Woher kommt dieses schlechte Image, das der Islam in Deutschland hat? Die Verfasser der Studie formulierten bereits 2004 eine Antwort auf diese Frage, die auch bei den Hintergründen zum Karikaturen-Streit eine wichtige Rolle spielt: „Ganz unzugänglich ist [...] für moderne westliche Gesellschaften und für das individualisierte und privatisierte Christentum eine Religionsgemeinschaft wie der Islam. [...] Schon der Stellenwert des Religiösen in islamischen Staaten und Gemeinschaften ist europäischen Gesellschaften unheimlich, mehr noch der Fanatismus einzelner Gruppierungen und die Ausrichtung, die als Gegenentwurf zum Christentum wie zu den Verfassungen und dem Selbstverständnis europäischer Staaten gesehen wird."[238] In diese Richtung äußerst sich auch eine Studie der Konrad-Adenauer-Stiftung mit dem Titel „Was halten die Deutschen vom Islam": „Fast die Hälfte der Bundesbürger (43 Prozent) zweifelt an der Toleranz

---

[235] Kistenfeger (2004) S. 62
[236] Ebd. S. 64
[237] Ebd. S. 62. Es bleibt anzumerken, dass Kizilkaya als Vorsitzender der radikal islamischen Organisation Milli Görüs jahrelang im Visier der Verfassungsschützer stand.
[238] Institut für Demoskopie Allensbach (2004b) S. 4

102

des Islam und 46 Prozent widersprechen der Ansicht, Islam und Christentum verträten die gleichen Werte."[239]

In einer vorangegangenen Umfrage mit dem Titel „Türken in Deutschland" (Konrad-Adenauer-Stiftung 2001) wurde dazu bereits befragt. Dort hieß es: Es „waren im Gegensatz zu den Deutschen etwa 60 Prozent [der Türken; A.G.] davon überzeugt, dass der Islam dem Christentum überlegen sei". Diese Aussage wurde in die Studie aus dem Jahr 2004 übernommen.[240] Vor diesem Hintergrund heißt es bei Allensbach (2004b) auf die Frage, ob Islam und Christentum friedlich nebeneinander existieren können: „Christentum und Islam werden als so verschieden empfunden, dass sich die Mehrheit eine friedliche Koexistenz nicht vorstellen kann. Nur 29 Prozent halten ein friedliches Nebeneinander für möglich, während 55 Prozent davon ausgehen, dass es immer wieder zu schweren Konflikten kommen wird."[241]

Die Frage nach dem ‚Kampf der Kulturen' ist nicht nur im Kontext des Karikaturen-Streits gestellt worden, sondern auch nach dem 11. September 2001, den Anschlägen in Madrid und der Geiselnahme in Beslan im Jahr 2004. In letztgenanntem Jahr hatte sich das Institut für Demoskopie Allensbach bereits in einer Umfrage der Haltung der Deutschen zum Islam zugewandt. Die damals gestellte Frage war die nach dem Ja oder Nein eines ‚Kampfes der Kulturen' zwischen islamischer und christlicher Welt. „Wir vergleichen im folgenden die Ergebnisse dieser Frage vor dem 3. September, also vor der Erstürmung der Schule von Beslan, und danach: Diejenigen, die vor den Ereignissen in Beslan interviewt worden waren, meinten zu 44 Prozent bei 35 Prozent Gegenstimmen, wir hätten einen solchen Kampf der Kulturen. Diejenigen, die nach dem 3. September interviewt wurden, waren zu 62 Prozent mit 25 Prozent Gegenstimmen der Meinung, wir erlebten einen Kampf der Kulturen."[242] In diesem Ergebnis wird sichtbar, dass die äußeren Ereignisse von Beslan oder Madrid die öffentliche Meinung und die Wahrnehmung des Islam genauso merklich beeinflusst haben wie der Karikaturen-Streit im Frühjahr 2006.

[239] Konrad-Adenauer-Stiftung (2003) S. 2
[240] Konrad-Adenauer-Stiftung (2003) S. 4
[241] Institut für Demoskopie Allensbach (2004b) S. 5
[242] Institut für Demoskopie Allensbach (2004a) S. 2

Das Thema ,islamistischer Terrorismus' spielt eine eigene Rolle: Die Angst
vor einem Überschwappen von Unruhen oder Gewalt aus der islamischen Welt
in die islamischen Diaspora-Gemeinden der westlichen Hemisphäre ist latent
vorhanden. In einer Umfrage von Emnid nach dem Terroranschlag von Madrid
gaben 47 Prozent der Deutschen an, dass sie die Gefahr von Terroranschlägen
durch radikale Islamisten für eher hoch hielten. In der Allensbach-Umfrage
(2004a) geben zwar nur 22 Prozent der Befragten auf die Frage „Rechnen sie
damit, dass ähnliche Terroranschläge wie in Madrid in Deutschland passieren
können?" ein Ja zur Antwort[243], „46 Prozent der Bevölkerung stimmen [zur
gleichen Zeit; A.G.] der Aussage zu: ‚Es leben ja so viele Moslems bei uns in
Deutschland. Manchmal habe ich direkt Angst, ob darunter nicht auch viele Ter-
roristen sind'"[244]. Auch wenn die Deutschen nach der Allensbachstudie (2004a)
nicht mit einem schweren Anschlag auf deutschem Boden rechnen, sehen sie
global doch die Möglichkeit weiterer schwerer Terroranschläge im Namen des
Islam. 51 Prozent der Deutschen bejahen dies, 29 Prozent rechnen nicht damit.[245] Für die Autoren der Studie münden diese Ergebnisse in folgendes Fazit:
„Der Aussage ‚Deutschland sollte sich möglichst aus dem Kampf gegen den in-
ternationalen Terrorismus heraushalten, weil das für Deutschland am sichersten
ist' stimmt nur eine Minderheit von 30 Prozent zu, 48 Prozent widersprechen
ausdrücklich. Mit zusammengebissenen Zähnen sieht die Bevölkerung der Bedrohung entgegen. Eine Zeitenwende. Kein Zweifel."[246]

Die Umfragen beschäftigen sich auch mit der Wahrnehmung des Islam im
Allgemeinen. Der Streit um das Kopftuch an staatlichen Schulen steht dabei im
Zentrum der Aufmerksamkeit. „So ist der Streit um das Kopftuchverbot von der
Bevölkerung nie als Bagatelle, als Kuriosum in einer liberalen Gesellschaft gedeutet worden, sondern als eine Kontroverse, in der auch eine freiheitliche Gesellschaft die Grenzen ihrer Toleranz markieren muss."[247] Zudem widersprechen
bei Emnid 53 Prozent der Befragten der Aussage, dass es einen islamischen Re-
ligionsunterricht an deutschen Schulen geben sollte.

[243] Institut für Demoskopie Allensbach (2004a) S. 2
[244] Ebd. S. 5
[245] Ebd. S. 6
[246] Ebd.
[247] Institut für Demoskopie Allensbach (2004b) S. 6

9.   Die Diskursanalyse des Karikaturen-Streits

Insgesamt werden 105 Texte zur Diskursanalyse herangezogen. Sie sind den Magazinen Spiegel, Focus, Stern, der Wochenzeitung Die Zeit, sowie den Tageszeitungen Die Welt, Frankfurter Allgemeine Zeitung, Süddeutsche Zeitung, Frankfurter Rundschau und Die Tageszeitung entnommen. Zudem werden Texte der Frankfurter Allgemeinen Sonntagszeitung und der Welt am Sonntag analysiert.

Diese Zeitungen bilden das gesamtgesellschaftliche Spektrum der politischen Einstellungen von rechts-konservativ über die Mitte bis ins linke Lager ab. Alle herangezogenen Zeitungen und Zeitschriften erscheinen überregional, die meisten der untersuchten Texte sind im Februar 2006 gedruckt worden. Die Analyse zieht nicht alle Texte heran, die zu dem Thema Karikaturen-Streit gedruckt worden sind, sondern beschränkt sich auf stichprobenartig ausgewählte. Gemäß der Definition von Jung, dass Diskurse aus Aussage- und nicht aus Textkorpora bestehen (siehe 6.4.1), steht bei der hier vorliegenden Diskursanalyse nicht die Vollständigkeit nach Texten, sondern nach Hauptaussagen im Mittelpunkt.

Für den Diskurs, der hier analysiert wird, gilt, dass er aus ‚Texten im Kontext' besteht. Der Kontext in der außersprachlichen Wirklichkeit ist der Druck und Nachdruck der Muhammad-Karikaturen in europäischen Zeitungen. Es sind die Ausschreitungen und Proteste in der islamischen Welt und Europa, die durch die Veröffentlichung dieser satirischen Zeichnungen ausgebrochen sind.

Bei der Analyse werden folgende Fragestellungen eine Rolle spielen: Welche Berichterstattung hat der Karikaturen-Streit ausgelöst? In welchen Textsorten berichten die Zeitungen? Welche Fragen werden in den Texten aufgeworfen? Wie wird sich in den Antworten auf die aufgeworfenen Fragen positioniert und mit welchen Argumenten? Lassen sich daraus die Linien eines Diskurses ableiten? Welches sind die Topoi mit Hilfe derer man den Verlauf des Diskurses beschreiben kann? Ergeben die untersuchten Texte im Sinne der Intertextualität einen Makrotext zur Diskussion in der Gesellschaft zum Thema Karikaturen-Streit? Werden bestimmte Topoi in bestimmten Textsorten realisiert? Und: Kann man eine Tendenz erkennen, wie die Mehrheit der Texte die Frage nach dem Ja oder Nein eines Kampfes der Kulturen beantwortet?

Die Analyse erfolgt in drei Schritten:

(1) In Schritt eins werden die jeweiligen Diskurse in den einzelnen Magazinen, Tages- und Sonntagszeitungen vorgestellt. Jedes dieser Blätter hat für sich den Anspruch, seinen Lesern einen umfassenden Blick auf die Ereignisse in der Wirklichkeit zu gewähren und ihnen gleichzeitig eine Deutung dieser Ereignisse zu bieten. Die Kernaussagen der Einzeldiskurse können deshalb hier in einer Zusammenschau synthetisiert werden. Der Leser der jeweiligen Zeitung mag vielleicht nicht alle Artikel kennen, die Redaktionen nehmen indessen bei der täglichen Ausgabe Bezug auf bereits gedruckte Texte oder auf solche, die zu drucken beabsichtigt sind. Die Akteure in den Redaktionen wissen also um den Diskurs, der mit der Auswahl der gedruckten Texte Gestalt erhält.

(2) Unter dem Gesichtspunkt der Intertextualität werden die wichtigsten Topoi des Karikaturen-Streits und ihre Argumentationslinien benannt. Es sind die Topoi, die in allen Zeitungstexten, die in (1) untersucht werden, vorkommen. Sie sind unterteilt in Topoi, die die Ursachen des Konflikt benennen (9.2.1), jene, die nach Erklärungen für die Eskalation des Streits suchen (9.2.2) und schließlich jenen, die die Folgen des Karikaturen-Streits in den Blick nehmen und dem Leser Deutungen (Sichtweisen) und Handlungsanweisungen anbieten (9.2.3).

(3) Mit welchen sprachlichen Mitteln und kommunikativen Strategien werden die Argumentationen geführt? Werden Aussagen in bestimmten Textformen der Zeitung transportiert? Dies sind die Fragen, die unter 9.3 beantwortet werden sollen. Dieser Unterpunkt folgt der Einsicht, dass es eine Argumentation ohne Sprache und deren gezielten Einsatz nicht geben kann. Der gedankliche Aufbau einer Argumentation wird in Sprache übersetzt, in eine Sprache, die den Aufbau der Argumentation überzeugend, relevant und kohärent transportiert.

Die abschließende Frage in Kapitel 10 wird die sein, welche Sichtweise des Karikaturen-Streits den Diskurs bestimmt. Wie positionieren sich die hier vorgestellten Printmedientexte zur Ausgangsfrage: Wird im Diskurs die These bejaht, dass der Karikaturen-Streit einen Kampf der Kulturen zwischen islamischer und westlicher Welt markiert oder wird diese These verworfen?

9.1   Die Diskurse in den einzelnen Magazinen, Tages- und Sonntagszeitungen

9.1.1   Der Spiegel

In den Ausgaben des Spiegels vom 6. und vom 13. Februar 2006 erscheinen drei längere Beiträge, die sich mit dem Karikaturen-Streit und den daraus resultierenden Fragen zur Meinungs- und Pressefreiheit und dem Schutz religiöser Gefühle beschäftigen und sich zu der Frage eines Kampfes der Kulturen äußern.

Die Frage, ob es sich bei dem Konflikt und den Protesten in der islamischen Welt um Anzeichen eines Kampfes der Kulturen handelt, ist für den Spiegel durch den Konflikt bereits beantwortet. Für die Autoren der drei genannten Texte ist der Kampf der Kulturen ein Faktum. In „Tage des Zorns" endet die Zwischenüberschrift mit dem Satz: „Der Zusammenprall der Kulturen eskaliert." Die Wortwahl insinuiert, dass bereits vor dem Karikaturen-Streit der Kampf der Kulturen ausgebrochen war. Seine Intensität und seine Durchschlagskraft erreichen aber mit dem Karikaturen-Streit eine neue Qualität. Die Wirklichkeit, ihr ,Realitätsmodus' der Wirklichkeit, ihr „Prätext" (siehe 3.3), wird mit dem Terminus „Kampf der Kulturen" bezeichnet. Er wird als Ist-Zustand beschrieben. Diese Einschätzung bildet den Subtext für das Verständnis der Argumentation, die in „Tage des Zorns" entfaltet wird. Diese Einschätzung teilt auch der Text „Hetzer und Gehetzte", wenngleich nicht in der Überschrift, so doch im Textverlauf. „Die Frage, wer vom Kulturkampf dieser Tage am meisten profitiert, wird auch im Nahen Osten heftig diskutiert."

Im Artikel „Flucht ins Geschwafel" wird der Terminus „Kampf der Kulturen" nicht gebraucht. Allerdings wird durch einen Verweis auf die kriegerischen Auseinandersetzungen zwischen dem Islam und dem Christentum und einer daran anknüpfenden Äußerung von Papst Benedikt XVI. auf ihn implizit Bezug genommen: „Papst Benedikt forderte allen Ernstes, der Minister für institutionelle Reformen im Berlusconi-Kabinett, Roberto Calderoli, müsse sich wie seine Vorgänger im 16. und 17. Jahrhundert ,gegen die Bedrohung durch den Islam an die Spitze der christlichen Welt schwingen'. Wie damals, als die Türken vor Wien standen, sei es nun Zeit, ,Gegenmaßnahmen zu ergreifen'." Für die Autoren ist diese Frontstellung des römischen Pontifex Ergebnis der Neuauflage des kulturellen Kampfes zwischen islamischem Orient und christlichem Abendland. Die bislang genannten Textbeispiele stehen für den Kampf-der-Kulturen-Topos. Grundlage der Argumentation der Texte ist das Ja als Antwort auf die Frage nach dem Ob eines zivilisatorischen Konfliktes, der sich durch den Streit über die Muhammad-Karikaturen zeigt.

In „Tage des Zorns" wird auch im Textverlauf der Kampf der Kulturen als bereits bestehendes Faktum herausgestellt. Zu den ersten Reaktionen auf die Veröffentlichung der Muhammad-Karikaturen am 30. September 2005 schreiben die Autoren: „Schnell bemächtigten sich religiöse Eiferer und Fundamentalisten auf beiden Seiten des Themas und schürten noch das Feuer, in dem sich bereits ein explosiver Zusammenprall einander misstrauender Kulturen abzeichnete." Die Autoren setzen den Beginn der kulturellen Auseinandersetzung auf den Tag des Erstdruckes der Karikaturen fest. Der Höhe- und Kulminationspunkt des sich daraus entwickelnden Kampfes der Kulturen manifestiert sich für die Schreiber in den gewaltsamen Ausschreitungen in der islamischen Welt.

Alle drei Texte gehen zügig in die Ursachenforschung. Warum wird der Abdruck von ein paar Karikaturen zum Fanal zwischen westlicher und islamischer Kultur? Der Karikaturen-Streit ist ein Stellvertreter-Krieg für ein viel generelleres und tiefgreifenderes Problem, so das Fazit der Autoren: „Die islamische Welt hat heute ein riesiges, unüberwindbares Problem: Nach den Jahrhunderten einer führenden Rolle ist die Religion geistig erstarrt. Ihr Abgang von der Weltbühne ist ein komplexer Prozess. Dem Entdeckergeist des Abendlandes stand auf einmal die Engstirnigkeit des Morgenlandes gegenüber", heißt es in „Tage des Zorns". Dem positiven Begriff *Entdeckergeist* wird die negativ konnotierte *Engstirnigkeit* entgegengesetzt. Durch die Genitiv-Attribute *des Abendlandes*, *des Morgenlandes* wird auf der einen Seite die eigene, abendländische Kultur positiv besetzt, die fremde, morgenländische hingegen negativ. Dieser technische Rückstand der islamischen Welt geht mit einem Gefühl der Unterlegenheit einher, so die Ursachenforschung weiter: „Das Gefühl, vom Westen verkannt und verachtet zu werden, ist weit verbreitet", heißt es.

Inhaltlich schließt sich an diese Einschätzung auch der Text „Hetzer und Gehetzte" an: „Ein Gefühl von Schwäche und Verwundbarkeit, ja von imperialistischer Unterwerfung liege seit dem Irak-Krieg über dem arabischen Nahen Osten." Die Muhammad-Karikaturen sind für die Menschen in den islamischen Ländern, so die Einschätzung des Textes, ein weiteres Beispiel für die Verachtung, die ihnen vom Westen entgegen gebracht wird. „Im Libanon und im Irak, in Pakistan und im indischen Kaschmir, in Indonesien und im Iran brannten Zehntausende wütender Muslime Fahnen, Autos und Häuser nieder", heißt es in „Flucht ins Geschwafel". Die Vorkommnisse werden in einem eher lockeren Jargon *Glaubensrandale* genannt. *Wütende Muslime* rückt als Attributiv-Verbindung die Ausschreitungen ganz nah an die Gläubigen und die Religion des Islam. Es sind keine wütenden Menschen, die sich gegen Dänemark erheben, sondern wütende Muslime. Die Identifikation der Gewalt und der Zerstörungswut der Unruhestifter mit der Religion des Islam scheint intendiert. Durch die Aufzählung der Ländernamen vom Libanon bis Iran wird dem Leser die globale Relevanz des Themas vermittelt. Die Aufzählung steigert das Gefühl eines Kampfes der Kulturen, indem man den konkreten Namen der Länder und Nationen aufführt, die daran beteiligt sein sollen.

Der Terminus *Kampf der Kulturen* wird in den drei Texten nur einmal explizit als Buchtitel genannt und mit seinem Erfinder, Samuel P. Huntington, in Verbindung gebracht. Die Autoren von „Tage des Zorns" distanzieren sich vorsichtig von dessen These. Diese Distanzierung wirkt etwas fremd, weil der Text bis dahin von der Faktizität dieses Kampfes der Kulturen ausgegangen war: „Für das pauschale Feindbild ist auch Harvard-Professor Samuel Huntington mit seinem Buch ‚Kampf der Kulturen' verantwortlich. Darin spricht er pauschal von den ‚blutigen Grenzen' des Islam und deren Unüberwindbarkeit – als lebten nicht zig Millionen Muslime im Frieden mit sich und ihrer Umwelt, als gäbe es im Islam nicht eine aufklärerische Tendenz, die freilich, auf der Suche nach einem islamischen Luther, noch in den Anfängen steckt."

Die Verbindung *islamischer Luther* bezieht sich auf das Argument, der Islam benötige eine Reformation wie sie das europäische Christentum durchgemacht habe. Auch der vorliegende Text trägt dieses Argument vor: „Der Reformation des Christentums, der künstlerischen Blüte der Renaissance, hatte der Islam nun nichts mehr entgegenzusetzen. Seine strengen Regeln standen einer rapiden Lebensveränderung im Wege, der Westen übernahm die zivilisatorische Führung – Orient und Okzident entfernten sich immer weiter." Man kann im Zusammenhang mit diesem Zitat schon von einem *Aufklärungs-Topos* sprechen: „Würde sich der Islam reformieren, wäre das gut für die Muslime selbst und für die Weltgemeinschaft." Dieser Topos funktioniert nach dem Muster: Wenn x (gilt), dann y.

Die Abgrenzung von Huntingtons „Blut-These" wird im weiteren Verlauf des Textes nicht durchgehalten. Einige Absätze weiter heißt es: „Im Mai vorigen Jahres erschütterten gewalttätige Proteste die muslimische Welt, die sich gegen die US-Regierung richteten. ,Tod für Amerika' erscholl es vor allem auf den Straßen Pakistans und Nordafrikas. ,Wir schützen unser heiliges Buch mit unserem Blut', skandierten aufgebrachte Muslime, nachdem das US-Magazin ,Newsweek' berichtet hatte, dass im US-Gefangenenlager Guantanamo ein Koran die Toilette heruntergespült worden sei." Selbstverständlich werden hier nicht alle Muslime pauschal bezichtigt. Die pauschal klingende Attributiv-Verbindung *aufgebrachte Muslime* macht es jedoch nicht einfach, inhaltlich zu differenzieren zwischen guten und bösen Anhängern des Islam. *Skandieren* als Verb unterstreicht die große Zahl der aufgebrachten Menschen. Wenn Mengen etwas skandieren, eine Verwendung in der das Verb häufig vorkommt, ist dies meist negativ konnotiert. Auch hier dient die Aufzählung von Pakistan und Ländern Nordafrikas dem Unterstreichen der Relevanz des Konflikts. Es ist auch eine gewisse Stimmungsmache hinter dieser wiederholten Betonung auszumachen. In den Maghrebländern Nordafrikas leben mehr als 100 Millionen Menschen. Mit Pakistan kommen noch einmal rund 167 Millionen hinzu. Das konterkariert die gerade von den Autoren aufgestellte Behauptung, Millionen von Muslimen lebten friedlich. Sicher, die beiden Aussagen schließen sich nicht aus, bei einer Gesamtzahl von 1,3 Milliarden Muslime auf der Welt. Zur Strategie des Textes gehört es, durch keine eindeutige Festlegung den Leser bis zum Ende des Textes zu fesseln.

Worin liegt nach Auffassung der Spiegel-Texte aus westlicher Sicht der Grund für die Auseinandersetzung um die Muhammad-Karikaturen? Alle drei Texte benennen diese Gründe identisch: Der Konflikt zwischen Meinungs- und Pressefreiheit auf der einen und der Schutz religiöser Gefühle auf der anderen Seite.

Der Chefredakteur der Zeitung Jyllands-Posten, Carsten Juste, wird in „Tage des Zorns" mit den Worten zitiert: „Wir haben den Kampf um die Meinungsfreiheit verloren." Der Bürgermeister von Amsterdam wird herangezogen, der bereits im Kontext der Ermoderung des holländischen Filmemachers Theo van Gogh im November 2004 die Bürger der Stadt zu einer Demonstration für die Meinungsfreiheit zusammengetrommelt hatte: „Am Abend des Mordanschlags wälzte sich ein Strom von Menschen mit Topfdeckeln und Rasseln und Waschbrettern durch die Straßen von Amsterdam. Sie waren dem Aufruf von Bürgermeister Job Cohen gefolgt, ‚für die Freiheit Krach zu schlagen'." Dieses Krachschlagen wünschen sich die Autoren auch in der gegenwärtigen Situation. Die Frage nach einer Selbstzensur der Medien aus Angst vor radikalen Muslimen oder gar islamistischem Terror wird hier angesprochen. Sie kommt in einem eigenen Gegen-Selbstzensur-Topos in den Diskursen aller Zeitungen und Zeitschriften vor, die für die Analyse dieser Arbeit herangezogen wurden. Der Topos sagt: Hätten die Medien auf das Abdrucken und das Nachdrucken der Karikaturen verzichtet, wäre dies eine Selbstzensur der Presse, die mit der Freiheit der Meinung nicht in Einklang zu bringen ist. Die Medien-Branche rechtfertigt sich und ihr Tun mit diesem Topos.

In „Hetzer und Gehetzte" wird der libanesische Präsidentschaftskandidat Schibli Mallat angeführt: „Es ist schwer, im Nahen Osten Politik zu machen, solange Leute sich hinstellen und sagen: ‚Ich mache von meiner Pressefreiheit Gebrauch – und wenn die Welt darüber zusammenkracht'." Hier wird die Kritik der Muslime an der Betonung der Meinungsfreiheit deutlich: Die Menschen im Westen seien nicht bereit, diesen Wert in Relation zu anderen zu setzen. In Kapitel 2 wurde bereits deutlich, dass in der deutschen Rechtsprechung beispielsweise die Geltung der Meinungsfreiheit nur von ganz wenigen anderen Rechtsgütern relativiert werden kann.

Nur „Flucht ins Geschwafel" bewertet den Streit um das rechte Verhältnis von Meinungs- und Pressefreiheit und dem Schutz religiöser Empfindungen. Der Text wirft den Regierungen Europas vor, die Errungenschaften und Werte der westlichen Moderne nicht ausreichend gegen fundamentalistische Islamisten zu verteidigen: „Als wenig belastbar zeigt sich unter solchem Druck auch das Bekenntnis zum Grundprinzip von Presse- und Meinungsfreiheit. Die sei zwar fundamentales Menschenrecht, heißt es in einer Resolution, die das Europäische Parlament diese Woche beschließen will. Aber sie müsse gepaart sein mit ‚Verantwortung' und ‚Respekt vor religiösen Gefühlen'." In der Zwischenüberschrift des Textes heißt es: „Statt solidarisch und prinzipienfest den islamistischen Krawallen zu begegnen, versteckt sich die EU hinter verdrucksten Erklärungen." *Islamistische Krawalle* ist eine Attributiv-Verbindung, die die Ausschreitungen in der islamischen Welt klar mit der islamistischen Ideologie verknüpft, die negativ konnotiert ist. *Solidarisch* und *prinzipienfest* sind Hochwertwörter, die den Regierungen der EU-Länder aberkannt werden. Diese werden so ebenfalls negativ konnotiert.

Das theologische Dilemma, das sich für Muslime durch die Darstellung ihres Propheten Muhammad ergibt, erläutert „Tage des Zorns": „Im Arabischen bedeutet ‚bilden' auch ‚erschaffen', Gott als der Schöpfer wird auch als der Bildner bezeichnet. Wer aber könnte Gott malen oder sein Ebenbild kneten, ohne die Anmaßung es ihm gleichzutun, ohne sich auf eine Ebene mit ihm zu stellen – und ist das nicht Häresie?" Diese rhetorische Frage lässt Verständnis für die muslimische Position durchscheinen.

Der Text „Tage des Zorns" greift im Titel das Zitat eines islamischen Geistlichen auf, der die Muslime aufgerufen hatte, in einer gleichnamigen Aktion gegen die Veröffentlichung der Karikaturen und die „Beleidigung des Islam" zu protestieren. Der Terminus „Tage des Zorns" wird deshalb auch in anderen Zeitschriften- und Zeitungstexten aufgenommen.

Die ‚Beschreibung der Welt', der *Kontextualisierungszusammenhang* des Diskurses (siehe 3.4) über den Karikaturen-Streit, das deutet sich nach der Analyse der ersten Texte bereits an, ist die islamische Welt. Das Weltwissen des Lesers über diesen Kulturkreis wird durch die Lektüre der Texte erweitert. „Tage des Zorns" beschreibt einige Facetten der islamischen Welt im Text und darüber hinaus in Schaubildern, die unter anderem die globale Verbreitung des Islam illustrieren. Bei der Erklärung der Umstände, die zu der Gewalt-Eskalation in einzelnen Ländern geführt haben, wird der Leser konfrontiert mit der politischen Realität in diesen Ländern, über die er aller Wahrscheinlichkeit nach in dem Maße bislang noch nicht Bescheid wusste.

Die Prämisse des Textes liegt in der Annahme, dass der Kampf der Kulturen schon Wirklichkeit ist. Die Argumente beschäftigen sich mit der Frage, wie die westliche Welt mit dieser Konflikt-Situation umgehen soll. Dabei ist das Bedrohungsszenario, das die Autoren entwickeln, die Kulisse, vor der die Leser ihre Meinung bilden sollen. Die Dänen „haben den schlafenden Riesen geweckt. Den Riesen Islam. Ihr ahnt noch gar nicht, wie groß er ist", wird in „Hetzer und Gehetzte" der syrische Scheich Omar al-Bakri zitiert.

In dem Debatten-Beitrag von Botho Strauß „Der Konflikt" wird die Frage nach der Tragfähigkeit des europäischen Toleranz-Gedankens gestellt. Der Beitrag sieht diesen für das europäische Selbstverständis zentralen Wert durch die Einwanderung von Muslimen in Gefahr. „Auch liberalere Geister könnten sich bei Gelegenheit der aktuellen Unruhen fragen, ob die erfolgreichen Abwehrkämpfe, die das christliche Europa einst gegen den Ansturm arabischer Mächte führte, von heute aus gesehen, nicht umsonst gewesen sind. Der zur Mehrheit tendierende Anteil der muslimischen Bevölkerung von Amsterdam und anderen Metropolen braucht unsere Toleranz bald nicht mehr." Deutlich wird dies nach Ansicht des Autors an den Diskriminierungen durch Muslime, denen christliche Kinder und Jugendliche ausgesetzt sind. „Christenschwein" und „Ungläubiger" sind die Begriffe, die im Text immer wieder fallen. Religiös diskriminiert zu werden, sei für die Christen des Abendlandes eine erschreckende Erfahrung. Die Auseinandersetzung mit diesem neuen Phänomen falle indes schwer, weil Europa sich durch Liberalität und Linksruck von seinen geistigen und geistlichen Wurzeln entfernt habe: „Wir sind nicht bloß eine säkulare, sondern weitgehend eine geistlose Gesellschaft." Eine neue Geistigkeit setze voraus, dass die Bewohner der Alten Welt die sakrale Sphäre, die religiöse Menschen als Teil ihrer Persönlichkeit für sich erbitten, auch respektieren. „Es ist nicht einzusehen, weshalb ein solcher Schutz [im Sinne eines Grundrechtes wie das des Schutzes der Person; A.G.] nicht auch für die Sakralsphäre gewährt werden sollte, ohne dass damit demokratische Grundrechte aufs Spiel gesetzt würden." Der direkte Antagonismus zum Islam sollte dann, so der Text, auf der Grundlage des Respekts einen Mentalitätswechsel bei den Christen hervorrufen. Es gibt „eine Chance der Inspiration und der indirekten Beeinflussung, die von der unmittelbaren Nähe einer fremden und gegnerischen sakralen Potenz herrührt". Angesichts eines solchen, geistig hoch motivierten Gebildes, wendet sich der Text gegen die Karikaturen: Diese fremde sakrale Potenz des Islam „sollte uns allerdings zu etwas mehr als zu Spott und Satire provozieren". Der Meinungsbeitrag formuliert eine Aufforderung an die Leser: „In dieser Konkurrenz gilt es, unser eigenes Bestes aufzubieten, es neu zu bestimmen oder wiederzubeleben: das Differenzierungsvermögen an oberster Stelle, das Schönheitsverlangen, geprägt von großer europäischer Kunst, Reflexion und Sensibilität." Gerade der Punkt der Reflexion wird in Beiträgen anderer Blätter noch häufiger vorkommen. Alle drei Spiegel-Texte bejahen die Frage nach dem Kampf der Kulturen.

Die Topoi des Spiegel-Diskurses im tabellarischen Überblick:

	Ursachen-Topoi			
	Rassismus	Radikalisierung	Unterlegenheit	Stellvertreter
Der Spiegel	–	–	2	1

	Erklärungs-Topoi		Handlungsaufforderungs-Topoi			
	Reflexion	Aufklärung	gegen Selbstzensur	Prinzipien und Respekt	Kampf der Kulturen	Kein Kampf der Kulturen
Der Spiegel	1	1	1	2	3	–

9.1.2 Stern

In „Die gesteuerte Empörung" ist die Argumentationsstrategie auf einem Vergleich aufgebaut. Verglichen werden Religionsfreiheit in Saudi-Arabien und Deutschland. Hintergrund des Vergleichs ist der Vorwurf aus der islamischen Welt, die Menschen im Westen würden nicht die religiösen Gefühle der Muslime respektieren und dadurch die Religionsfreiheit einschränken. Die Leser werden hier direkt angesprochen: „Stellen wir uns Deutschland ein wenig anders vor: Gewiss, es gäbe immer noch Millionen Türken, die hier leben und arbeiten würden. Aber ihnen wäre verboten, öffentlich zu beten, jeder islamische Gottesdienst wäre bei Androhung von Gefängnis strengstens untersagt. [...] Der Verkauf des Koran würde als Angriff gegen das Christentum mit Gefängnis geahndet." Das sind nur einige Beispiele, die die Autoren aneinanderreihen. Der Duktus ihrer Aufzählung steigert die Möglichkeiten dessen, was man an Religiösem verbieten kann, bis ins Groteske. Die intendierte Haltung, die der Leser durch diese Aufzählung einnehmen soll, ist die Bejahung der eigenen freiheitlichen Kultur, denn jeder Leser weiß aufgrund seines Weltwissens über die Religionsfreiheit in Deutschland, dass dieses Szenario eine Fiktion ist. Dadurch wird von den Autoren eine Fallhöhe aufgebaut, mit Hilfe derer zu den Verhältnissen in Saudi-Arabien, im Musterland der islamischen Welt, übergeleitet wird: „Doch spiegelverkehrt ist die Situation exakt so: in Saudi-Arabien, dem Geburtsland des Islam, wo für Hunderttausende christliche Gastarbeiter keine einzige Kirche stehen darf, wo Gottesdienste nur heimlich auf dem Gelände der Botschaften stattfinden dürfen, wo selbst rote Plüschherzen beschlagnahmt werden, aus Furcht, es könnte ein Symbol der Ungläubigen sein."

Der Text „Die gesteuerte Empörung" zieht diesen Vergleich heran, um im Folgenden auf die Absurdität der von Muslimen vorgebrachten Behauptung hinzuweisen, im Westen würden die Gefühle religiöser Menschen verletzt. Die Gegenüberstellung macht anschaulich, dass es dabei nur um die Gefühle religiöser Muslime geht, die ihren Glauben für den allein selig machenden und deshalb den schützenswerten halten, so die Schlussfolgerung der Autoren: „Die Regierung [Saudi-Arabiens; A.G.] fordert die ‚Bestrafung' der verantwortlichen Journalisten sowie ein weltweites ‚Beleidigungsverbot' für religiöse Symbole – allerdings nur für die eigenen vermutlich, denn in Saudi-Arabien selber werden Christen, Juden und sogar Muslime anderer Glaubensrichtungen oft ausgiebig als Ungläubige geschmäht."

Die Bewertung dieser gegenübergestellten Sachverhalte – und damit des ganzen Karikaturen-Streits – wird unverzüglich vorgenommen: „Es ist dieses Messen mit zweierlei Maß, was verstört und jede Form der Verständigung nahezu aussichtslos erscheinen lässt."

Damit ist die Diktion des Artikels im Hinblick auf die übergeordnete Frage nach dem Ja oder Nein eines Kampfes der Kulturen klar. Der Text reflektiert nicht die möglichen Fehler, die in der Publikation der Karikaturen erblickt werden könnten, sondern spielt den Ball in die islamische Welt: Islamisten sind es, die für das negative Image des Islam verantwortlich sind. Dieses Image bringt Karikaturen hervor, deren Wahrheitsgehalt durch die Reaktionen in der islamischen Welt wieder bestätigt zu werden scheinen. Dazu zitiert der Text den Chefredakteur einer jordanischen Wochenzeitung, Dschihad Momani: „Unter dem Titel ‚Muslime dieser Welt, reagiert vernünftig' wunderte er sich, dass ‚Jyllands Posten' sich längst entschuldigt habe, ‚aber aus irgendeinem Grund will niemand in der muslimischen Welt diese Entschuldigung hören'. Und er fragte: ‚Wer beleidigt den Islam eigentlich mehr? Ein Ausländer, der den Propheten darstellt, oder ein Muslim, der mit einem Sprengstoffgürtel bewaffnet auf einer Hochzeitsfeier in Amman ein Selbstmordattentat verübt?'"

Die Strategie des Textes ist es, mit Hilfe von Zitaten von moderaten Muslimen zu belegen, dass der Karikaturen-Streit ein Stellvertreter-Konflikt ist, der den Regierungen in der islamischen Welt dient. „Die größte Ballung von Diktaturen liegt zwischen Marokko und Pakistan. Die meisten ihrer Herrscher haben jedwede Opposition zerschlagen. Als Sammelbecken der Unzufriedenheit ist nur der Islam geblieben, denn Moschen lassen sich nicht abschaffen." Damit wird implizit die Frage beantwortet, ob der Islam per se verantwortlich für den Kultur-Konflikt ist, oder die Regime, die ihn missbrauchen. Auch hier wird durch die Nennung der Region zwischen „Marokko und Pakistan" ein recht großer Kulturraum als Problemzone charakterisiert. Dies dient ähnlichen Zwecken wie sie bereits bei der Analyse der Spiegel-Artikel benannt wurden.

Neben der Frage nach den Gründen für das Eskalieren des Karikaturen-Streits und der muslimischen Forderung nach mehr Respekt vor ihrem religiösen Bekenntnis fragt der Text auch nach der Meinungsfreiheit. Der Konflikt, dem einige mit der Beschränkung der Meinungsfreiheit beikommen wollen, wird, so argumentieren die Autoren, gerade durch den freien Meinungsaustausch in Deutschland entschärft. „In Deutschland tobt die Schlacht um die Karikaturen vor allem im Internet. In den Foren der großen Online-Portale wird so heftig diskutiert wie bei kaum einem anderen Thema der vergangenen Monate. Stern.de zählt dreimal so viel Diskussionsbeiträge wie sonst üblich. Ebenso tagesschau.de. Spiegel Online hat noch nie in so kurzer Zeit so viele Meinungsäußerungen registriert. Auf Zeit.de gehören die Artikel zum Thema zu den meistgeklickten der vergangenen zwölf Monate, die Redaktion kann die Forenbeiträge kaum so rasch online stellen wie sie auflaufen." Aussage dieses Zitats ist, dass durch die Pressefreiheit und die Möglichkeit der freien Meinungsäußerung im Internet Muslime die Möglichkeit haben, sich für ihre Religion einzusetzen.

Die negative Bewertung der Instrumentalisierung des Islam durch verschiedene Machthaber in der islamischen Welt und die daraus resultierende Beeinflussung von Gläubigen in aller Welt, wird bis zum Ende des Textes durchgehalten. Er greift ironisierend den Vorschlag einiger Minister aus der islamischen Welt auf, durch eine Informations-Kampagne das Image des Islam aufzubessern. „Einen vermutlich ungeplant originellen Textvorschlag machten Demonstranten auf einer Kundgebung in London mit dem Transparent: ‚Köpft jeden, der behauptet, der Islam sei keine friedliche Religion!'"

Der Text „Allahs Gastarbeiter" schaut in das Innenleben der islamischen Gemeinden in Deutschland und fragt nach der Lebensweise der Imame. Der Text ist eine der wenigen Reportagen, die im Kontext des Karikaturen-Streits geschrieben wurden und die hier untersucht werden. Die Unterüberschrift „Was denken sie über das Land der Ungläubigen?" bezeugt eine wertende Haltung gegenüber den Imamen. Es wird dadurch insinuiert, dass die islamischen Vorbeter die Deutschen generell für Ungläubige halten. Diese Behauptung wird textlich durch zwei Negativbeispiele zu belegen versucht.

Außersprachlicher Hintergrund, auf dem der Text aufbaut, ist der Karikaturen-Streit. Der Text fragt nach der Haltung, die Muslime, die in Deutschland leben, dabei einnehmen. Diese Frage wird beantwortet, indem man nach der Verkündigung in den Moscheen schaut. Wie werden die Imame dort ausgebildet? Ein Streifzug durch die deutsche Moscheenlandschaft legt den Schluss nahe, dass die meisten ausländischen Imame Deutschland nicht kennen lernen wollen, immer in ihrer Moschee bleiben und so die Lebenswelt ihrer Gläubigen nicht verstehen. Die Moscheen werden als Brutstätten des Terrorismus herausgestellt, in denen eine Separierung von der (ungläubigen) Mehrheitsgesellschaft propagiert wird: Die Moscheegemeinden „ermöglichen ihnen [den Gläubigen; A.G.] erst ein Leben in der Parallelwelt. In den Moscheen gibt es Kinderbetreuung, Beerdigungsinstitute, Geschäfte, Buchläden, Reisebüros oder Teestuben. Oft sind Moscheen nicht nur Teil der Parallelwelt, sondern ihre Organisatoren, ihr logistisches Zentrum." Die Moscheegemeinden werden hier negativ konnotiert: „Logistisches Zentrum" ist eine Vokabel aus dem militärischen Bereich und rückt die Moscheegemeinde an militante Muslime heran. Der Terminus Parallelwelt ist im Diskurs über Integration die Chiffre für Nicht-Integration.

Die Autoren ziehen zum Beleg für ihre Thesen einige Aussagen von Imamen heran: „Was nimmt der Imam an Erfahrungen mit in die Türkei? Bulut [Name des interviewten Imam; A.G.] überlegt. Lange. Er lächelt verlegen. Die meiste Zeit des Tages sei er ja hier, in der Moschee. Schließlich fällt ihm doch noch etwas ein: ‚Wie sie hier in Deutschland mit Behinderten umgehen. Überall gibt es Behindertenparkplätze, auch vor der Moschee.' Über drei Jahre Deutschland, und den größten Eindruck machen Behindertenparkplätze." Mit dem letzten Satz nehmen die Autoren den Rezipienten die Bewertung des Imam-Zitats ab. Sie wollen damit herausstellen, dass dieser Imam sich nicht mit dem Land auseinandergesetzt hat, in dem er lebt. Der Text lebt noch von einem zweiten negativen Fall, einem Imam pakistanischer Herkunft: „Aus der Perspektive des neuen I-mam sieht Deutschland genau so aus, wie islamistische Eiferer den Westen darstellen. Der 29-jährige Imam spricht kein Wort Deutsch, fast kein Englisch, er ist kaum einen Monat in Deutschland und hat die sichere Moschee seitdem noch nicht verlassen. Doch er weiß, was das Problem seiner neuen Nachbarn ist: ‚Sie glauben nicht an den Islam'." Der Abschluss des Gedankens des Imam in Zitatform verstärkt die Wirkung der Aussage beim Leser.

Der Text schließt mit dem Fall eines ‚guten Imam', dem Iraner Seyyed Abbas Hosseini Ghaemmeaghami, der in Hamburg arbeitet. Über seine Geschichte wird die Frage nach der Möglichkeit einer Integration von Muslimen in die Gesellschaften des Westens beantwortet. „‚Zurzeit werden unter einigen muslimischen Gruppierungen extremistische Ansichten vertreten, wonach die Integration ein unerreichbares Ziel sei. Muslime werden aufgefordert, die Mehrheitsgesellschaft zu bekämpfen.' Natürlich verurteilt auch der Ayatollah die ‚Beleidigungen und Verhöhnungen' des Propheten Mohammed. ‚Diese Ereignisse dürfen aber nicht zum Anlass genommen werden, sich zu gesetzeswidrigen und aggressiven Handlungen hinreißen zu lassen'."

Die Gegenüberstellung von ‚guten' und ‚bösen' Imamen in diesem Text ist evident. Durch die Präsentation eines positiven und zweier negativer Fälle wird eine Abgewogenheit deutlich, mit der die Autoren die Verhältnisse in der realen Welt abbilden wollen. Durch die Strategie der Personalisierung von Aussagen, die die Autoren treffen wollen, werden die Argumente plastischer. Der Text stellt beide Seiten der Imam-Landschaft in Deutschland vor und ergreift eindeutig Partei für das Positivbeispiel aus Hamburg.

In der Abkoppelung der islamischen Gemeinden von ihren Ursprungsländern und in einer Ausbildung von Imamen in Deutschland sehen die Autoren das Heilmittel gegen die Entstehung von Parallelwelten in den Moscheen in Deutschland. Diese Meinung formulieren sie ebenfalls über das Beispiel des ‚guten' Imam: „Trotz des Streits hält Hoseini Ghaemmaghami die Integration der Muslime und des Islam in die europäischen Gesellschaften für notwendig. ‚Für beide Seiten. Dabei geht es aber nicht um einen Islam, wie er im Iran gelebt wird. Der Islam ist in allen Ländern unterschiedlich. Überall muss er sich an die Gesellschaften anpassen. Und genau so müssen wir es auch in Deutschland machen. Wir brauchen einen Islam deutscher Prägung'." Dieser Abschluss des Textes geht in die Richtung des Aufklärungs-Topos. Der Islam in Deutschland soll sich nach den Maßgaben der europäischen Aufklärung und des Humanismus reformieren. Dies ist die Handlungsaufforderung des Textes.

Die Topoi des Stern-Diskurses im tabellarischen Überblick:

Ursachen-Topoi			
Rassismus	Radikalisierung	Unterlegenheit	Stellvertreter
Stern			
–	–	–	1

Erklärungs-Topoi		Handlungsaufforderungs-Topoi			
Reflexion	Aufklärung	gegen Selbstzensur	Prinzipien und Respekt	Kampf der Kulturen	Kein Kampf der Kulturen
Stern					
–	1	1	1	1	–

9.1.3 Focus

Der Focus greift bereits am 6. Februar in dem Text „Skandal um Mohammed" den Terminus „Kampf der Kulturen" auf. In der Zwischenüberschrift heißt es: „Droht jetzt der ‚Kampf der Kulturen'?" In „Aufruf zum Dschihad" wird in der Zwischenüberschrift von einem „Feldzug gegen den Westen" gesprochen, zu dem radikale Muslime aufgrund der Karikaturen aufgerufen hätten. In „Skandal um Mohammed" wird die These vertreten, der Karikaturen-Streit illustriere diese Auseinandersetzung zwischen westlicher und islamischer Hemisphäre. Huntington und sein Begriff des Kampfes der Kulturen werden in dem Text von einem renommierten deutschen Islamexperten zitiert: „,Ich sehe mit größtem Erschrecken, wie sich der antiwestliche Bazillus in der islamischen Welt festsetzt', ist selbst der Orient-Experte Udo Steinbach von der Heftigkeit der Ausbrüche überrascht. ,Mit einem Mal hat Samuel Huntington mit seinem Kampf der Kulturen doch recht'." *Bazillus* ist als Überträger von Krankheiten negativ konnotiert. Die Attribuierung *antiwestlich* bestimmt den vorliegenden negativen Begriff näher. Wie ein Lauffeuer, so die Bedeutung der Attributivverbindung, verbreitet sich in der islamischen Welt der Hass auf die westliche Welt. Der Text transportiert, als bislang erster unter den untersuchten Artikeln, eine ähnlich lautende Stimme zu der Frage nach dem Kampf der Kulturen aus der islamischen Welt: „Und der arabische TV-Sender al-Dschasira strahlt seinen Brennpunkt aus unter dem Motto: ,Hat der Krieg der Kulturen jetzt begonnen?'"

„Skandal um Mohammed" baut genauso wie „Aufruf zum Dschihad" zu Beginn des Textes ein Bedrohungsszenario auf. Hierbei spielt die Aufzählung einzelner islamisch geprägter Länder und eine Steigerung der Ausschreitungsfolgen eine entscheidende Rolle. In „Skandal um Mohammed" heißt es: „Zur gleichen Zeit verbrennen Hunderttausende wütende Muslime auf der ganzen Welt dänische Flaggen und drohen den ,Gotteslästerern in Europa' mit dem Tod. In der indonesischen Hauptstadt Jakarta versuchen militante Demonstranten, die skandinavische Botschaft zu stürmen, in Pakistan verbrennen Schulkinder Puppen mit dem Aussehen des dänischen Premiers, im Gazastreifen wird das französische Kulturzentrum mit Handgranaten beschossen, im Westjordanland kidnappen radikale Palästinenser einen Deutschen, weil sie ihn fälschlicherweise für einen Dänen hielten." In „Aufruf zum Dschihad" heißt es: „Von Kairo bis Kabul, von Beirut bis Bangkok diskutieren erhitzte Muslime über die Beleidigung ihrer Religion durch den Westen – und über die angeblich ausgebliebene Entschuldigung dafür."

Die Alliteration Kairo-Kabul und Beirut-Bangkok ist als Stilmittel zu betrachten. Die Attributsverbindung *wütende Muslime* – die bereits im Spiegel vorkam – und *erhitzte Muslime* identifiziert die Subjekte der Unruhen und bestimmt ihren Gemütszustand, der zu den Ausschreitungen geführt hat, näher. *Wütend* ist dabei stärker als *erhitzt*, wobei Textbeispiel eins direkt auf die Unruhen Bezug nimmt, Text zwei auf die Diskussionen, über die Karikaturen. Auch der Text „Wir bringen euch alle um!" wirft zuerst einen Blick in die islamische Welt und beschreibt die Auswirkungen der Ausschreitungen: „Muslimische Mehrheit gegen christliche Minderheit, in vielen islamischen Staaten sollen die Christen für die dänischen Mohammed-Karikaturen büßen. Im Norden Nigerias werden 17 Christen gelyncht, in Pakistan brennen Kirchen, in Libyen werden Jesus-Bilder zerschlitzt, und in Teheran stecken muslimische Fanatiker vor laufenden Fernsehkameras ein Kreuz in Brand." Im Kontextualisierungszusammenhang dieses Textes über den Karikaturen-Streit erfahren die Leser über die Lebensumstände religiöser Minderheiten in der islamischen Welt. Ihr Weltwissen wird erweitert. Der Diskurs über das Verständnis und die Bewertung des Karikaturen-Streits wird um diese Aspekte erweitert. Die Stoßrichtung des Textes „Wir bringen euch alle um!" wird durch die reißerische Überschrift bereits klar; die Autoren halten ihre Bewertung der Lebensumstände von Christen in der islamischen Welt nicht lange zurück: „Jetzt sind sie da, die Kameras, doch jahrelang nahm die Welt kaum wahr, wie der Druck auf die christlichen Minderheiten in muslimischen Staaten wuchs. ‚Die traurige Wahrheit ist, dass alles, was wir jetzt erleben, seit Jahren zum Alltag gehört', sagt Mario Giro von der einflussreichen katholischen Laienorganisation Sant' Egidio." Auch in diesem Text wird das Beispiel Saudi-Arabien benannt, wenn es um besonders schlechte Lebensumstände für Nicht-Muslime geht: „In Saudi-Arabien steht auf ‚Abfall vom Glauben' die Todesstrafe. An der Wiege des Islam ist Religionsfreiheit ein Fremdwort. Alle christlichen Symbole wie Kreuz, Bibel, Ikonen oder Rosenkränze sind verboten. Kirchen dürfen in Mohammeds Vaterland nicht gebaut werden. Wer private Gottesdienste veranstaltet, muss sich vor Razzien der Religionspolizei in Acht nehmen." Diese Beschreibung gleicht derjenigen des Textes „Die gesteuerte Empörung" aus dem Magazin Stern. Im Weltwissen der Leser wird Saudi-Arabien negativ konnotiert. Das Land wird zum Inbegriff von Intoleranz und religiösem Fanatismus. In der *texte général*, in das Weltwissen der deutschen Leserschaft, werden diese Aussagen aus Stern und Spiegel ineinander fließen und abrufbar sein, wenn Wissen über die arabische Halbinsel abzurufen ist, eine skizzierte Folge der Intertextualität. Wir können hier von einer intertextuellen Erweiterung des Weltwissens sprechen.

„Wir bringen euch alle um!" bringt Beispiele von Christenverfolgungen aus der ganzen islamischen Welt und geht durch dieses umfassende Bild in der Darstellung weiter als bisher zitierte Blätter. Dadurch wird die Situation der Christen als aussichtslos gekennzeichnet und die Frage, ob der Islam an sich eine intolerante Religion ist oder Menschen ihn nur dazu machen, implizit zu Ungunsten der Religion entschieden. Den Beispielszyklus rundet die Beschreibung der Situation in der Türkei ab, das schmerzlichste Beispiel überhaupt, denn das Land am Bosporus möchte in die Europäische Union aufgenommen werden, die in der Rhetorik der Regierungen dort immer wieder als „Christen-Club" gebrandmarkt wurde: „Mit heimlichen Missionierungen wollen die 0,6 Prozent Christen den türkischen Staat untergraben, heißt es selbst aus Regierungskreisen. ‚Bei der Missionarstätigkeit handelt es sich um einen gezielten politischen Angriff auf die Türkei', erklärte der für Religion zuständige Minister Mehmet Aydin vergangenes Jahr." Die Darstellung des Anteils der Christen an der türkischen Gesamtbevölkerung diskreditiert in der Strategie der Autoren die Türkei und macht das im Anschluss gebrachte Zitat lächerlich. Ein gewisser Zynismus des Textes angesichts des tatsächlichen Anteils der Christen an der türkischen Gesellschaft ist nicht von der Hand zu weisen.

„Aufruf zum Dschihad" benennt die Regierungen der islamischen Welt als Stimmungsmacher hinter den Kulissen der Aufstände, allen voran den Iran: „Der westliche ‚Angriff' auf den Glauben verleiht dem religiösen Regime – und damit dem Hardliner-Präsidenten Mahmud Ahmadinedschad – ungeahnten Rückhalt." „Skandal um Mohammed" ist der einzige der drei Texte des Focus, der den Hintergrund des Bilderverbots im Islam in einem eigenen kleinen Text erklärt: „Nach islamischer Lehre ist Allah der alleinige Schöpfer. Jeder Versuch des Menschen, Gott oder lebende Wesen bildlich nachzuahmen, stellt somit eine unerlaubte Anmaßung dar." Des Weiteren wird eine Einordnung zu den Karikaturen gegeben, die in einem sachlichen Ton die Bedeutung der Beleidigung des islamischen Propheten Muhammad in einer Weise herausstellt, wie sie in den bisher untersuchten Magazintexten noch nicht vorgekommen ist: „Karikaturen des Propheten erregen die Gemüter der Muslime in besonderer Weise, da sie nicht nur gegen das Bilderverbot verstoßen. Sie sind in den Augen der Gläubigen zugleich blasphemisch, das heißt, sie ‚entehren‘ den Propheten. Für Blasphemie wird in vielen islamischen Staaten die Todesstrafe verhängt.“

Insgesamt gehen die Autoren des Focus weniger auf die Frage nach dem Verhältnis von Meinungsfreiheit und religiösen Gefühlen ein. Die Argumentationsstrategie sieht vor, die islamischen Länder in ihrem innersten Wesen als intolerant zu beschreiben, Länder, in denen Religionsfreiheit ein Fremdwort ist. Auf diese Weise wird die eigentliche Frage, nach Meinungs- und Pressefreiheit (im Westen) nicht thematisiert.

„Verletzt, aber vernünftig“ beschreibt ausgewogen die Reaktionen aus den islamischen Gemeinden in Deutschland. Die Frage, die auch in „Allahs Gastarbeiter“ aufkam, was in den Moscheen in Deutschland gepredigt wird, kommt auch hier zur Sprache. Das referierte Ergebnis klingt aber positiver als im Stern-Text: „Verfassungsschützer glauben allerdings recht sicher einschätzen zu können, was hinter verschlossenen Türen gepredigt wird: ‚Wir wissen, dass der Karikaturen-Streit in Berliner Moscheen beim Freitagsgebet Thema war‘, sagt Claus Guggenberger, Sprecher des Berliner Verfassungsschutzes. ‚Doch erfreulicherweise‘ hätten die meisten Imame ‚beschwichtigend auf die Gläubigen eingewirkt‘.“ Die Autoren lassen in ihrem Text einen moderaten islamischen Theologen aus der türkischen Gemeinde zu Wort kommen. Damit unterstreichen sie zum einen die positive Aussageabsicht, die sie machen wollen. Zum anderen erklären sie damit das Bilderverbot im Islam und bieten eine Lösung aus dem Dilemma um Abbildungen an: „Statt ‚mit Schusswaffen, Sprengstoffgürteln und fackelnden Flaggen hinter Andersdenkenden herzujagen‘, rät Topcuk zu einer Grundsatzdebatte: Ob das generelle Bildnisverbot des Propheten überhaupt für die Ewigkeit gemeint war, müsse von den Muftis, Hodschas und Imamen ‚doch mal geklärt werden‘.“ Auffallend ist, dass zwei der Texte im Focus das Bilderverbot im Islam benennen und zu erklären suchen.

Die Topoi des Focus-Diskurses im tabellarischen Überblick:

Ursachen-Topoi			
Rassismus	Radikalisierung	Unterlegenheit	Stellvertreter
Focus –	–	–	1

Erklärungs-Topoi		Handlungsaufforderungs-Topoi			
Reflexion	Aufklärung	gegen Selbstzensur	Prinzipien und Respekt	Kampf der Kulturen	Kein Kampf der Kulturen
Focus –	–	–	–	4	–

9.1.4   Die Zeit

Bereits der Stern hat als intertextuellen Bezug in „Die gesteuerte Empörung" auf die Texte der Wochenzeitung Die Zeit zum Karikaturen-Streit hingewiesen. Das Hamburger Wochenblatt widmet sich ausführlich der inhaltlichen Debatte. Was bedeutet der Karikaturen-Streit für die Gesellschaften des Westens und die muslimischen Gemeinden dort, ist die Leitfrage der Beiträge. In pointierter Weise geben die Überschriften – anders als in den Beiträgen der Magazine – dabei die Richtung vor, in die die Argumentation der Autoren geht. In den Texten werden die Konfliktlinien des Karikaturen-Streits, Meinungs- und Pressefreiheit gegen Respekt vor religiösen Gefühlen und Selbstzensur, hervorgehoben und auf eine höhere, abstraktere Ebene gehoben. Der Konflikt wird als ein hermeneutischer verstanden, der auf der Unterschiedlichkeit der islamisch und der westlich geprägten Kulturwelt basiert. Die Überschriften, die in die Argumentationen der Texte einführen, lauten unter anderem: „Verteidigung der Freiheit", „Risse im Abendland", „Islam heißt Staatsreligion", „Freiheit und Hass" und „Selbstkritik macht den Westen stark".

Hier werden die Parteien des Konfliktes benannt: Der *Islam* und das *Abendland*. Der eine steht für *Staatsreligion*, das andere für *Freiheit*. *Staatsreligion* ist für europäische Leser, die in einem säkularen Staat leben, der keine Einheitsreligion aller Bürger eines Landes (mehr) kennt, negativ konnotiert und gilt als Beispiel aufgezwungener religiöser Identität. Das Hochwertwort *Freiheit* ist positiv besetzt und wird mit dem Abendland synonymisiert.

Nur der Text „Die unheiligen Väter des islamischen Zorns" fasst in ähnlicher Weise wie die Magazin-Texte die Geschehnisse in der islamischen Welt zusammen und stellt so einen Kontextualisierungszusammenhang her. Die anderen Texte gehen davon aus, dass dem Leser die außersprachlichen Umstände bekannt sind. Dieser Text verweist auf die Hintergründe der Ausschreitungen und erweitert dabei das Weltwissen der Leser um Kenntnisse aus der islamischen Welt: „Für den europäischen Fernsehzuschauer sind die flammenden Proteste auch eine Erdkundestunde darüber, bis wohin das Verbreitungsgebiet des Islams reicht. In Indonesien zerbrachen die Scheiben dänischer Vertretungen, auf den Philippinen und in Thailand brannten Flaggen. In Kaschmir, in der indischen Hauptstadt Delhi, in Somalia, Iran, im Irak, im Libanon und in Syrien zieht der Mob der tödlich Beleidigten durch die Städte und verdammt Dänemark, Europa und Amerika gleich mit. In Afghanistan sterben bei Protesten vier Menschen." Hier wird, wie auch in den bereits untersuchten Texten, durch den Verweis auf die Globalität des Konfliktes Interesse und Aufregung beim Leser erzeugt. Durch diese Aufzählung und deren Verknüpfung mit den gewalttätigen Handlungen geben die Autoren den Ereignissen eine Dramaturgie und eine immanente Wertigkeit.

„Allah und der Humor" blickt noch einmal auf die Entstehung des Konflikts im dänischen Kontext. Hier werden das Gegensatzpaar *Selbstzensur* und *Presse- und Meinungsfreiheit* herausgestellt. Fleming Rose, der maßgebliche Redakteur bei Jyllands Posten wird wiedergegeben: „Er habe in Erfahrung bringen wollen, sagt Rose, ‚wie weit die Selbstzensur in der dänischen Öffentlichkeit geht'." Diesem Satz geht die Beobachtung voraus, dass nach der Ermordung des holländischen Filmemachers und Islamkritikers Theo van Gogh Künstler aus Angst vor der Gewalttätigkeit von Muslimen sich nicht mehr trauen, sich generell oder kritisch zum Islam zu äußern. Der dänische Premierminister Rasmussen taucht auch in diesem Text wieder auf als der, der keinen Verhandlungsspielraum bei der Meinungs- und Pressefreiheit gesehen hat und eine Gesprächsanfrage von elf Botschaftern islamischer Staaten abgelehnt hat. Hierbei macht der Autor deutlich, dass Rasmussen erst aufgrund des Drucks in der islamischen Welt seine klare Position aufgeweicht habe: „Rasmussen aber erklärte weiterhin, Pressefreiheit könne kein Gegenstand des diplomatischen Dialogs sein. Doch als der

Druck im Ausland weiter wuchs, schlug der Premier plötzlich andere Töne an: In seiner Neujahrsansprache verurteilte Rasmussen alle Äußerungen, die Menschen aufgrund ‚ihres Glaubens verteufeln'. Der Gebrauch der Meinungsfreiheit setze wechselseitigen und einen ‚ordentlichen Ton' voraus." Die Forderung nach dem ordentlichen Ton, ist (wie die nach guten Sitten oder Commonsense) ein Plädoyer für den Prinzipien-und-Respekt-Topos. Die Bewertung dieses Umschwenkens folgt auf dem Fuße: „Statt Prinzipienfestigkeit und Respekt von Anfang an miteinander zu verbinden, hat Rasmussen sich erst hochfahrend gezeigt, um dann unter dem Druck undemokratischer islamischer Regime einzuknicken." Das Ausufern des Konfliktes hätte demnach verhindert werden können, hätte der dänische Premier die ausländischen Botschafter islamischer Länder doch zu einem Gespräch empfangen, so der Duktus des Textes, und somit von vorne herein Prinzipienfestigkeit und Respekt miteinander verbunden. Im Prinzip wird ihm durch diese Bewertung mangelndes diplomatisches Geschick und fehlende Souveränität im Umgang mit dem Konflikt vorgeworfen. Kern der Argumentation ist im Hinblick auf den Karikaturen-Streit das Wortpaar *Prinzipienfestigkeit* und *Respekt*, zwei Begriffe, die bislang im Diskurs komplementär zueinander standen und hier erstmals in Verbindung zueinander gesetzt werden. *Prinzipienfestigkeit* und *Respekt* kommen als Wortpaar gewissermaßen auch in „Risse im Abendland" vor. Wenn beide Werte, Hochwertwörter übrigens, wie in Deutschland auch in Dänemark geachtet worden wären, so der Text, hätte der Karikaturen-Streit nicht eskalieren können. Dazu heißt es: „Die prinzipienfeste und zugleich mitfühlende Haltung der deutschen Regierung trägt mit dazu bei, dass sich solche Stimmen der Vernunft hierzulande gegen jene durchsetzen können, die zum Dschihad gegen den Humor rufen." Die eigene, deutsche Seite wird in diesem Kontext positiv herausgestellt.

Auch „Verteidigung der Freiheit" abstrahiert den äußeren Konflikt und hebt ihn so auf eine übergeordnete Stufe: „Da sind der abstruse Bilderstreit um zwölf Karikaturen und die Frage, wie viel Meinungsfreiheit im säkularen Staat eigentlich sein darf." Auch hier ist die *Selbstzensur* der dänischen Presse Thema, ein Unterschied zu den untersuchten Magazin-Texten, in denen dieser Terminus nicht auftaucht: „Die Karikaturen waren eine Antwort auf ein in Dänemark spürbares Klima der Einschüchterung: denn aus Angst vor Fanatikern hatte sich für ein Kinderbuch über das Leben Mohammeds kein einziger Illustrator gefunden." Auch der Terminus *Kampf der Kulturen* taucht in dem Text auf, wird aber als Deutungsmöglichkeit des Streits verworfen – eine Parallele zum vorangegangenen Zeit-Text und ein Unterschied zu dem einhelligen Urteil der Magazin-Beiträge: „Schon schwebt das böse Wort vom Zusammenstoß der Kulturen über allen Interpretationsversuchen, aber man möchte ihn ums Verrecken nicht diagnostizieren. Noch ist im Westen allenthalben das Bemühen zu erkennen, diese Deutung zu widerlegen und den Brand zu löschen, der inzwischen selbst die entlegensten Regionen erreicht." Im Diskurs über den Karikaturen-Streit wird dem Terminus des Zusammenpralls der Kulturen der eines Dialogs der Kulturen entgegengesetzt. Diese Forderung nach einem Dialog der Kulturen wird nicht so entfaltet, dass man von einem eigenen Topos sprechen kann. Wohl aber gibt es einen Kein-Kampf-der- Kulturen-Topos, der nicht immer explizit so benannt wird, aber im Wesentlichen davon lebt, den Kampf-der-Kulturen-Topos abzulehnen (siehe 9.2.3.3 und 9.2.3.4). In diesem Topos fließt der Dialog-der-Kulturen-Ansatz mit ein.

Der Text „Verteidigung der Freiheit" schreitet voran, in dem er sich öffnet für eine neue Deutung des Konfliktes: „Wenn es aber der Zusammenstoß der Kulturen nicht ist – was ist es dann?" Dieser Text benennt die bewusst eingesetzte *Provokation* als Ursache des Streites und benutzt genauso wie „Allah und der Humor" den Terminus *Respekt*, um den Konflikt zu erklären und für die Zukunft zu entschärfen: „Dass auch die Mehrheit der friedlichen Muslime ihren Glauben durch die Karikaturen beleidigt sieht, ist ein Grund, von vorsätzlichen Provokationen zu lassen. Nicht aus Angst vor gewalttätigen Reaktionen, sondern aus Achtung vor einer fremden Religion. Respekt schließt schließlich eben auch Rücksichtnahme ein." Von der Wortbedeutung von *Respekt* her, wie sie in Kapitel 2 in einer Zusammenschau aus verschiedenen deutschen Handwörterbüchern vorgestellt wurde, ist diese Verknüpfung von *Respekt* mit *Achtung* und *Rücksicht* zulässig. Dort hieß es unter anderem: Unter *Respekt* versteht Meyers Neues Lexikon „Achtung, Ehrfurcht, Scheu" und führt dieses Wort auf das lateinische respicere, zurückblicken, zurück. In diesem Sinne wird auch in dem Text „Risse im Abendland" argumentiert. Als Beispiel wird hierbei das Verhalten des britischen Boulevard-Magazins *Sun* herangezogen: Das größte „Massenblatt des

Landes [...] gab im ersten Leitartikel zum Karikaturenstreit die Devise für alle britischen Gazetten aus: Gewiss müsse das Recht auf Meinungsfreiheit unbedingt verteidigt werden. Doch die kontroversen Abbildungen nachträglich zu veröffentlichen sei unnötig provokativ." Als salomonisches Urteil fast wird der Erstdruck der Karikaturen als normales Produkt journalistischer Arbeit deklariert, der Nachdruck der Karikaturen zu einem Zeitpunkt, da schon absehbar war, welche Empörung die Bilder bei Muslimen auslösen würden, hingegen als *provokativ* gebrandmarkt. Salomonisch deshalb, weil es den Autoren um das Mittelmaß, das Abwägen zwischen verschiedenen Werten bzw. Rechtgütern, geht. „Unzufriedene Journalisten sprachen daraufhin von Selbstzensur." Damit treten auch hier die beiden Antipoden *Provokation* und *Selbstzensur* auf, mit der die Bejaher und Verneiner des Karikaturen-Abdrucks ihr Gegenüber benennen. Wer gegen die Karikaturen ist, so die einen, verrät die Freiheit von Meinung und Presse, wer für die Karikaturen ist, ist ein Provokateur, der keine Rücksicht auf andere Menschen nimmt, meinen die anderen. Beide Seiten nominieren die Gruppe, die die andere Meinung vertritt, negativ. Die „Risse im Abendland" entstehen durch die Angehörigen dieser beiden Gruppen. Diesem Text liegt eine Binnenschau zugrunde bei der Beantwortung der Frage nach dem Kampf der Kulturen. „Während Paris und Berlin das Recht auf Meinungsfreiheit unterstreichen, betont der britische Außenminister Jack Straw die ‚Verantwortung', die mit dieser Freiheit verbunden sei." Der Text schließt sich, so ist der sprachlichen Strategie und der Einstellungsbekundung der Autoren zu entnehmen, dieser Meinung an – und liegt damit ebenfalls auf der Linie der Artikel, die in der Zeit zu diesem Thema erschienen sind. Auch die Frage nach dem Kampf der Kulturen wird verneint. „Stell dir vor, es ist Kulturkampf und keiner geht hin", heißt es am Ende von „Risse im Abendland". Ablehnend einem Kultur-Kampf gegenüber äußert sich auch „Verteidigung der Freiheit": „Es gibt zurzeit keinen Zusammenstoß der Kulturen, weil auf westlicher Seite kaum jemand zu erkennen ist, der diesen Zusammenstoß ansteuerte."

Die Texte der Zeit sind deshalb um einen Ausgleich zwischen Respekt und Freiheit bemüht, weil sie die religiöse Verwurzelung der Menschen – auch wiederum im Unterschied zu den Texten der Magazine – explizit benennen und sie zu einem intimen Faktor des Mensch-Seins machen und damit seine Bedeutung anerkennen. Hier tritt also eine weitere Prämisse in die Argumentation ein, deren Richtigkeit man akzeptieren muss, sofern man den Duktus der auf ihr aufbauenden Argumentation folgen möchte. In „Wo keine Last ist, da lässt sich nur schwer lästern" heißt es zum Schutz religiöser Bekenntnisse in den Gesetzestexten säkularer, westlicher Staaten: „Einen besonderen Straftatbestand gibt es nur deshalb, weil religiöse – oder atheistische – Überzeugungen tiefer und verletzlicher in der Persönlichkeit, um nicht zu sagen: in der Seele des Einzelnen verwurzelt sind. Sie verdienen daher einen sensibleren Umgang und Schutz als ‚gewöhnliche' Meinungen."

Kritisch sind die Texte der Zeit in der Betrachtung der unterschiedlichen kulturellen Entwicklungen, die Orient und Okzident genommen haben, die in ihrer unterschiedlichen Weise je von Christentum oder Islam geprägt wurden. Die Erkenntnisse, die die Autoren hierbei vermitteln, drehen sich um die Frage, ob der Islam überhaupt in der Lage sei, wie die christliche Welt Demokratie und damit Meinungspluralität zuzulassen. Die Texte, die hier herangezogen werden, gehen nicht davon aus. In „Islam heißt Staatsreligion" wird die Entwicklung des Christentums als eine am Individuum orientierte beschrieben, wohingegen der Islam auf die Kollektivierung der Menschen abziele: „Der christliche Glaube ist vielmehr ein durch und durch persönlich geprägtes, das heißt individuelles Phänomen und insofern auch die wesentliche Grundlage des modernen Menschenrechtsgedankens, wenn darin auch Momente der stoischen Ethik aufgenommen wurden. Im Unterschied zum Urchristentum hat sich der frühe Islam nicht auf dem Weg der Mission ausgebreitet, die den Einzelnen anspricht, sondern auf dem Weg der militärischen Eroberung." Diese Eroberungen formten ein neues Reich, dessen Bewohner einer „kollektiven Islamisierung" ausgesetzt waren. Das Kollektiv wird zum maßgeblichen Integral der neuen Gemeinschaft und bestimmt sie bis heute. „Ich halte es kaum für möglich, dieses geschlossene und stark ritualisierte System zu durchbrechen und dem einzelnen Muslim gegenüber dem Koran eine Stellung einzuräumen, wie sie der Christ im Hören und Verstehen der christlichen Botschaft einnimmt, ohne den Islam substanziell zu verändern." Neben dieser theologischen Komponente tritt in der Bewertung des Islam immer auch eine politische: „Für den Islam ist […] historisch festzuhalten, dass Mohammed sowohl Religionsstifter als auch autoritärer Staatsmann war."

Die Trennung von Religion und Staat, wie sie im Westen auch schon üblich war, als dieser vom Christentum als entscheidende kulturelle Kraft geprägt war, fehle der Kulturwelt des Islam, so die Autoren. Ein Verständnis für die Gewaltenteilung zu entwickeln, sei auf dieser Grundlage nicht möglich. Dies sieht der Autor von „Islam heißt Staatsreligion" so. Diesem Kollektivgedanken schließen sich weitere Texte aus der Zeit an. Dieses Argument erklärt die Eskalation gegen Menschen aus westlichen Ländern und den diplomatischen Vertretungen. Es erklärt auch, warum die Regierenden quasi stellvertretend für alle Verantwortlichen sich für die Karikaturen entschuldigen sollen. Das verstehen die Menschen im Westen nicht, und das sei die Ursache des Konfliktes. So heißt es in „Selbstkritik macht den Westen stark": „Der Westen vertritt nicht den Gedanken der Kollektivhaftung. Er greift nicht wahllos nach Muslimen irgendwo in der Welt, um an ihnen zu strafen, was andere Muslime anderswo getan oder auch in Gedanken unzureichend getadelt haben." Und in „Verteidigung der Freiheit" heißt es: „In diesen [islamischen; A.G.] Ländern herrscht nun für Westler die Kollektivhaftung. Würde man sich nach diesem barbarischen Prinzip in Deutschland etwa für die Zerstörung des Kulturinstituts in Ramallah rächen, könnte man sich an einer Moschee in Berlin-Kreuzberg gütlich tun oder auch gleich am Dönerverkäufer in derselben Straße." Diese Passage enthält über die anderen Texte hinaus noch eine Bewertung des Kollektiv-Systems: Es wird als *barbarisch* gekennzeichnet, also negativ konnotiert. Als Ergebnis sind im Islam Religion und Staat nicht zu trennen, was die Entstehung einer Demokratie nach westlichem Vorbild verunmögliche. Diesen Kreislauf des ‚Wie du mir, so ich dir', kann, so die Texte unisono, nur der Westen durchbrechen: „Seine Rechts- und Toleranzprinzipien sind keine Quelle der Ohnmacht, sondern die einzige Kraft, mit der sich die globalisierte Gesellschaft der Zukunft friedlich integrieren lässt. Der Westen ist nicht überlegen, weil er stärker, brutaler, durchsetzungsfähiger wäre, sondern weil er über die Kultur der Selbstreflexion und die Institution der Selbstkorrektur verfügt", heißt es in „Selbstkritik macht den Westen stark". Über diese Institution verfügen Gesellschaften nicht, die auf dem Absolutheitsanspruch einer Religion gegründet sind. In fast identischem Duktus und Terminologie äußert sich „Freiheit und Hass": „Solch kritische Selbstbeobachtung im Medium der globalen Öffentlichkeit ist kein Zeichen von Schwäche, sondern von Selbstbewusstsein. Kein Andersgläubiger soll bekehrt und keine Seele missioniert werden. Irgendwann wird sich zeigen, was die größere Faszinationskraft abstrahlt: die Energie der Selbstbeobachtung oder ein religiöser Dogmatismus, dessen Argument darin besteht, niemals zu argumentieren, niemals nachzugeben und sich in heiliger Monotonie zu wiederholen bis zum Jüngsten Tag." Ähnlich endet auch der Ausblick von „Selbstkritik macht den Westen stark": „Die Islamisten haben nicht die Kraft den Westen niederzuwerfen und zu integrieren. Aber wir haben die Kraft, den Islam zu integrieren. Das fürchten die Hassprediger."

In der Frage nach der Integrationsfähigkeit des Islam in nicht-islamische Glaubens- und Herrschaftssysteme laufen die Ergebnisse der Texte in der Zeit auseinander, auch wenn sie sich in der Beschreibung des Ist-Zustandes sehr ähneln. So unterscheidet sich der Schluss von „Islam heißt Staatsreligion" von dem eben zitierten: „Deshalb ist es ein Gebot nüchterner Einsicht, die Hoffnung auf eine multikulturelle Gesellschaft nicht mit dem Traum eines Euro-Islam zu verbinden. Gewiss gibt es Euro-Muslime, die freilich im Kreise ihrer Glaubensbrüder oft argwöhnisch beobachtet werden; einen Euro-Islam kann es nicht geben." Die Attributiv-Verbindung *nüchterne Einsicht* ist die Werbung des Lesers, sich der Konklusion des Textes anzuschließen. Auf der Metaebene, der Analyseebene der Texte, die der Frage nach der Bedeutung des Karikaturen-Streits für die westlichen Gesellschaften und die dort lebenden Minderheiten islamischen Glaubens nachgehen, bedeutet dieses Fazit, dass, von einigen konkreten Beispielen im Alltag abgesehen, die vom Islam und die vom Christentum geprägten Gesellschaftsformen nicht miteinander vermittelbar sind.

Die Topoi des Zeit-Diskurses im tabellarischen Überblick:

Ursachen-Topoi			
Rassismus	Radikalisierung	Unterlegenheit	Stellvertreter

Die Zeit	–	–	2	1

Erklärungs-Topoi		Handlungsaufforderungs-Topoi			
Reflexion	Aufklärung	gegen Selbstzensur	Prinzipien und Respekt	Kampf der Kulturen	Kein Kampf der Kulturen
Die Zeit 3	–	3	5	1	4

9.1.5 Die Welt / Welt am Sonntag

Die Texte in der Welt und der Welt am Sonntag behandeln die Frage nach dem Kampf der Kulturen ausführlich. Die Debatte um die zentralen Thesen Samuel Huntingtons (siehe Kapitel 6) und ihre (Nicht-)Übertragbarkeit auf den Karikaturen-Streit stehen dabei im Mittelpunkt. Dies wird schon an den Überschriften einiger Welt- und Welt-am-Sonntag-Beiträge deutlich: „Kollidierende Kulturen", „Kein Kampf der Kulturen", „Was Huntington wirklich will", „Sich rüsten für den Kampf der Kulturen". In der Unterzeile zu „Der Konflikt ist unvermeidbar" heißt es zudem: „Wieder gelesen: Vor zehn Jahren prophezeite Samuel Huntington den ‚Clash of Civilizations'."

Die beiden kommentierenden Texte „Was Huntington wirklich wollte" und „Der Konflikt ist unvermeidbar" referieren die zentralen Thesen des Buches. Im Artikel „Was Huntington wirklich wollte" beginnt diese Zusammenfassung mit intertextuellen Verweisen auf Artikel, die sich im Karikaturen-Streit bereits der Huntington'schen Thesen als Erklärung bedient haben, um die Frage nach einem Kampf der Kulturen mit Ja oder Nein zu beantworten. Es werden Autoren genannt und Textteile zitiert, die in der Süddeutschen Zeitung, der Financial Times Deutschland und der Welt erschienen sind. Durch diese Nennung wird die Relevanz des Buches von Huntington für die Bewertung des Karikaturen-Streits begründet. Auf der Basis dieses Buches bekunden viele Autoren ihre Einstellung. Huntingtons Thesen gehören in gewisser Weise zum Weltwissen der Leser, seine Thesen wurden in den 90er Jahren des 20. Jahrhunderts ausführlich disku-

tiert. Im Text selber heißt es dazu gleich zu Beginn: „Es vergeht seit dem Auf-
flammen des Karikaturenstreits keine Stunde, in der nicht der Name Samuel P.
Huntington angerufen oder verflucht wird."

Die Zusammenfassung in „Was Huntington wirklich will" zählt die sechs bis
acht kulturellen Zonen der heutigen Welt nach 1989 auf (siehe Kapitel 6) und
hebt den Islam und seine „blutigen Grenzen" hervor. Er nennt die Gründe, die
Huntington für die Entwicklung kulturell begründeter Konflikte benannt hat:
„Erstens bildet die Kultur die Wurzel des Menschen, für die er kämpft. Zweitens
schrumpft die Welt durch Globalisierung, drittens entfremdet der Fortschritt die
Menschen von ihren Wurzeln. Viertens weckt die Machtblüte des Westens den
Neid der militärisch-wirtschaftlich unterlegenen Kulturen, fünftens sind kulturelle Konflikte viel schwerer beizulegen als ideologische, sechstens löst wirtschaftliche Regionalisierung eine Renaissance lokaler Kulturen aus." Aus diesen
Zeilen lesen die Autoren des Artikels, heraus, dass der Clash of Cilizations, den
Samuel Huntington prophezeit hat, nun gekommen ist. „Was Huntington wirklich will" und „Der Konflikt ist unvermeidbar" widersprechen dieser These. „So
wird eher selten vermerkt, dass Huntington bei aller gebotenen Wehrhaftigkeit
des Westens dessen Anspruch auf Universalität seiner Werte für falsch hält und
mit China den Zivilisationskonflikt heraufziehen sieht wie mit dem Islam", heißt
es in „Der Konflikt ist unvermeidbar". Im anderen Text wird die Haltbarkeit der
Prämisse Huntingtons, wonach die Welt heute aus sechs bis acht Kulturzonen
besteht, angezweifelt: „Warum soll es derzeit nur sechs bis acht Kulturen geben?" Somit wird auch die aus dieser Prämisse abgeleitete Konklusion, der her-
annahende Konflikt der Zivilisationen, angezweifelt: „Vom Mond aus betrachtet, mag das schlüssig erscheinen. Schaut man aber ins Detail, zerfällt der Westen in viele Unterkulturen." Das angeführte Beispiel der westlichen Kulturland-
schaft trifft nicht ganz die Aussage des Buches, denn eine einheitliche westliche
Kultur postuliert auch Huntington nicht. Huntington unterteilt den Westen in
verschiedene Sphären, beispielsweise eine südamerikanische oder eine japanische. Japan hat zwar eine andere religiöse Tradition als Europa, wird aber sowohl in der Politik als auch in der Ökonomie der westlichen Lebenswelt zuge-
rechnet. Dennoch nimmt auch der Text „Was Huntington wirklich will" den Politologen gegen eine voreilige Vereinnahmung durch Kulturpessimisten in

Schutz. Wer sich heute auf ihn als den „Propheten" des Zukunftskonflikts (Siehe Untertitel des Textes „Der Konflikt ist unvermeidbar") beruft, verfehlt die Aussageabsicht des Professors. „Zwingend und naturgesetzlich tritt gar nichts von dem ein, was der ‚Kampf der Kulturen' vorhersagt. Die Kraft von Vernunft und Versöhnung ist stärker als die Vergangenheit. Genau das hat Huntington erkannt. ‚In Zukunft wird es keine universelle Zivilisation geben, sondern eine Welt voller unterschiedlicher Zivilisationen, die alle lernen müssen, miteinander zu leben.' Huntington wollte nicht die Generalmobilmachung gegen den Islam, sondern war umgekehrt für die Pflicht, ihn anzuerkennen. Wer sich heute auf ihn beruft, darf diese Idee nicht unterschlagen." Gegen eine Haltung, die Huntington unterstellt, in der westlichen die einzig wahre Lebensweise zu sehen, wehrt sich auch der zweite Text: „‚Unique, not universal', meint er, einmalig, nicht universell sei die westliche Zivilgesellschaft", lesen wir dort.

Den bereits aufgeführten intertextuellen Verweis auf denselben zuvor in der Welt erschienenen Beitrag von Ulf Porschart bringt auch der Text „Wir Schmierfinken!". Er lautet: „Dort, wo sich der Islam wutschnaubend, barbarisch, gewalttätig verhält, ist es die Rolle des Westens, ungerührt seinen Zivilisationsvorsprung auszuspielen. Mit allen Konsequenzen: bis zum Militärschlag gegen die Atomanlagen des Iran." Der Glaube, Menschen des Westens, seien aufgrund ihres „Zivilisationsvorsprungs" gegen Beleidigungen immun, will der Autor als falsch entlarven. „Selten hat ein Ereignis dem Westen seine kulturelle Überlegenheit so eindeutig vorgeführt. Denn wer sich über solch harmlose Karikaturen wie diese so sehr aufregt, dem ist vielleicht wirklich nicht mehr zu helfen." Der ironisierende Duktus weist darauf hin, dass der Autor von dem Gegenteil der Äußerung überzeugt ist. „Endlich sollte auch der Letzte begriffen haben, was für Idioten fundamentalistische Muslime sind." Auch im Westen gab es nämlich bis in die jüngere Vergangenheit Aufwallungen, wenn religiöse Bekenntnisse geschmäht wurden. „Nachdem John Lennon verkündet hat: ‚Die Beatles sind größer als Jesus Christus', wurden ihre Schallplatten öffentlich verbrannt." Auf die Tatsache, dass auch Christen gegen die Verunglimpfung ihres Glaubens empfindlich reagieren, weist auch der Text „Wettbewerb der Religionen" hin: „Wer von Moslems ein Ende ihres Empfindlichkeitskultes verlangt, kann diesen den Christen schlecht zugestehen."

Der Artikel „Kollidierende Kulturen" startet mit einem Verweis auf Huntington, um dann in seinem Verlauf die Ereignisse zu beschreiben und zu bewerten.
„Was dieser Tage zwischen Kopenhagen und dem Gaza-Streifen, Paris und Djakarta, London und Islamabad vor sich geht, scheint eine Ahnung zu geben von
einer Art ‚clash of cultures', dem Zusammenprall zwischen westlicher und moslemischer Kultur und Lebenssicht – zwei parallele Welten, deren eine nicht verstehen kann und will, was der anderen als hohes Gut gilt: den weitreichenden,
wenn auch nicht totalen Vorrang von Meinungs- und Pressefreiheit vor religiösen Gefühlen." Die Referenz auf die Hauptstädte der Welt soll die globale Bedeutung des Karikaturen-Streits verdeutlichen. Dieser Abschnitt legt sich nicht
fest: Er spricht von „einer Art" Kulturkampf und einem „wenn auch nicht tota-
lem Vorrang" und bezieht somit weder in der Frage nach einem Ja oder Nein des
Kulturkampfes noch der Frage der Gewichtung von Meinungsfreiheit und Respekt vor religiösen Gefühlen Stellung. So geht es in dem Text weiter: „Noch
handelt es sich nicht so sehr um einen ‚Kulturkampf' zwischen Europa und dem
Islam als in erster Linie um eine Auseinandersetzung innerhalb der europäischen
Gesellschaften."

„Täglich neu geschürt wird der Konflikt [...] durch die aggressive, von inte-
ressierter Seite auch bewusst inszenierte Resonanz aus der muslimischen Welt"
– mit diesen Worten wird in „Kollidierende Kulturen" deutlich: Die Repräsentanten der maroden politischen Systeme in der islamischen Welt nutzen die Karikaturen, um von der abnehmenden Akzeptanz ihrer Herrschaft abzulenken und
sich gleichzeitig als Schutzherren des Islam und seiner Gläubigen zu installie-
ren. In „Kein Kampf der Kulturen" wird der Stellvertreter-Topos mit dem Radikalisierungs-Topos vermischt: Erst die Imame aus Dänemark, die falsche Karikaturen in der islamischen Welt präsentierten, sind für die Eskalation der Gewalt
verantwortlich. „Einige wenige dänische Moslems haben einige Länder im Nahen und Mittleren Osten besucht und die Flamme des Ressentiments geschürt:
Regierungen, froh und glücklich, ihre Bindungen an den Islam zu beweisen –
und sich so in den Augen ihrer Bevölkerung religiös zu legitimieren –, haben ihren Vorteil in dieser glücklichen Fügung gesucht und sich selbst als Helden der
guten Sachen ins rechte Licht gerückt." Die Radikalisierung der Situation ist
somit nicht durch die Karikaturen selbst erzeugt worden, sondern durch den ver-

antwortungslosen Umgang mit der Brisanz, die diese für muslimische Gläubige haben würde. Die Imame aus Dänemark wussten um diese Wirkung. Der Autor dieses Textes, der umstrittene Enkel des Gründers der islamistischen Muslimbruderschaft, Tariq Ramadan, widerspricht der Behauptung eines Kampfes der Kulturen: „Nein es geht nicht um einen Kampf der Kulturen. Nein diese Affäre steht nicht für eine Konfrontation der Prinzipien der Aufklärung mit denen der Religion. [...] Der Riss, der sich aufzutun scheint, verläuft nicht zwischen dem Westen und dem Islam, sondern zwischen denen, die [...] im Namen einer Religion und/oder einer vernünftigen Vernunft maßvoll erklären können, wer sie sind und für was sie stehen und jenen, die von exklusiven Wahrheiten, blinden leidenschaftlichen Vorurteilen und hastigen Schlussfolgerungen getrieben werden." Diese Argumentation stellt sich gegen das Blockdenken von Kulturkreisen, die unpermeabel nebeneinander stehen: Auch in Europa gibt es Muslime, die im Sinne der Aufklärung zur von Ramadan zuerst genannten Gruppe gehören. Der Text nimmt hier Stellung zu den Muslimen in Europa, zu ihrer Lebensweise und ihrer Haltung zur westlich-freiheitlichen Gesellschaftsform. Im Zusammenhang mit dieser Frage wird oft die Forderung nach der Entstehung eines Euro-Islam verbunden. Der Duktus Ramadans findet sich in sehr ähnlicher Weise in dem Text „Raus aus der Defensive!", der in der Frankfurter Allgemeinen Sonntagszeitung erschienen ist und unter 9.1.6 aufgeführt wird.

Ramadan plädiert für eine gleichrangige Berücksichtigung der Pressefreiheit und dem Respekt vor religiösen Gefühlen: „Wer die Freiheit liebt, der weiß, wie wichtig gegenseitiger Respekt ist und wer die Notwendigkeit einer so konstruktiven wie kritischen Diskussion begreift, muss jetzt Stellung beziehen, sich engagieren und sichtbar in Erscheinung treten." Ramadans Strategie zielt darauf ab, diejenigen, die seiner Argumentation zustimmen, zum Handeln aufzufordern. Der Autor formuliert hier eine Sollen-Aussage.

Der Leitartikel „Wettbewerb der Religionen" beantwortet die Frage nach dem Kampf der Kulturen gleich zu Beginn: „Wenn der Karikaturen-Streit ein ‚Kampf der Kulturen' wäre, dann müsste es in Europa zu massiven Ausschreitungen kommen. Denn auch hier existiert der kulturelle Gegensatz zwischen Islam und Christentum – doch hier mündet er bislang nicht in Gewalt." Die Eskalation der Gewalt, so die Argumentation des Textes, ist vielmehr der desolaten Situation in einigen Ländern mit islamischer Bevölkerungsmehrheit geschuldet. „Die Konfliktlinien im eskalierenden Bilderstreit verlaufen nicht an kulturellen oder religiösen Grenzen. Vielmehr ordnen sie sich geographisch – Schwerpunkt der Attacken ist der Vordere Orient, wenig passiert in Nordafrika –, weiterhin spielen Strategien Syriens und des Iran eine Rolle, zudem scheint es auf die jeweilige Stärke islamistischer Organisationen anzukommen." Mit dem Verweis auf „islamistische Organisationen" wird die Schwäche der politischen Systeme in der islamischen Welt beschrieben. Der Karikaturen-Streit eskaliert sozusagen stellvertretend für die sozialen und politischen Bomben in den betreffenden Gesellschaften.

Der Text „Verletzter Mohammed" greift die Entwicklungen in der islamischen Welt, die zu den politischen Zuständen der Gegenwart geführt haben, auf und verbindet sie mit einer Schuldzuweisung an den Westen. Diese Schuldzuweisung geht mit einem tiefen Gefühl der Unterlegenheit einher. Dieses historisch angelegte Argument wird im Diskurs häufig angeführt zur Erklärung, warum der Streit um die Karikaturen so eskaliert ist: Weil er für die Muslime in der ehemals von europäischen Mächten als Kolonialherren regierten Welt die letzte in einer Reihe von schmerzlichen Demütigungen ist. „Der Sturz aus der Größe, warum die islamische Welt ihre Vormacht verlor, wird aus der tiefen Sohle des gegenwärtigen Entwicklungsstranges als erbitterter Vorwurf an die westliche Welt formuliert, die alles mit der Firnis ihrer Globalisierung überzieht." Aus dieser gefühlten Erniedrigung, so der Text, ergibt sich auch der Rückbezug im Weltbild islamistisch denkender Gläubiger auf die Urzeit des Islam, auf die Zeit, in der der Islam die bestimmende Kraft dieser Weltregion war: „Seine [des Islam; A.G.] Missionsdynamik überwiegt die des Christentums auf allen Kontinenten und verbindet sich in ihrer radikalen Version mit dem Universalanspruch eines künftigen Kalifats. Der Weltanspruch des Kommunismus war demgegenüber leicht zu begreifen, denn er war ein christliches Derivat. Der Traum vom Kalifat, der die Gegensätze innerhalb des Islam mit dem Licht vergangener Vergangenheit verklärt, wird im Westen als Gefahr [...] verstanden." Mit den Einlassungen über das Kalifat nimmt der Text eine Erweiterung des Weltbildapparates und des Weltwissens der Leser vor. Hier wird die These vorgetragen, dass der Islam eine Trennung zwischen politischer und religiöser Sphäre nicht kennt.

Der Kalif, der in seiner Person Judikative, Exekutive und Judikation vereint, ist mit dem Konzept der Gewaltenteilung, wie sie in den westlichen Gesellschaften vorherrschend ist, nicht vereinbar.

In „Kultur der Einschüchterung" wird vom Einknicken westlicher Intellektueller und von „Fällen der Selbstzensur" angesichts islamischer Drohszenarien berichtet. Der Text nennt Beispiele von Lehrern und Erziehern, die resignieren mussten vor der stumpfen und gewaltbereiten Haltung muslimischer Eltern. Der Text kritisiert das Argument, religiöse Gefühle müssten respektiert werden: „So ist die Haltung religiöser Oberhäupter, vom Vatikan bis zu führenden Rabbinern, von eigenen Interessen geleitet. ‚In reichen und entwickelten Ländern', so Renato Kardinal Martino im Gespräch mit der italienischen Zeitung ‚Republica', ‚hat sich eine Arroganz entwickelt, die keinen Respekt mehr vor anderen Kulturen kennt'." Diese Religionsvertreter schürten ein Klima der Einschüchterung, das auf Kosten der Freiheit geht. Dieses Einknicken schade indes den Demokratiebewegungen in der islamischen Welt. „‚Wenn unsere Standards zusammenbrechen und der Angst Platz machen, haben diese Leute absolut keine Chance mehr'", wird ein Intellektueller aus der islamischen Welt zitiert.

Zu dem Beitrag von Botho Strauß, der am 13. Februar 2006 im Spiegel erschienen ist, nimmt der Artikel „Sich rüsten für den Kampf der Kulturen" Stellung. Der Text stimmt mit den Kernaussagen Strauß' überein: „Strauß setzt seine Hoffnung auf einen tiefgreifenden Mentalitätswechsel – um mehr als ein Jahrzehnt später konstatieren zu müssen, dass aus einer säkularen eine ‚geistlose' Gesellschaft geworden ist, die für den drohenden Kampf der Kulturen in keiner Weise gerüstet sei." Vor allem die Begegnung mit Migranten islamischen Glaubens in den Ländern der westlichen Hemisphäre wird dem Welt-Text zufolge die Auseinandersetzung der Zukunft sein. „Mit Spott und Satire könne man dem religiösen Selbstverständnis moslemischer Einwanderer nicht begegnen, die in deutschen Metropolen bald die Mehrheit besitzen würden." Der Text „Unbehagen an der Freiheit", der unter dem Namen des Bundesminister des Inneren, Wolfgang Schäuble, firmiert, stellt ebenfalls die Frage nach dem Miteinander von Menschen mit verschiedenen religiösen Bekenntnissen in Deutschland und spricht dabei explizit die islamische Gemeinde an. Der Karikaturen-Streit wird so zum Lackmustest der Werte, für die Europa steht. „Unsere westliche Gesellschaft ruht auf dem Grundpfeiler der Freiheit. Das ist für uns nicht verhandelbar und darf das auch nicht sein. [...] Wenn es uns nicht gelingt, die berechtigten Bedenken der Menschen gegenüber dem Tempo und den Folgen einer alles entwurzelnden Entwicklung aufzugreifen, kann es geschehen, dass das Unbehagen an der Freiheit in deren offene Ablehnung umschlägt – wie es in den hasserfüllten Demonstrationen gegen Karikaturen geschehen ist." Der Text versteht unter *Unbehagen* das Sich-aneinander-reiben von technischen und zivilisatorischen Machbarkeiten und ethischen Vorgaben, die aus der Tradition ererbt sind. Dieser Konflikt verläuft nicht nur im Bereich des Religiösen, so der Text, sondern auch in anderen gesellschaftlichen Bereichen, wie zum Beispiel in der Arbeitswelt. „So betrachtet handelt es sich geradezu um ein Grundproblem moderner Gesellschaften. Die auf der freiheitlichen Entfaltung des Menschen beruhende Ausweitung seiner Erkenntnis- und Handlungsfähigkeit stößt immer wieder auf ethische, religiöse, politische oder soziale Bedenken." Hier werden die Grundlagen des Konfliktes aus der Sicht des Textes dargelegt und das Weltwissen der Leser erweitert.

Der Respekt vor dem Nicht-Glauben der Unreligiösen gehört ebenfalls in das Portefeuille der freiheitlichen Gesellschaften. Wechselseitige Anerkennung des Anderen – Gläubige und Nichtgläubige – garantieren die Stabilität des Gemeinwesens, so argumentiert „Mohammed und die Gaskammern": „Seit Jahrhunderten mussten Jupiter und Christus, Jahwe und Allah eine Menge Spott wegstecken. Das hindert den wahren Gläubigen jeder Konfession nicht daran, zu glauben, und diejenigen, die nicht glauben, leben zu lassen. Dies ist der Preis des religiösen Friedens." In diesem Kontext wird die Satire als legitimes Ausdrucksmittel verstanden. Das sah auch der deutsche Presserat so. Die Welt druckte dessen Entscheidung, nicht zuletzt in eigener Sache, denn das Blatt hatte die Muhammad-Karikaturen selbst nachgedruckt. In der Entscheidung heißt es: „„Die bildlichen Darstellungen greifen das zeitgeschichtlich aktuelle Thema ‚religiös begründete Gewalt' mit den für Karikaturen typischen Mitteln auf. [...] Dabei werden weder die Religionsgemeinschaft, noch ihr Stifter und ihre Mitglieder geschmäht oder allgemein herabgesetzt."

140

„Allah ist nicht Gott" ist ein Beitrag, der im Feuilleton der Welt erschienen ist und sich den Verschiedenheiten im Glauben von Islam und Christentum widmet. Das Weltwissen des Lesers wird in diesem Falle theologisch erweitert. Dabei konstatiert der Text, dass die Verschiedenheit der beiden monotheistischen Religionen von ihren theologischen Grundüberzeugungen bis hin zu den Fragen der täglichen Lebenspraxis reicht. Der Karikaturen-Streit habe diese Verschiedenheit erst jetzt deutlich hervortreten lassen: „Denn mit der verstärkten islamischen Präsenz im Westen und der Wucht der Reaktionen auf die dänischen Mohammed-Karikaturen treten die in geduldiger Arbeit herausdestillierten Gemeinsamkeiten in den Hintergrund." Das Fazit des Textes: „Allah ist eben doch nicht Gott."

Die Topoi des Welt/WamS-Diskurses im tabellarischen Überblick:

Ursachen-Topoi			
Rassismus	Radikalisierung	Unterlegenheit	Stellvertreter
Welt / WamS —	1	3	3

Erklärungs-Topoi		Handlungsaufforderungs-Topoi			
Reflexion	Aufklärung	gegen Selbstzensur	Prinzipien und Respekt	Kampf der Kulturen	Kein Kampf der Kulturen
Welt / WamS —	—	3	5	3	4

9.1.6 Frankfurter Allgemeine Zeitung / Frankfurter Allgemeine Sonntagszeitung

Die Texte in der Frankfurter Allgemeinen Sonntagszeitung heben das Thema ,Karikaturen-Streit', ähnlich wie die Texte der Zeit, auf eine Metaebene, indem sie nach der Bedeutung des Konflikts für das Zusammenleben von Muslimen und Nicht-Muslimen jenseits der konkreten Ereignisse der außersprachlichen Wirklichkeit fragen, während die Texte aus der täglich erscheinenden Frankfurter Allgemeinen Zeitung immer den Verweis auf die Entwicklung in der außersprachlichen Wirklichkeit beinhalten.

Die Entwicklungen des Kontextualisierungszusammenhangs sind verbunden mit den Einstellungsbekundungen der Autoren. So beschreibt der Text „Der dänische Januskopf" im Kontext der Eskalation des Karikaturen-Streits die innenpolitische Situation in Dänemark: „Die dänischen Rechtspopulisten zählen zu den wenigen Siegern der Gewaltwelle, die nach der Veröffentlichung von Mohammed-Karikaturen die islamische Welt durchzieht."

Der Vorwurf des Rassismus, der in diesem Text formuliert wird, bezieht sich auf die rechtsgerichtete Dänische Volkspartei, die das Regierungsbündnis von Premierminister Rasmussen ermöglichte, und deren Positionierung vor und während des Karikaturen-Streits. Die rechtsradikale Grundierung der Parteien-Politik wird als Nährboden verstanden, auf dem Auswüchse wie die Muhammad-Karikaturen erst möglicht wurden.

Diese Behauptung findet sich in dieser Intensität vor allem in der Berichterstattung der FAZ. Man kann von einem Topos im Diskurs dieses Blattes sprechen. Dieser Rassismus-Topos besagt: Weil die politische Stimmung in Dänemark rassistisch gegen Muslime gewandt war, wurde es erst möglich, solche Schmäh-Karikaturen über Muhammad zu drucken. Dabei dient der Verweis auf die erfolgreiche Dänische Volkspartei, die „in den jüngsten Umfragen den höchsten Stand seit fünf Jahren" erreicht hat, als Beleg für die Richtigkeit der im Rassismus-Topos aufgestellten Prämisse.

Der Text „Der dänische Januskopf" untermauert diese Prämisse durch einen Verweis auf jüngere Entwicklungen in der dänischen Innenpolitik: „Begonnen hat die vor zehn Jahren gegründete Partei [die Dänische Volkspartei; A.G.] – ein Vorläufer wurde in den siebziger Jahren gegründet – mit dem Protest gegen eine erdrückende Steuerlast. Bald kamen nationalistisches und pietistisches Gedankengut hinzu. Die Souveränität des dänischen Volkes, das dänische Kulturerbe, die Monarchie, die Volkskirche sowie Gesetz und Ordnung sind Grundwerte des Parteienprogramms." Im Hinblick auf die rassistische Ausrichtung der Partei heißt es: „Immer wieder will die Dänische Volkspartei die ohnehin strengen Einwanderungsgesetze weiter verschärfen, mal durch obligatorische DNA-Tests für Einwanderungswillige [...], mal durch die Festlegung einer Obergrenze für Einwanderer und jetzt mit dem Vorschlag, radikale Imame aus Dänemark auszuweisen." Dabei, so der Text, stehe vor allem der Prediger Abu Laban, der die Karikaturen in die islamische Welt mitgenommen und damit Stimmung gemacht hat, im Kreuzfeuer der Kritik: „Die islamische Glaubensgemeinschaft bezeichnet sie [die Dänische Volkspartei; A.G.] als mafiose fünfte Kolonne, die von er-

bärmlichen, lügnerischen Männern mit einer abschätzigen Meinung zu Demokratie und Frauen geleitet werde. Ihr Führer, Abu Laban, der möglichst als erster
aus dem Land gewiesen werden sollte, sei ein Lügner und verstecke sich in einem Trojanischen Pferd." Die Attribuierung der Angehörigen der islamischen
Glaubensgemeinschaft als *mafios*, *erbärmlich* und *lügnerisch* wird vom Autor
zur Kennzeichnung der negativen Einstellung in Teilen der dänischen Bevölkerung herangezogen. Zweifellos sind alle diese Attribute negativ konnotiert. In
der Rhetorik der rechten Partei steht das *Trojanische Pferd* für die Auslän-
der/Muslime, die nach Dänemark kommen. Diese Gruppe trägt in ihrem Inneren, wie das antike Vorbild, eine zerstörerische Gesinnung, die bereit ist zum
kriegerischen Handeln. Was einst zum Untergang der Stadt Troja führte, wird
heute zum Untergang Dänemarks führen.

Mit der Person und dem Verhalten Abu Labans, der in diesem Text Erwähnung findet, wird im Diskurs der FAZ ein weiterer Topos verbunden: Der Radikalisierungs-Topos. Dieser Topos beruht auf der Annahme, dass es zu den gewaltsamen Ausschreitungen in der islamischen Welt nur durch eine Imam-
Delegation aus Dänemark, die in Abu Labans Auftrag ihre Reise angetreten hatte, gekommen sei. Abu Laban habe diese Delegation mit Karikaturen auf die
Reise geschickt, die niemals in Jyllands Posten erschienen waren. So heißt es in
„Zu Besuch bei Abu Laban": Abu Laban „kramt das Dossier hervor, mit dem er
im Dezember eine fünfköpfige Delegation losgeschickt hat. Die ‚Akte zu den
Bildern des Propheten Mohammed' enthält nicht nur die Zeichnungen aus der
‚Jyllands-Posten'. Es gibt eine weitere Seite aus einer anderen Zeitung, die Dar-
stellungen versammelt, die den Islam herabwürdigen. Das Foto des Mannes mit
Schweinenase und Schweineohren ist auch dabei, von dem wir wissen, dass es
mit Mohammed nichts zu tun hat. Es zeigt einen Mann, der in Südfrankreich auf
einer Landwirtschaftsmesse an einem Schweine-Qiek-Wettbewerb teilgenom-
men hatte." Der Verweis auf „Das Foto des Mannes mit Schweinenase und
Schweineohren" scheint ein intertextueller Bezug zu sein. Dieses Foto ist im
Diskurs anscheinend an anderer Stelle bereits erwähnt worden, denn es wird ohne erklärende Ergänzung eingeführt. Der Autor geht davon aus, dass die Leser
etwas mit der bloßen Erwähnung anfangen können, bevor er sie über dessen
wahren Ursprung aufklärt. In der Tat hieß es bereits in einem Bericht in der FAZ

vom 10. Februar unter der Überschrift „Falsche Karikaturen vorgelegt": „Einer der islamischen Schriftgelehrten, die auf einer Rundreise durch den Nahen Osten Mohammed-‚Karikaturen' angeprangert hatten, hat zugegeben, dass es sich dabei nicht nur um die zwölf Zeichnungen handelte, die in Dänemark erschienen waren. Der Imam Ahmed Akari sagte dem Sender BBC, sie hätten weitere Karikaturen gezeigt, von denen sie geglaubt hätten, dass sie von ‚Extremisten' stammten. Die Nachrichtenagentur AP protestierte derweil dagegen, dass dabei eines ihrer Bilder missbraucht wurde. Die Imame hatten behauptet, das Bild zeige einen Mann, der den Propheten als Schwein verulkt. Tatsächlich zeigt es einen Mann, der auf einer Landwirtschaftsmesse in Südfrankreich an einem ‚Schweine-Quiekwettbewerb' teilnimmt." Auch der Text „Wir schreiben Geschichte" aus der Feder desselben Autoren nimmt Stellung zu den falschen Karikaturen: „Das vierzigseitige Dossier, das Abu Laban seiner Delegation für den Nahen Osten mit auf den Weg gegeben hatte, enthielt nicht nur die zwölf Mohammed-Karikaturen der ‚Jyllands Posten', sondern auch Abbildungen, die Abu Labans Organisation in Drohbriefen zugeschickt worden seien." Der in diesen Beispielen formulierte Radikalisierungs-Topos besagt: Hätte die islamische Delegation des Abu Laban die Zeichnungen der Jyllands-Posten nicht um schärfere und verletzendere ergänzt, wäre der Konflikt nie eskaliert.

In anderen Texten wird an dieser Stelle auf eine Zeichnung verwiesen, die einen Muslim zeigt, der bei dem Gebet von einem Hund begattet wird. Dieses und die bereits genannten Beispiele dienen der Plausibilisierung des Radikalisierungsarguments. Beide, der Rassismus- und der Radikalisierungs-Topos, erläutern den Konflikt aus der dänischen Perspektive.

Auf der Metaebene werden im Diskurs der FAZ und der FASZ die Fragen nach Selbstzensur, Meinungs- und Pressefreiheit und dem Respekt vor religiösen Überzeugungen thematisiert. In seinem Gastbeitrag für die Frankfurter Allgemeine Sonntagszeitung prangert der Bischof von Augsburg, Walter Mixa, den Verlust des Respekts vor den Überzeugungen anderer an: „Wenn Gottlosigkeit und Verlust an Respekt vor absolut geltenden Prinzipien (auch wenn es ‚nur' die der anderen sind) das letzte Resultat der aufgeklärten Gesellschaft sein sollen – dann gnade uns Gott!" Gerade religiöse Überzeugungen bedürften eines besonderen Respekts, wenn sie ins Verhältnis zur Meinungs- und Pressefreiheit gesetzt werden. „Die westlichen Gesellschaften rühmen sich berechtigterweise der Presse- und Meinungsfreiheit. Doch eine absolute Freiheit gibt es nicht, schon gar nicht in der Presse oder die der Meinung. Diese Freiheit kann nur als ein sekundäres Prinzip verstanden werden. Sie muss sich an Prinzipien orientieren, von denen sie sich ableitet: der Menschenwürde und der damit zusammenhängenden religiösen Würde." Analog wie die Texte in der Zeit, die durch das Zusammenspiel von *Prinzipienfestigkeit* und *Respekt* künftige Konflikte vermeiden wollen, äußert sich Mixa. Die „Menschenwürde" (Meinungs- und Pressefreiheit) und die mit ihr elementar verbundene „religiöse Würde" (Respekt) des Menschen sind in ihrer Gesamtheit schützenswert, weil sie die eine menschliche Natur in ihrer Würde begründen. Dieses Argument hatte bereits in anderer Terminologie der Text „Wo keine Last ist, da lässt sich nur schwer lästern" in der Zeit formuliert. Dort heißt es zum Schutz religiöser Bekenntnisse in den Gesetzestexten säkularer westlicher Staaten: „Einen besonderen Straftatbestand gibt es nur deshalb, weil religiöse – oder atheistische – Überzeugungen tiefer und verletzlicher in der Persönlichkeit, um nicht zu sagen: in der Seele des Einzelnen verwurzelt sind. Sie verdienen daher einen sensibleren Umgang und Schutz als ‚gewöhnliche' Meinungen."

Dieses „tiefere Verwurzelt sein" liegt für den Theologen Mixa in der Menschenwürde begründet. „Dieses Heilige hat absolute Würde, an welcher der Mensch partizipiert; dessen Verletzungen verletzt auch den Menschen und seine Gefühle." Zum Begriff des Heiligen hieß es bereits in Kapitel 2: Das Heilige „ist zentrale relig. Wesensbestimmung u. der religiösen Erfahrung nur in numinosem Erschauern u. beseligender Ahnung fassbar". Das religiöse Erleben wird somit der direkten empirischen Überprüfung entzogen. Der Respekt vor diesem im religiösen Vollzug erlebten Heiligen ist als intimer Akt zwischen der Gottheit und dem Menschen deutbar. Das Heilige wird hier in dem Sinne verstanden, wie es die Lexika in Kapitel 2 herleiten haben. Der Respekt vor Gott ist demnach von einer anderen Qualität als der, den man einer sichtbaren Person entgegen bringt.

Beide Texte formulieren im Hinblick auf den Respekt vor dem Religiösen denselben Gedanken: Weil religiöse Gefühle elementarer zur Identität und dem Lebensvollzug des Menschen gehören als andere, müssen diese auch anders (überhaupt/besser) geschützt werden als andere Gefühle. Dieses Argument ist Teil des Prinzipien-und-Respekt-Topos, weil es versucht, den Begriff des Respekts mit dem für die europäische Moderne so wichtigen Begriff der Menschenwürde zu verbinden und in seinem innersten Kern mit der religiösen Würde zu koppeln. Dieser Würde sind die Werte der Meinungs- und Pressefreiheit – und darin geht der vorliegende Text über die Bestimmung in der Zeit hinaus – nicht ebenbürtig, sondern von dieser abgeleitet. In jedem Fall werden hier der Menschenrechtsgedanke, die Meinungsfreiheit und die Gedankenfreiheit im selben Atemzug genannt wie der Respekt vor religiösen Gefühlen. Dieser Respekt darf für sich den Rang eines Werts beanspruchen, der im Bereich der unveräußerlichen Grundrechte angesiedelt ist.

Einen christlichen Ursprung der europäisch-freiheitlichen Idee der Neuzeit postuliert auch der Text „Vom fordernden Christentum". Im Sinne des Aufklärungs-Topos wird hier der europäische Freiheits-Begriff erläutert, der für den Autoren in der Diskussion über Meinungs- und Pressefreiheit mit angefragt wird: „Groß steht der kleine Mensch Gott gegenüber. Er kann wählen, also ist er frei, im Prinzip – ein Prinzip, dessen universelle Anwendung auf alle menschlichen Wesen der Dynamik des Christentums selbst entsprungen ist. Dass es keinen Sklaven geben soll, ist eine Erkenntnis, die sich unter den Religionen die christliche erarbeitet hat." Der Aufklärungs-Topos ist zentral in den Texten der FAZ vertreten. Er verdeutlicht in dieser Dichte die im methodischen Apparat dargestellte Auffassung, dass die vorhandene Weltsicht des Lesers die Grundlage ist, auf der neue Fragestellungen und Themen abgearbeitet werden. So wird zur Frage der Zulässigkeit von Satire in „Mohammeds Münze" ebenfalls auf der Grundlage der europäischen Geistesgeschichte argumentiert: „Kulturhistorisch betrachtet sind die Zeichnungen Teil einer mehrere hundert Jahre alten europäischen Tradition der religiösen und politischen Satire, einer Tradition, die sich traditionell gegen uns und unsere eigenen religiösen und nationalen Symbole richtet – nicht gegen fremde Kulturen und schon gar nicht gegen eine Minorität." Die Meinungsfreiheit, deren Ausdruck die Satire ist, ist konstitutiv für die Freiheit der Gesellschaften, in denen sie erlaubt ist: „Denn ein hohes Maß an Meinungsfreiheit ist letzten Endes ein ganz essentielles Werkzeug im Kampf gegen Unterdrückung und Diskriminierung – ob man nun Christ oder Moslem ist, in Arhus wohnt oder in Mekka."

Dem Zusammenklang von menschlicher Freiheit und der Achtung religiöser Würde schließt sich auch der Text „Unsere Freiheit" an: „Dem wird man nur mit jener Mischung aus Standhaftigkeit und Augenmaß begegnen können, die die europäische Tonlage der vergangenen Tage bestimmt hat: Betonung der (Presse-) Freiheit, Ablehnung von Gewalt, aber auch Verständnis für die religiösen Gefühle anderer." Der Text verknüpft diese Aussage mit der außersprachlichen Wirklichkeit: Er bezieht sich auf die Reaktion aus den europäischen Institutionen, die sich zum Karikaturen-Streit geäußert haben. Ebenso verfährt der Artikel „Freiheit oder Respekt? Die Unesco streitet über Grundwerte". Hier werden die offiziellen Äußerungen europäischer und internationaler Einrichtungen daraufhin überprüft, ob durch sie der Vorrang westlicher Werte und Überzeugungen relativiert wird, um die islamischen Akteure im Karikaturen-Streit zu beschwichtigen. „Die EU reagierte mit einem Gegenentwurf, der den Akzent vom Respekt des Glaubens auf die Freiheit der Meinungsäußerung zurückversetzte. [...] Die Vertreter Europas blieben hart in den Grundprinzipien." Hintergrund der europäischen Debatte, der Verweis auf die außersprachliche Wirklichkeit, ist ein Dokument der Islamischen Konferenz (OIC), das unterstützt „von China, Indien, Südafrika, Venezuela im Exekutivrat der Unesco" auch die Zustimmung der Europäer erhalten sollte. Diese Zustimmung haben die Europäer und auch die Amerikaner verweigert. Der „Gegenentwurf" illustriert die Linie der westlichen Staaten: „Das Ergebnis hat den Seltenheitswert einer Kompromisslösung, die verblüfft. Sie erlöst die Debatte aus dem Dilemma von Freiheit wider Respekt. Statt die freie Meinungsäußerung am Gebot des Respekts anderer Überzeugungen auffahren zu lassen, stellt sie diese selbst unter den Schutz der Freiheit." Innerhalb der Argumentationslinien des Prinzipien-und-Respekt-Topos ist dies eine diplomatische Lösung, die die beiden Werte Meinungsfreiheit und religiösen Respekt unter dem Dach der Freiheit zusammenbringt. Beide sind demnach gleichwertig und müssen sich im gesellschaftlichen Vollzug aneinander abwägen. Die Medien sollen demnach als „Vektoren" dieses Prozesses fungieren. „Sie sollen ruhig spotten, aber mit dem Anliegen eines differenzierten Urteils, nicht eines Vorurteils."

Hier ist festzuhalten, dass die Texte, deren Argumentation von diesem Gedanken getragen werden, die Ursache des entstandenen Konflikts benennen wollen, ohne dabei eine bestimmte gesetzliche Lösung dieses Problems für die Zukunft anzubieten oder einzufordern. Auch die Erklärung der Unesco äußert sich nicht zu einer möglichen Verschärfung der Gesetzgebung. Als Reaktion auf den Karikaturen-Streit gab es nämlich auch die Forderung, beispielsweise von der bayerischen Staatsregierung, den im Strafgesetzbuch verankerten Gotteslästerungsparagraphen zu verschärfen.

Im innereuropäischen Diskurs stehen nach diesem Topos Respekt und Meinungsfreiheit auf derselben Stufe. Im Diskurs innerhalb der islamischen Gesellschaften wird die Einschränkung der einen zugunsten des anderen gefordert. So heißt es in „Bild um Bild": „Es gibt zwei Prinzipien, die in dem Streit um die Mohammed-Karikaturen der dänischen Zeitung ,Jyllandsposten' allgemeine Geltung beanspruchen: die Pressefreiheit und die Achtung von religiösen Gefühlen. Ob und in welchem Maße die eine oder andere oder beide zur Rechtsnorm werden, entscheidet jeder Staat für sich allein. Aber eine Gesellschaft, die Pressefreiheit zugunsten der Religiosität einschränkt, darf sich jedenfalls nicht frei nennen." Die von den Herrschern islamischer Länder eingeforderte Bestrafung der verantwortlichen Redakteure und das geforderte Verbot von Religions-Karikaturen legen nahe, dass den westlichen Begriffen der Freiheit und der Würde des Menschen im Islam eine andere Vorstellung gegenübersteht. Hier wird pointiert dargestellt, dass bei der Bewertung des Konflikts und der Vermeidungsstrategien künftiger Zusammenstöße beide Parteien („der Westen", „der Islam") von verschiedenen Ausgangspunkten aus argumentieren. Hier fordern einige der Texte ein klares Bekenntnis zum Weg der freien Gesellschaft. Im Text „Raus aus der Defensive!" kommt in diesem Kontext wieder das Reflexions-Topos zum Tragen: „Das wirksamste Instrument, über das der Westen verfügt, ist die kritische, öffentliche Selbstreflexion." Das kritische Nachdenken, das das Einstecken können von harscher Kritik einschließt, ist demnach die beste Prävention gegen das Entstehen eines rigiden Dogmatismus.

In einem ganz anderen Sinn als in „Die Christen müssen den Glauben mutiger vertreten" argumentiert der Beitrag „Vom fordernden Christentum": „Das Argument ist fast immer dasselbe: Gewiss seien Meinungs- und Pressefreiheit ein hohes Gut – doch dürfe dieses nicht dazu missbraucht werden, gläubige Menschen gleich welcher Divination in ihrem Gefühl für das Heilige zu verletzten."

Nun wird der Prinzipien-und-Respekt-Topos verworfen: „Alle diese Warnungen sind im Grunde defensiv, denn sie gehen davon aus, dass der Glaube nicht etwas Starkes, sondern etwas Schwaches ist. Etwas, das geschützt, das eingehegt werden muss, das von alleine in der rauen Welt untergehen müsste." Gott wäre nicht mehr Gott, wenn er durch menschliche Gesetze geschützt werden müsste. Vielmehr sollen die Gläubigen durch das offensive Auftreten für ihren Glauben werben. Dieses offensive Vorgehen fordern die Texte von religiösen Menschen insgesamt, von Christen und Muslimen. So heißt es in „Vom fordernden Christentum": „Das Christentum hat nicht nur das Licht der Weihnacht, sondern auch zugleich das Licht der Vernunft in die Welt gebracht. Die Welt bewegt sich nicht in endlosen Zyklen, sondern ins Offene: Es gibt Zukunft, gibt Fortschritt, man kann die Welt verbessern. Wenn sich nicht alles ewig wiederholt, dann zählt jeder Schritt. Dann zählt auch der einzelne." In „Raus aus der Defensive!" fordert der Autor von den Muslimen, die in Europa leben, sie sollen sich von ihren gewaltbereiten und radikalen Glaubensgeschwistern absetzen: „Denn die Millionen europäischer Muslime verharren in diesem Kampf noch zu oft stumm zwischen den Fronten." Die religiösen Menschen sollen das positive Potenzial ihrer Traditionen nutzen und mit ihrem Leben neu ins Werk setzen. Diese Bewegung nach vorne konterkariert die defensiven Forderungen nach dem Schutz der Gottheit vor frevelhaften Menschen durch Gesetze. Hier schimmert die Frage nach der möglichen Gestalt eines europäischen Islam, eines Euro-Islam, durch Die Frage nach einem Islam europäischer Prägung, aufgeklärt und die freiheitliche Grundordnung akzeptierend, kehrt bisweilen wieder und ist eng mit der Frage nach einer islamischen Aufklärung (Aufklärungs-Topos) verbunden: Wenn der Islam sich in die freien säkularen Gesellschaften des Westens integriert, garantiert er dort die Stabilität der Gesellschaft und in der islamischen Welt die Entwicklung zu mehr Freiheit und Demokratie. Dies setzt freilich die Prämisse voraus, dass Islam und Demokratie kompatibel sind. Diese Wechselwirkungen beschreibt „Vorbilder für Europa gesucht": „‚Sollte die Diaspora in Europa, wie es einst jedermann klar war, einen modernen, kritischen, demokratischen Islam hervorbringen, würden die islamistischen Regime im Nahen Osten fallen müssen'."

In „Raus aus der Defensive!" heißt es zur Positionierung der islamischen Minderheitsgemeinden und zu den Bedingungen der Entwicklung eines Euro-Islam: „Deutsche, Europäer können am besten deutlich machen, wo die Kampf-linie verläuft: keineswegs zwischen Christen und Moslems, Arabern und Wei-ßen, Türken und Juden, sondern zwischen Mördern und Demokraten."

Für die Frankfurter Allgemeine Zeitung und die Frankfurter Allgemeine Sonntagszeitung ist die Frage nach einem Ja oder Nein des Kampfes der Kultu-ren, anders als im Diskurs der Welt und der Welt am Sonntag, weniger zentral wie die nach einer gelingenden Integration bzw. der Herausbildung eines Islam europäischer Prägung.

Die Topoi des FAZ-FASZ-Diskurses im tabellarischen Überblick:

	Ursachen-Topoi			
	Rassismus	Radikalisierung	Unterlegenheit	Stellvertreter
FAZ / *FASZ*	4	3	–	–

	Erklärungs-Topoi		Handlungsaufforderungs-Topoi			
	Reflexion	Aufklärung	gegen Selbstzensur	Prinzipien und Respekt	Kampf der Kulturen	Kein Kampf der Kulturen
FAZ / *FASZ*	2	1	–	4	1	1

9.1.7 Süddeutsche Zeitung

In den Beiträgen der Süddeutschen Zeitung nimmt die Frage nach der Presse-freiheit und dem Wesen der Satire einen zentralen Platz ein. Im Gegenzug fra-gen die Texte, welchen Stellenwert das religiöse Gefühl einnehmen kann, das sich auf die nicht verifizierbaren Behauptungen von Glaubenswahrheiten stützt. Ein solcher Dogmatismus, der in Europa durch die Aufklärung überwunden zu sein schien, könnte wiederum zur Gefahr für die Gesellschaft werden. So heißt es in „Die beleidigten Götter" im Rückgriff auf den Aufklärungsphilosophen Voltaire: „In schöner Klarheit warnt der europäische Gesamtvoltaire vor religiö-sem Terror und vor der Bedrohung der Demokratie durch religiöse Dogmen. Es ist dies eine sehr berechtigte Warnung vor dem Drang von Heilslehren, den öf-fentlichen Raum nach der eigenen Glaubensüberzeugung auszurichten." Im

Hinblick auf den Islam rückt dabei bisweilen die Frage nach einem Euro-Islam in den Mittelpunkt, die Frage nach einem Islam, der in der Lage ist, die neuzeitlich-europäischen Parameter der Kritik und der Reflexion in sein theologisches Konstrukt und seine Sicht von der Wirklichkeit zu integrieren und eben nicht einem rigiden Dogmatismus zu verfallen. In „Ein Imam erntet Sturm", heißt es in diesem Sinne, die Muslime „in Europa wünschten sich eine Religion, die zu den Ländern passe, in denen sie leben – also einen schwedischen, einen dänischen, einen deutschen Islam". Die Stimme der Moderaten müsse gestärkt werden, so der Tenor der Texte. Dabei ist wichtig, dass der Islam in den Gesellschaften des Westens lerne, Institutionen zu bilden, mit repräsentativer Stimme für die Muslime zu sprechen. Dazu heißt es in „Die Kunst, aneinander vorbeizureden": „Das liegt in der Natur des Islam, sich Vereinheitlichungen und starren Strukturen zu widersetzen, sagen die Verteidiger des Status quo. Doch wenn Streitfragen wie die Mohammed-Karikaturen auftauchen, fehlt eben einer, der das Richtige sagt – und vor allem gehört wird."

Die Artikel in der Süddeutschen Zeitung geben ein gewisses Missfallen über die Karikaturen kund. Dieses Missfallen richtet sich nicht generell gegen Satire, sondern gegen die Qualität der vorliegenden Muhammad-Karikaturen: „Die Pressefreiheit ist ein großer Strom – wie der Rhein, die Donau oder der Nil. Nicht alles, was da treibt, ist kostbar." Eine gute Satire lebe zudem von der Provokation, die ebenfalls mal gut mal weniger gut eingesetzt werde. So heißt es in „Das Bild des Propheten": „Am Ende obliegt es der Sensibilität der Redakteure, ob sie ihre Werkzeuge der Provokation einsetzen wollen. Auch wenn es möglicherweise nicht von Weitsicht zeugt – verboten ist es nicht." Die Satire ist ein Teil des freien Ausdrucks der Presse: „Die Pressefreiheit trägt wertvolle und wertlose Artikel, sie trägt anständige und anstößige Fotos, sie erträgt langweilige und provozierende Karikaturen. Pressefreiheit unterscheidet nicht nach Qualität, sie darf es nicht, weil sonst der, der über die Qualität urteilt, nach seinem Gusto den Schutz der Pressefreiheit gewähren oder entziehen könnte" („Das Bild des Propheten"). In einer Kultur des freien Wortes und der freien Wahl haben die Rezipienten die Möglichkeit, sich aus ihrer Sicht beleidigender Satire zu entziehen: „Denn Satire darf schlecht sein. Dafür gibt es den Ausknopf am Fernseher", heißt es in „Auch wir können beleidigt sein".

Im Diskurs der SZ wird deutlich, dass der Verweis auf die Freiheit der Satire in der Presse und das Vertrauen in die Abwägbarkeit der Provokationsreichweite in einer Gesellschaft, in der eine Gruppe das Ertragen von Satire noch nicht erlernt hat, an Grenzen stößt. In „Religion und Respekt" heißt es: „Es gibt indessen Probleme, die sich in der Praxis nicht lösen lassen, indem man auf die Grundrechte pocht oder Tribunale einsetzt, wohl aber durch gesunden Menschenverstand, Rücksicht auf die Gefühle Andersdenkender, guten Geschmack und altmodische Höflichkeit." Eine echte „multikulturelle Gesellschaft", so der Text, nimmt Rücksicht auf diese Gefühle und verzichtet auf Karikaturen mit religiöser Thematik: „Gerade deshalb ist die Provokation nicht die rechte Art der Auseinandersetzung mit dem radikalen Islam." Die SZ formuliert in gleicher Weise wie die anderen bislang untersuchten Tageszeitungen die Forderung, den Prinzipien der Aufklärung bei gleichzeitiger Achtung des Anderen und seiner religiösen Überzeugung treu zu bleiben.

Die Karikaturen haben die Qualität, die Muslime zu radikalisieren und in Opposition zum Freiheitsangebot in der westlichen Gesellschaft zu bringen, weil in der Wahrnehmung der Muslime sich diese Freiheit gegen sie wendet. In diesem Sinne äußert sich auch „Die Macht der Zerrbilder". In diesem Text kommt der Hamas-Führer Machmud al-Sahar zu Wort. Seine radikale Gruppe ist eine der Gewinner innen des Karikaturen-Streits. Die Islamisten „wissen, dass der politische Islam auf dem Siegeszug ist. Der Karikaturenstreit spült klarstes Wasser auf ihre Mühlen. ‚Die Bilder haben den empfindlichsten Nerv der Muslime getroffen. Die Verantwortlichen müssen ihr Bedauern zeigen. Die Menschen im Westen müssen ihr Denken ändern'."

Auch der Text „Geltung und Vergeltung" spricht von gesundem Menschenverstand und der Rücksicht auf die Gefühle Andersdenkender: „Jeder bestimmt nach seiner Facon, wo die Grenze der Meinungsfreiheit verläuft und wo Beleidigung anfängt. Diese Relativität des Umgangs mit Meinungsfreiheit kann man, wenn überhaupt, nicht mit Hilfe eines Entweder-Oder korrigieren, sondern nur mit der Anwendung des so genannten ‚common sense'." Dieser „common sense" kann aber nur begrenzt einen Konflikt über Kulturgrenzen hinaus vermeiden, heißt es in „Geltung und Vergeltung": „Doch die Empfindlichkeit der verschiedenen Gesellschaften erweist sich sogar unter Anwendung derselben

Regel als relativ. In der christlichen Welt hat man mittlerweile gelernt, Antisemitismus nicht zu tolerieren, antimuslimische Äußerungen werden dort jedoch
anders bewertet. In der muslimischen Welt ist der extremste Antisemitismus
gestattet, keineswegs aber sind islamkritische Meinungen erlaubt."

Im Diskurs der Süddeutschen Zeitung taucht der Verweis darauf auf, dass
auch die islamische Kultur eine eigene satirische Tradition hat. So erweitert beispielsweise der Text in „Hassbilder und Massenhysterie" das Weltwissen der
Leser durch folgende Worte: „Jeder, der sich nur ein wenig mit orientalischen
Literaturen auskennt, weiß, dass es darin nur so wimmelt von Narren, die alles,
wirklich alles in den Schmutz ziehen, inklusive Gott, die Mullahs, die Herrscher
sowieso (wobei die Propheten – alle Propheten – tatsächlich weitgehend davon
ausgenommen sind)." Die Muhammad-Karikaturen können deshalb, auch wenn
die islamische Literatur Satire kennt, nicht satirisch aufgefasst werden. Der ü-
berzogene Umgang mit dem Propheten wird von den Gläubigen als Beleidigung
und Demütigung aufgefasst. Diese Wahrnehmung ist für Muslime im islamischen Kulturkreis die Fortführung der Demütigungen, die man von der westlichen Welt in den letzten 200 Jahren immer wieder erfahren habe. So heißt es in
„Die Macht der Zerrbilder": „Der vielschichtige Streit dreht sich nicht um religiöse Gefühle allein: Er hat auch eine polit-psychologische Stellvertreterfunktion [Stellvertreter-Topos; A.G.]. Er ist das Ventil, aus dem aufgestaute Wut und
Frustration entweichen können." Der Text fährt fort mit aktuellen Beispielen,
die illustrieren sollen, wo die Eigenständigkeit der Menschen in der islamischen
Welt vom Westen nicht respektiert werde. „Im Irak ist Krieg, der Prozess gegen
Saddam Hussein wird als Siegerjustiz verstanden. Der Westen streitet mit Iran
um das Atomprogramm, was als neokoloniale Bevormundung fehlinterpretiert
wird. Der demokratische Sieg der Hamas soll plötzlich keine Gültigkeit haben."
Das Fazit des Beitrages: „Es geht für viele Muslime um das, was sie als ‚Demütigung' durch ‚den Westen' erleben." In dieselbe Kerbe schlägt auch der Artikel
„Es und Mohammed", der ein Konferenzbericht ist: „Der Beiruter Philologe Ha-
schem El Ayoubi etwa listet die viel beklagten westlichen ‚Doppelstandards'
von Palästina bis Guantanamo auf." Das Gefühl der Erniedrigung durch den
Westen ist ein sehr präsentes Gefühl in den Gesellschaften der islamischen Welt.
Dieses Gefühl wird von den Herrschern dort instrumentalisiert, um von der de-

solaten Lage ihrer Staatswesen abzulenken. Der islamische „Mob" wird instrumentalisiert, so der SZ-Diskurs. Ein Beispiel aus „Das Heilige und das Profane": „Doch wer immer [...] das Feuer schürt, darf als sicher unterstellen, dass fundamentalistische Parolen auf ein starkes Echo in den Bevölkerungen stoßen – bei all den Menschen, die nie Gelegenheit hatten, aufgeklärte Ansichten kennenzulernen und die [...] zu intellektuellen und kulturellen Krüppeln gemacht wurden – wehrlos gegen Manipulation und sinistre politische Pläne."

Deshalb verwundert die einhellige Bewertung der Unruheursachen in der SZ wie in den anderen Zeitungen und Magazinen nicht: „Klar ist, dass die Proteste in Teheran und Damaskus von den Regierungen gesteuert werden", heißt es in „Die Macht der Zerrbilder". Das lautstarke Protestieren gegen den Westen lenkt die Bevölkerung nicht nur von den eigentlichen Missständen im Lande ab, sondern stabilisiert zudem die Position der Herrscherhäuser und der Regime: „Diese Faktoren machen es für die Saudis dringlicher denn je, als die verlässlichen Hüter des Glaubens und als die unangefochtene Führungsmacht des sunnitischen Islam zu erscheinen. [...] Und auch die syrische Führung weiß, wie sehr ihr die Karikaturen nützen, um ebenfalls als Hüterin des Glaubens dazustehen." Nebenbei seien die Bemühungen der Texte bei der Begriffswahl zur Klassifizierung der politischen Systeme in der islamischen Welt erwähnt: *Führung*, *Regime*, *totalitäres Regime* etc. sind Termini, die gewählt werden, um den undemokratischen Charakter des Regierungshandelns hervorzuheben. Sie sind im europäischen Sprachgebrauch Stigmawörter, die somit negativ konnotiert sind.

Die Herrscherhäuser bekommen Konkurrenz von den islamistischen Gruppen, die es in jedem Land der islamischen Welt gibt. Bei dieser Begegnung kommt es darauf an, wer sich als der „wahre" Verteidiger der islamischen Sache, der Ehre Muhammads im Karikaturen-Streit, beweisen kann: „Die Islamisten schlachten den Streit ebenso hemmungslos aus wie die autoritären Regime, zu denen sie in Opposition stehen", heißt es in „Die Macht der Zerrbilder".

Die Verengung der Selbstwahrnehmung auf den Islam nimmt den Menschen einen Teil ihrer Identität, beklagen islamische Intellektuelle. So heißt es in „Das Heilige und das Profane": „Es geht im Wesentlichen darum, wie die arabischen Herrscher – in ihrem Versuch ihr Regime zu retten – die Identität ihrer Untertanen auf die Religion reduzieren, als ob diese keine Identität jenseits der Religion hätten, als ob die reichen Traditionen arabischer Kultur nichts zählten."

Die Bevormundung durch die heimischen Herrscher und das Gefühl der Demütigung durch den Westen trifft die Menschen doppelt. Hier fallen zwei Dinge ins Gewicht, so „Kulturkampf, global": „...nicht nur religiöse Empfindungen, sondern ein gekränkter Stolz, der viel mit tief sitzenden Unterlegenheitsgefühlen zu tun hat" (Unterlegenheitstopos). In „Geltung und Vergeltung" heißt es in ähnlicher Weise: „Muslimische Gesellschaften, die sich, wie man weiß, in weiten Teilen erniedrigt und gedemütigt fühlen, suchen nach Geltung und Vergeltung, benutzen ihre Religion auch als Mittel, als Zuflucht vor der eigenen gesellschaftlichen und kulturellen Misere."

Die Frage nach der Aufklärung und ihrem Stellenwert wird auch in der Süddeutschen Zeitung gestellt. Der Karikaturen-Streit macht deutlich, dass die Werte der Aufklärung, das sichere Fundament freiheitlicher Demokratien, von der muslimischen Bevölkerungsminderheit in der westlichen Welt in Frage gestellt werden: „Das Sichere ist nicht so sicher, wie man glaubt", heißt es in „Die beleidigten Götter", „– auch nicht in den westlichen Demokratien. Aufklärung nämlich ist kein Zustand der Geborgenheit, sondern des ständigen Ringens und Streitens darüber, was Toleranz verlangt und bedeutet." Das Fazit des Beitrages, der sich vor allem mit der Frage nach rechtlichen Konsequenzen für die Beleidigung religiöser Bekenntnisse beschäftigt, lautet deshalb folgerichtig: „Aufklärung ist kein gesicherter kultureller Bestand. Sie ist nicht einfach da, sie bleibt auch nicht einfach da. Sie ist anstrengend, sie macht Arbeit, weil es für den Ausgang aus der Unmündigkeit keine ewig gültige Gebrauchsanweisung gibt: den richtigen Ausgang muss man immer wieder suchen. Leitkultur in demokratischen Staaten ist also Streitkultur." In einer solchen Struktur ist kein Platz für absolute religiöse Ansprüche. Solche Forderungen, wie sie beispielsweise von Islamisten formuliert werden, sind voraufklärerisch.

In der SZ wird diese religiös-fundamentalistische Bewegung nicht nur mit dem Islam in Verbindung gebracht, sondern wird in den Kontext fundamentalistischer Strömungen in allen drei monotheistischen Traditionen, Judentum, Christentum und Islam, gestellt. „Die dunkle Seite Gottes" stellt die Entwicklung des religiösen Fundamentalismus im 20. Jahrhundert in den Mittelpunkt der Ausführungen: „Alle drei Strömungen sind Reaktionen auf die Verlust- und Unsicherheitserfahrung der Moderne. Alle erheben sie den Anspruch, ihre Offenbarungsschrift wörtlich und damit einzig richtig zu verstehen [...], alle leiten sie daraus den Anspruch ab, das Rezept für eine richtige Staats- und Gesellschaftsordnung zu haben." Diese Krise, die durch die Aufklärung verursacht wurde, hat zu „Verlust- und Unsicherheitserfahrung" religiöser Menschen geführt und ist in religiösen Fanatismus ausgeartet. Diese Erfahrung trifft heute die modernen Denker in jeder religiösen Tradition: „Tatsächlich sind nicht nur die demokratisch gesinnten Muslime unter Druck, sondern auch die aufgeklärten Christen, die liberalen Juden."

Die Errungenschaften der geistigen Moderne sind in der islamischen Welt noch nicht angekommen, im Gegenzug dazu aber die Errungenschaften der technischen Moderne. Diese Schieflage wirke sich auch auf den Verlauf von Konflikten aus, wie am Karikaturen-Streit zu sehen sei, so der Artikel „Kulturkampf, global": „Der Nährboden von Gerüchten, Wahnvorstellungen und Verschwörungstheorien, wie sie den Nahen Osten beherrschen, ist die Verbindung von Unfreiheit mit millionenfacher privater Kommunikation, die globalisierte Flüsterpropaganda unter den Bedingungen jüngster Technik."

Der Frage nach den innenpolitischen Verhältnissen in Dänemark widmet sich beispielsweise der Artikel „Zehn Bilder des Propheten". Der Artikel stellt intertextuelle Bezüge zu einem Artikel her, der in der Zeit erschienen war und in dem der Autor Bluitgen positiv beschrieben wird. Der Kinderbuchautor wird in der SZ hingegen als bekannte Figur in der scharfen Einwanderungs- und Islamdebatte in Dänemark herausgestellt. Er wird dabei eindeutig negativ beschrieben: „Er hat auch im Jahre 2002 ein Sachbuch geschrieben, das den Untertitel trägt ‚Über verschlossene Augen in der dänischen Einwanderungsdebatte'. [...] In diesem ‚Frontbericht' über den ‚markant wachsenden Einfluss des Islam auf den Alltag' warnt Kaara Bluitgen die Linke, aus der er selbst stammt, sie dürfe nicht ihre eigenen Werte durch ‚größtmögliche Toleranz' verraten." Zur innenpolitischen Situation in Dänemark äußert sich auch „Das Tuch der Erregung": „Die Debatte in Dänemark bleibt aufgeheizt. Vereinfacht gesagt, stehen sich zwei feindliche Lager gegenüber. Die einen sehen den Mohammed-Streit als Folge der äußerst harten Ausländerdebatte der vergangenen Jahre. Sie fordern,

156

Dänemark müsse sich seinen Einwanderern gegenüber wieder öffnen und die Integration fördern. Die andere Gruppe dagegen sieht die Krise als Beleg dafür, dass die islamische Welt westliche Werte wie die Redefreiheit bedroht und fordern deshalb einen harten Kurs gegen Ausländer, denen mehr Anpassung abverlangt werden müsse."

„Ein Sturm der Empörung, gezielt entfesselt" berichtet über das Verhalten dänischer Imame, die durch falsche Karikaturen, die niemals in Jyllands-Posten erschienen waren, die Gemüter in der islamischen Welt erhitzt haben und dadurch erst die Proteste in der Heftigkeit ausgelöst hatten. „[D]ie Gruppe hatte eben auch Zeichnungen im Gepäck, die wohl nie ein seriöses Medium drucken würde: betende Muslime beim Sex mit Tieren, den Propheten mit Schweinenase und anderen Geschmacklosigkeiten. Diese Blätter sollen Muslimen in Dänemark von Unbekannten zugeschickt worden sein."

Der Artikel „Massenproteste gegen Mohammed-Karikaturen" fasst das Geschehen in der außersprachlichen Wirklichkeit zusammen und bietet so die Grundlage für den kommentierenden Text „Das Bild des Propheten", der in derselben Ausgabe der SZ erschienen ist. Die Texte „Furcht vor einem Kampf der Kulturen", „UN, EU und Islamkonferenz appellieren an Muslime" und „Bundestag ruft zur Mäßigung auf" fassen die Reaktionen politischer Akteure auf den Karikaturen-Streit zusammen. Die Beiträge haben nachrichtlichen Charakter und gehören zu der informierenden Textsorte des Berichts. In „Die Früchte des Zorns" werden ebenfalls diese Stimmen abgebunden, allerdings über den Rahmen des Politischen hinaus in die islamischen Diaspora-Gemeinden in der westlichen Welt. Hier werden bewusst zwei Politiker am Ende des Artikels genannt, die sich mit einem konkreten Dialogprojekt gegen die Behauptung wehren, im Karikaturen-Streit zeige sich der „Kampf der Kulturen": „Aufsehen erregte Regierungschef Jose Luis Rodriguez Zapatero, der gemeinsam mit seinem türkischen Kollegen Recep Tayyip Erdogan für die International Herald Tribune einen Brief verfasste. Sie propagieren schon seit längerem eine ‚Allianz der Kulturen' im Kontrast zum ‚Kampf der Kulturen'."

Die Topoi des SZ-Diskurses im tabellarischen Überblick:

Ursachen-Topoi			
Rassismus	Radikalisierung	Unterlegenheit	Stellvertreter
SZ 2	1	4	3

Erklärungs-Topoi		Handlungsaufforderungs-Topoi			
Reflexion	Aufklärung	gegen Selbstzensur	Prinzipien und Respekt	Kampf der Kulturen	Kein Kampf der Kulturen
SZ –	1	3	2	–	1

9.1.8   Frankfurter Rundschau

Im Diskurs der Frankfurter Rundschau wird besonders die Bedeutung moderner Kommunikationsmittel für das Entstehen und die Eskalation des Karikaturen-Streit hervorgehoben. Das Gefühl der Unterlegenheit, das für Menschen in der islamischen Welt angesichts westlicher Dominanz artikuliert wird und eine daraus resultierende Abgrenzung von „den Anderen", wird ebenfalls artikuliert. Der Unterlegenheits-Topos wird durch den Verweis auf neue, schnelle Kommunikationsmittel argumentativ gestützt. Der Topos lautet dann: Durch Internet, Telefon und Flugverkehr werden schnelle Verbindungen und Informationsaustausch über Kontinente hinweg möglich. Dieses ungefilterte und zum Teil nicht steuerbare Aufeinandertreffen von verschiedenen Kulturen verstärkt die Wahrnehmung eines „die" und „wir". Diese Problematik artikuliert der Text „Humor zeigt, wie man es besser machen kann": „Zeigt dies [der Konflikt; A.G.] nicht ebenso, dass nicht desintegrierte, kampfbereite Kulturen einander gegenüberstehen, sondern Konflikte einer nicht – zuletzt durch das Internet – hochgradig integrierten Weltgesellschaft ausgetragen werden?" Die Berichterstattung über den Karikaturen-Streit in den Medien multipliziert die Wahrnehmung und Deutung der Auseinandersetzung zwischen der westlichen und der islamischen Welt und lässt das Bedrohungsszenario in den Kommunikationsgesellschaften erst entstehen, das die Bezeichnung „Kulturkampf" erhält. „Die Welt bietet dem massenmedial instruierten Beobachter gegenwärtig ein verwirrendes, ein bedrohliches Bild", heißt es in „Lichtgestalten und Finsterlinge". Und in „Es bedarf keines Feldzugs gegen den Islam" heißt es: „Die Welt ist zusammengerückt

und fällt doch auseinander. Wir holen uns ihre Erdteile via Satellit ins Wohn-
zimmer herein, kommunizieren geschäftlich über Zeiten, Breiten- und Längen-
grade hinweg und fliegen kurzerhand zu unserem Vergnügen in ferne Länder,
fasziniert von der Andersartigkeit fremder Kulturen." Dieses „Kommunikations-
Argument", das sich mit dem Vorhandensein, den positiven und negativen Auswirkungen moderner Reise- und Kommunikationsmöglichkeiten beschäftigt,
findet zwar in den anderen Printmedien am Rande Eingang, in der Frankfurter
Rundschau wird es aber darüber hinaus explizit benannt und im Anschluss an
seine Nennung mit anderen Topoi in die Argumentationskette integriert. Das
Kommunikations-Argument ist in dieser Stärke ein Alleinstellungsmerkmal des
FR-Diskurses. Neben der Frage nach schnellen Transportmitteln befinden sich
die digitalen Medien im Fokus: Aus der Gleichzeitigkeit, die die Medien mit den
Mitteln der (Live-)Berichterstattung erzeugen, entsteht eine Ungleichzeitigkeit
der Wahrnehmung: Die gebildete englische Mittelschicht ist nicht zu vergle-
chen mit sizilianischen Kleinbauern oder Taxifahrern aus Pakistan. Durch ein
virtuelles Nebeneinander dieser Menschen aus verschiedenen Ländern und Teilen von Kulturkreisen wird beim Zuschauer und beim Leser der Eindruck eines
Neben- und eines Miteinanders erzeugt, der in der realen Welt nicht zu verifizie-
ren ist.

Auf der Metaebene des Diskurses, auf der man über die Dinge, die man durch
die Medien vermittelt wahrnimmt (Weltsicht) und nachdenkt, beobachten die
Texte der FR eine Qualifizierung der Anderen als „niederer Kulturform". Diese
Wahrnehmung erzeugt in den Köpfen der Betrachter erst das Gefühl einer kulturellen Konfrontation. „Die Kulturen stoßen [...] zusammen, weil sie sich angeblich auf höherem und niederem Niveau befinden, der Konflikt also aus der
Gleichzeitigkeit des Ungleichzeitigen resultiert und man doch mit einer gewissen Zwangsläufigkeit davon ausgeht, dass von diesem niederen Niveau aus das
höhere erreicht werde", heißt es in „Im Eifer des Gefechts". Aus dieser Schieflage der unterschiedlichen Wahrnehmung speist sich das Bild des Kulturkampfes: „Die Interpretation des ‚Kampfs der Kulturen' sieht die eigene Kultur im
Mittelpunkt der Gegenwart. Der Blick auf die entfernte Rückständigkeit stärkt
das Bewusstsein eigener Höherstufigkeit am Ende einer als singulär verstandenen Entwicklung", heißt es in dem Artikel weiter. Die Wahrnehmung des

Kampfes der Kulturen wird durch die modernen Medien verstärkt, wenn nicht gar ermöglicht. Die Schieflage in der gegenseitigen Wahrnehmung als mögliche Grundlage eines Kampfes der Kulturen sieht auch der Text „Weltenbrand": „Die westliche Zivilisation ist aufgeschreckt und sieht sich einem unberechenbaren Feind gegenüber, dessen Differenzierungsvermögen beschränkt scheint." In diesem Sinne äußert sich auch die dänische Bevölkerung. Umfrageergebnisse werden in „Doppelt gekränkt" genannt und auf die Frage eines möglichen Kampfes der Kulturen ausgewertet. „48 Prozent der Dänen glauben, dass sich der Konflikt zu einem Religionskrieg entwickeln kann, 56 Prozent sagen, die Kluft sei größer geworden zwischen ‚denen' und ‚uns'."

Der Unterlegenheits-Topos kommt an dieser Stelle ins Spiel. So wie sich der Westen klassischerweise aufgrund der historischen Entwicklung für die „gegenwärtigste" und „höherstufigste" aller Kulturen hält, empfindet sich die islamische Welt als die erniedrigte. So heißt es beispielsweise in „Wider das Freund-Feind-Denken": „Als die Karikaturen erschienen, fühlte sich die islamische Welt längst gedemütigt. Subtiler als die militärische Intervention in verschiedenen islamischen Staaten – aber nicht weniger demütigend – wirkt sich dabei die moralische Diskreditierung verbaler Natur aus. Wer ‚Achse des Bösen' sagt, meint unausgesprochen den Islam." „Achse des Bösen" ist ein Terminus, den der amerikanische Präsident George W. Bush für seine Gegner im „Krieg gegen den Terror" geprägt hat. Der Begriff zielt auf die Länder Irak, Iran und Nordkorea. Die beiden erst genannten sind in der Tat islamisch geprägte Länder, Nordkorea hingegen wird von einer kommunistischen Steinzeitdiktatur beherrscht.

„Zu diesem historisch bedingten Gefühl der Unterlegenheit gesellt sich die Unzufriedenheit über die Regierungen vor Ort. In „Warnung vor einem Flächenbrand" heißt es: „Der jüngste Aufschwung der Islamisten […] ist entgegen der im Westen vorherrschenden Überzeugungen nicht das Ergebnis eines im Koran verankerten Drangs zur Weltherrschaft – ‚Der Islam ist eine fanatische Religion' – sondern eine Reaktion auf die unglückselige Allianz totalitärer Herrscher vor Ort mit einer opportunistischen, gewalttätigen und phantasielosen Machtpolitik des Westens." Die Karikaturen sind indes hier nicht nur die Platzhalter für den Unmut über die politischen Verhältnisse in der islamischen Welt, sondern auch für die verfehlte Nah- und Mittelostpolitik der westlichen Welt: „Wären die Beziehungen zwischen ‚uns' und ‚ihnen' nicht so schlecht, gäbe es einen Dialog auf Augenhöhe zwischen Orient und Okzident, so wären die dänischen Mohammed-Karikaturen mit Sicherheit folgenlos geblieben. So aber waren sie die Tropfen, die das Fass zum Überlaufen brachten" („Warnung vor dem Flächenbrand"). Dass es sich um einen Stellvertreterkonflikt handelt, machen einige Texte dadurch deutlich, dass sie von dem „so genannten" Karikaturen-Streit reden. (Der Artikel „Starke Zeiten kommen" beginnt mit dem Satz: „Der so genannte Karikaturenstreit geht in die dritte Woche." Dieser Artikel enthält übrigens auch einen intertextuellen Bezug zu Botho Strauß' Text im Magazin Spiegel.) Der Diskurs der FR, auch hier ist ein Unterschied zu anderen Zeitungsdiskursen, benennt den Disput über das Verhältnis von Meinungsfreiheit und dem Respekt vor religiösen Gefühlen nicht als zentralen Grund des vorliegenden Konflikts. So heißt es in „Warnung vor dem Flächenbrand": „Das westliche Beharren auf der Meinungsfreiheit ist in diesem Kontext ebenso richtig wie irrelevant. Die Karikaturen waren Auslöser, nicht Ursache des anhaltenden Konflikts." Die Texte formulieren analog zu denen anderer Zeitungen, beispielsweise in „Pressefreiheit im Feuer": „Wohlgemerkt: Die Proteste sind offensichtlich gesteuert, die Karikaturen manchem radikalen Islamisten ein willkommener Anlass, den Kampf gegen den Westen und gegen sein demokratisches Gesellschaftssystem zu schüren."

„Doppelstandards", von denen im Kontext der Analyse der SZ-Texte schon einmal die Rede war, verstärken die Wut der Muslime auf den Westen und führen sie in die Arme religiöser Heilsversprecher, die sich zwischen der islamischen Heimat und dem fremden Westen bereitwillig aufgebaut haben. Sie bieten den Muslimen ein Refugium und Schutz vor den Anderen. Die Wut auf diese Anderen hat etwas mit der „Machtpolitik des Westens" zu tun, so der FR-Diskurs. In „Wider das Freund-Feind-Denken" heißt es: „Wenn europäische Staaten den religiösen Fundamentalismus aus der islamischen Welt zurückweisen, ohne gleichzeitig den kulturellen Fundamentalismus, wie er sich im offiziellen Sprachgebrauch vor allem der Vereinigten Staaten ausdrückt, mit der selben Klarheit zurückweisen, wird dies in der islamischen Welt vielerorts als Demüti-

gung empfunden und trägt zum Erstarken des islamischen Fundamentalismus
bei." Die Kritik an der Administration Bush wird in diesem Text überdeutlich.

Durch die Gleichzeitigkeit verschiedener kultureller Phänomene in der Wahrnehmung der westlichen Demokratien (siehe oben) kommt es auch zu einer Gegenüberstellung der modernen Werte und der von anderen kulturellen Zonen.
Das Vorhandensein von verschiedenen Grundoptionen, die das Leben systematisieren und den Menschen Sinn stiften, ist eine Grundlage des Karikaturen-
Streits. So heißt es in „Leitkultur Aufklärung": „Denn es geht heute keineswegs
nur um einen Konflikt zwischen der ‚Welt des Islam' und der des ‚christlichen
Abendlandes', sondern parallel dazu auch um eine weltweite Auseinandersetzung zwischen jenen, die immer noch an archaischen Glaubensgewissheiten
(gleich welcher Herkunft) festhalten möchten und jenen, die sich konsequent zu
den Werten von Humanismus und Aufklärung bekennen." Dieser Text baut die
Brücke zwischen der Kulturwelt des Islam und des Westens, in dem er eine hu-
manistische Tradition in beiden Kulturen annimmt, die beide, jenseits religiöser
Setzung, aneinander – „universell", also global – zu binden vermag: „Wer Humanismus und Aufklärung […] als Kernelemente einer universellen ‚Leit- und
Streitkultur' begreift, respektiert zwar, dass jeder Mensch glauben darf, was er
will – schließlich sind die Gedanken frei – auch frei zur Unvernunft." Diese
Freiheit zur (religiösen) Unvernunft sei in aufgeklärten Gesellschaften aber nur
noch hypothetischer Natur. „In der öffentlichen Diskussion müssen notwendi-
gerweise weltliche Standards gelten- und zwar in ethischer Hinsicht die huma-
nistische Orientierung an den Selbstbestimmungsrechten des Menschen sowie in
methodischer Hinsicht die aufklärerische Orientierung an den Idealen der intellektuellen Redlichkeit."

Ein Beispiel irrationaler Religiosität waren, so der FR-Diskurs, die Bilder des
demonstrierenden und brandschatzenden Mobs in der islamischen Welt. Für
Menschen, die den „archaischen", religiösen Deutungsmustern der Welt verhaftet bleiben, verbinden sich die Bilder im Fernsehen mit jenen der Apokalypse,
die unter anderen die biblische Tradition kennt. Alle religiösen Traditionen, die
an das Ende der Welt glauben, erhoffen im Jüngsten Gericht die Bestätigung
Gottes für die Richtigkeit ihres Glaubens und die Unterscheidung der Mensch-
heit in „die Guten" und „die Bösen". Hier werden die Grenzen zwischen „de-

nen" und „uns" für die Ewigkeit gezogen. Man selbst sieht sich auf der Gewinnerseite, der Seite des Guten/der Guten. Darüber hinaus verunmöglicht diese Sichtweise schon im Diesseits die Verwirklichung der Gleichheit aller Menschen, von der das Humanismus-Argument im FR-Diskurs ausgeht. In diesem Sinne baut auch der Text „Lichtgestalten und Finsterlinge" einen Gegensatz zwischen religiöser und humanistischer Weltdeutung auf: „Hört man auf, sich durch das apokalyptische Schema düpieren zu lassen [...], wird der Blick frei nicht auf wohlfeile Antworten, sondern auf eine Problemheit, die sich aus der Parallelität unterschiedlicher Differenzierungsformen der Gesellschaft ergibt, der Blick also auf eine spezifische Komplexität, der man mit strukturreichen Theorien und empirischer Forschung begegnen sollte und nicht mehr mit der Wiederbelebung vielleicht noch ästheto-theologischen faszinierenden Endzeitphantasmen."

Eine (bi-)polare Einteilung der Welt lehnt auch „Wider das Freund-Feind-Denken" ab. In einer Welt, die für archaisch-religiöse Denkweisen noch offen ist, findet sich eine solche Einteilung in „gut" und „böse" noch als Formen metaphysisch-moralischer Setzung. Auch hier kann mit Hilfe eines konsequent angewandten Humanismus Abhilfe geschaffen werden, so der Text: Dieses Freund-Feind-Denken, dass durch Religion verstärkt werden kann, „negiert die Vorstellung einer gleichen Würde aller Menschen von Grund auf". Die Ablehnung eines irrationalen religiösen Bekenntnisses als Grundlage einer Welteinteilung, so der Diskurs der Frankfurter Rundschau, ist ein Ergebnis des neuzeitlichen Modernisierungsprozesses und eine Verpflichtung für die Gegenwart und die Zukunft. „[E]s gilt, das Erbe des christlichen Abendlands zu bewahren, allerdings in einem anderen Sinn, als von etlichen seiner Fürsprecher gemeint. Denn es hat uns in vielen Jahrhunderten gerade gelehrt, dass Religion ohne Toleranz verheerend wirkt und uns deshalb die Religionsfreiheit beschert", heißt es in „Es bedarf keines Feldzugs gegen den Islam".

Der Humanismus wird als verbindende Klammer zwischen den Kulturen verstanden. Der Humanismus garantiert die Möglichkeit der Deeskalation in kulturellen Konflikten. Auch dies ist ein Alleinstellungsmerkmal des FR-Diskurses, vor allem, weil hier ein „rigider" Humanismus angesprochen wird, der in einen krassen Gegensatz zu den ethischen Standards der Religion gesetzt wird. In den

Texten der Welt oder der FAZ wurden Humanismus und Aufklärung – zumindest in Bestandteilen – als mit dem christlichen Glauben verbundene geschichtliche Entwicklungen bezeichnet. Im Hinblick auf die bereits identifizierten Topoi kann man sagen, dass das Humanismus-Argument hier sowohl den Selbstreflexions- als auch den Aufklärungs-Topos stützt.

Auf die Religion des Islam und die Bedeutung des Abbildungs- und Satireverbots dort wird in „Was Gott will" Bezug genommen. Dort heißt es, dass Satirisches einen festen Sitz im Alltagsleben islamisch geprägter Länder hatte und hat. Über Mullahs, Herrscher und sogar Allah hätten die Karikaturisten und Gaukler von jeher ihre Späße gemacht. „Ausgenommen von diesem Spott war stets der Prophet Mohammed. Schon die bildliche Darstellung seiner Person ist verboten, weil es ein allgemeines Bilderverbot im Islam gibt."

Einen Blick in das innere der dänischen Gesellschaft öffnen auch die Texte der Rundschau. Dabei wird Wert darauf gelegt, die scharfen Bestimmungen des Einwanderungsrechtes als Spiegel der Meinung über (muslimische) Ausländer im Land herauszustellen. So heißt es in „Karikatur der Kulturen": „Doch es ist kein Zufall, dass es nun just in Dänemark zu dem Zusammenstoß kam, denn nirgends sonst ist in Europa in den vergangenen Jahren die Ausländerdebatte so gehässig geführt worden, sind die Zuwanderungsgesetze so brutal verschärft worden. Wer einen ausländischen Ehepartner nach Dänemark bringen möchte, muss älter sein als 24 und die Braut oder der Bräutigam auch." Die Adjektive *gehässig* und *brutal* mit denen die Einwanderungsdebatte attribuiert wird, sind eindeutig negativ konnotiert und lassen die Einstellung des Autors zu den Ausländergesetzen bzw. der rechtlichen Situation von Ausländern in Dänemark unschwer erahnen.

Zum Kampf der Kulturen gibt es im Diskurs der Frankfurter Rundschau verschiedene Ansichten: In „Es bedarf keines Feldzugs gegen den Islam" wird darauf verwiesen, in den Ländern der westlichen Welt gegen einen Kampf der Kulturen zu wirken, mit den Mitteln der Aufklärung, mit dem intellektuellen und rationalen Diskurs: „Statt den Kampf der Kulturen zu beschwören, sollten wir ihm besser mit Bedacht und Argumenten die Schwerter nehmen, sollten versuchen, uns in der einen bunten Welt, die immer näher zusammenrückt, in Achtung begegnen und in Streitkultur üben." Die „Streitkultur" wird in verschiedenen Texten der FR als Ausweg aus der gegenseitigen kulturellen Unverständigkeit benannt. In „Leitkultur Aufklärung" heißt es: „Die Gefahr, dass uns ein Jahrhundert der Religionskriege bevorsteht, in dem Gotteskrieger den Takt vorgeben, nach dem die gesellschaftlichen Verhältnisse zu tanzen haben, ist weit realer, als dies gemeinhin angenommen wird." Die Errungenschaften der Aufklärung seien für die Gesellschaften der Alten Welt die einzigen Mittel, die, wenn schon nicht in einem globalen, so doch in einem westlich-europäischen Kontext, in der Lage seien, sich ihrer selbst zu vergewissern: „Der Karikaturenstreit bietet allerdings auch die Gelegenheit, die Selbstreflexion der westlichen Welt zu beobachten. Das Nachdenken über sich selbst ist allemal eine Stärke der abendländischen Kultur."

Die innenpolitischen Verhältnisse in Dänemark werden auch in der FR diskutiert. Das Verhalten der Regierung Rasmussen wird als Zeichen der salonfähigen Fremden- und Islamfeindlichkeit im Land gewertet: „Er hätte der Bitte der Botschafter zu einem gemeinsamen Treffen nachkommen können; nicht um Jyllands-Posten zu zensieren, sondern um den besorgten Fragestellern die geltenden Regeln der Pressefreiheit zu erklären, gleichzeitig aber durchaus Mitgefühl mit den Gekränkten auszudrücken. Er tat es nicht, weil die Regierung dieses Mitgefühl nicht hat", heißt es in „Provokation". Mit der inneren Haltung der Regierung verknüpft wird die Frage nach dem Verhältnis von Prinzipienfestigkeit auf der einen und dem Verständnis für die verletzten Gefühle der Muslime auf der anderen Seite. Schon bei Erstdruck der Karikaturen sei durch die Bildunterschrift in Jyllands-Posten die Unsensibilität, die in der dänischen Gesellschaft für muslimische Migranten herrscht, zutage getreten, heißt es in „Chronik eines erhofften Streits": „In seinem Begleittext unterstrich Rose [der Autor des Artikels; A.G.], dass Moslems sich an westliche Normen anzupassen hätten."

Die Topoi des FR-Diskurses im tabellarischen Überblick:

Ursachen-Topoi			
Rassismus	Radikalisierung	Unterlegenheit	Stellvertreter
FR			
–	–	3	2

Erklärungs-Topoi		Handlungsaufforderungs-Topoi			
Reflexion	Aufklärung	gegen Selbstzensur	Prinzipien und Respekt	Kampf der Kulturen	Kein Kampf der Kulturen
FR					
2	2	–	–	6	3

9.1.9   Die Tageszeitung

Der Diskurs der Tageszeitung (taz) geht vor allem auf die Frage nach dem religiösen Gefühl und seiner Bedeutung im Gegenüber zur (Meinungs-)Freiheit ein. In einem Text der Tageszeitung wird erstmals dem Westen vorgeworfen, selbst die Proteste anzuheizen. So heißt es in „Ach Kinder, geht spielen": „Der ritualisierten Empörung der Muslime über ‚westliche Arroganz' folgt die ritualisierte Empörung der Liberalmilitanten, die dann gerne ein bisschen antiislamische Hetze beimischen, damit's richtig laut wird, sonst macht's ja keinen Spaß." Diese Einordnung ist singulär, auch im Diskurs der taz. Der Terminus *Liberalmilitante* wird nicht erläutert. Die Vermutung liegt nahe, dass hiermit die Vertreter der Pressefreiheit gemeint sind. Ihre kompromisslosen Verfechter werden hier negativ benannt als *militant*. In die gleiche Richtung geht die Bewertung in „Der Monolog der Kulturen": „Die Polemik radikaler Islamisten nutzt die westliche Islamophobie, um daraus ein politisches ‚Vernichtungsprojekt' des Westens abzuleiten." Auch hier werden der Westen und die islamische Welt als sich gegenseitig beeinflussende Kräfte im Karikaturen-Streit bezeichnet. *Islamophobie* ist in diesem Kontext negativ behaftet; auch der Terminus *Vernichtungsprojekt* ist ohne Zweifel sehr aggressiv und negativ konnotiert.

Die Frage nach der Pressefreiheit ist zentral im Diskurs der taz. Diese Freiheit wird höher gewichtet als der Respekt vor religiöser Überzeugung, der von Gläubigen eingefordert werden kann. „[D]ie Darstellung des Propheten, der statt eines Turbans eine glimmende Bombe am Kopf trägt, muss sich eine Religionsgemeinschaft schon gefallen lassen, in deren Reihen es eine nicht verschwin-

166

dende Minderheit gibt, die glaubt, mit Sprengstoffgürteln und Fleischermessern in einen Dschihad gegen Ungläubige und vom Glauben Abgefallene ziehen zu müssen", heißt es in „Ach Kinder geht spielen". In einer freiheitlichen Gesellschaft hat jeder die Möglichkeit, sich einer beleidigenden Satire zu entziehen. „Man konnte ja abschalten, wegguecken oder die Zeitung in die Tonne kloppen", wird in „Was nun, ferner Bärtiger?" argumentiert. In ähnlicher Weise hatte sich auch der Text „Die Kunst, aneinander vorbeizureden" in der Süddeutschen Zeitung geäußert. Dem Respekt vor dem Glauben der Einzelnen sind Grenzen gesetzt: „Anstand und Respekt vor anderen Kulturen bedeutet nicht, in einer demokratischen und säkularen Gesellschaft deren religiöse Dogmen zu übernehmen", heißt es in „Meinung, Freiheit, falsche Freunde". Die Äußerung von Muslimen, die Verletzung ihrer Gefühle sei ein absolutes Kriterium, um religiöse Karikaturen zu verbieten, wird als irrational zurückgewiesen: „Schließlich sind Gefühle, auch religiöse Gefühle, nicht unzugänglich und schon gar nicht sakrosankt: Sie können durchaus als mehr oder minder berechtigt erkannt werden." Über die Hintertür eines unhinterfragbaren verletzten religiösen Gefühls soll kein rigider religiöser Dogmatismus Einfluss auf die freie Öffentlichkeit in westlichen Gesellschaften gewinnen können, so der Text. „Darin zeigt [...] [sich; A.G.] das religiöse Gefühl als Gegenspieler der Freiheit: Meine Freiheit [...] soll ihre Grenze nicht an deinen Empfindsamkeit haben. Letztere würde sich aber – quasi durch die Hintertüre kommend – Eintritt verschaffen, indem sie als Mahnung in den Einzelnen eindringt, dessen Verantwortungsethik mobilisiert und so ihre Wirkung als Selbstzensur entfaltet", heißt es in „Beleidigungen verboten: Über die unfassbare Karriere, die das religiöse Empfinden derzeit erfährt".

Eine Allianz konservativer Geister – islamische und christliche – könnte entstehen, um den aus ihrer Sicht klassischen Werten wieder eine größere Bedeutung zu verleihen. Beide Seiten fühlten sich in einer freien Ordnung, in der Werte im Diskurs errungen werden, heimatlos: „Die Debatte um das Unbehagen an der Moderne eint, summa summarum, Islambeseelte und altdeutsche Konservative – eine Union, deren Alliierte gemeinsam kurz vor dem Nervenzusammenbruch stehen: Sie fantasieren beide Ordnungen herbei, die, wären sie mit Zwang verknüpft, mit dem Grundgesetz nicht vereinbar sind", heißt es in „Nicht die

Nerven verlieren". Muslime wollten unter dem Gesetz Allahs, konservative Deutsche unter dem Leitbild der kinderreichen Familie leben.

Ein Abwägen von Meinungsfreiheit und religiösem Gefühl zugunsten des religiösen Gefühls wird der EU vorgeworfen. In „EU setzt Zeichen der Weichheit" heißt es: „Natürlich wolle niemand die Pressefreiheit einschränken, doch die Grenzen der Pressefreiheit lägen da, wo religiöse Gefühle verletzt würden." Die Entgegnung zu dieser Aussage bringt am Ende des Artikels das Zitat eines grünen Europaabgeordneten. „‚Wir als Politiker dürfen der Presse nicht vorschreiben, wo ihre Grenzen sind.‛ Religionen stünden im öffentlichen Raum und würden immer Ziele von blasphemischen Karikaturen sein. ‚Freiheit ist weder geschmackvoll noch geschmacklos‛", so das Textende.

Die Argumentation der Verfechter des religiösen Gefühls wird skeptisch betrachtet: „Der Westen solle angesichts der Eskalation rund um die dänischen Mohammed-Karikaturen seine Meinungsfreiheit zwar behalten, doch wenigstens erstmal nicht so laut vertreten" („Kulturkampf und Meinungsfreiheit"). Eine solche defensive Strategie empfiehlt dieser Text gerade nicht. Im Gegenspiel von Meinungsfreiheit und religiösem Dogmatismus müssten die Gesellschaften des Westens auf dem Primat der freien Rede beharren: „So ein fundamentales Prinzip kann man nur offensiv verteidigen: Indem man auch diejenigen angreift, die gegen Meinungsfreiheit etwas einzuwenden haben. Wie soll das sonst gehen? Indem man sich für seine Freiheitsrechte schämt?" Eine defensive Strategie wirkt nicht nur in die islamische Welt hinein schwach, auch in den Ländern des Westens muss die Pressefreiheit offensiv vertreten werden. Der Wert der freien Meinung und Presse erschließt sich nicht automatisch, sondern muss immer wieder neu herausgestellt werden. „Jede europäische Generation muss die Meinungsfreiheit neu erkämpfen und verteidigen", so der Artikel „Aggressive Toleranz". Die Richtigkeit dieser Aussage belegen im taz-Diskurs die Stimmen, die bei einer Demonstration in Deutschland geäußert wurden. „In Düsseldorf richtete sich die Wut der Demonstranten vor allem gegen die Medien und das ihrer Meinung nach falsch verstandene Verständnis von freier Meinung: ‚Hinter der Pressefreiheit versteckt sich Hass auf Muslime‛, stand auf dem Fronttransparent geschrieben." Es ist eine Eigenart des taz-Diskurses, dass er bei der Frage nach Prinzipienfestigkeit und Respekt vor religiösen Gefühlen nicht nur eine Gewichtung zu Gunsten der Prinzipien vornimmt, sondern auch das religiöse Gefühl als irrational brandmarkt und somit seine Legitimation als Bestandteil eines (rationalen) Printmediendiskurses bestreitet.

Der Diskurs der taz lässt aber auch erkennen, dass Freiheit nicht alles darf. „Ach Kinder, geht spielen" spricht von „roten Linien", die bei Karikaturen (ob religiöse oder andere) nicht überschritten werden dürften: „Wenn sich durch den Spott über religiöse Dogmen als inneres Motiv ein Rassismus zieht, der eine ganze Ethnie, Minderheit oder Kultur stigmatisiert, dann hört sich die Satire auf – dann erfüllt sie ganz schnell den Tatbestand der Verhetzung." Dies ist sicher eine Anspielung auf die Innenpolitik Dänemarks, die auch im taz-Diskurs auf- und angegriffen wird. Der Rassismus im Land und die Linie der dänischen Regierung werden als Grund für die Möglichkeit gesehen, dass solche Zeichnungen überhaupt in Auftrag gehen können. Mit Satire habe dies nichts mehr zu tun: „Es ging nicht um eine künstlerische Auseinandersetzung mit der Figur Mohammeds, die dann das religiöse Empfinden anderer verletzte (wie im Fall Rushdie). Die Karikaturen wurden umgekehrt in dem Wissen bestellt, dass sich hier ein verletzlicher Punkt befindet – und dass man sich jederzeit hinter ,Meinungsfreiheit' würde verstecken können", so der Text „In die Falle gegangen". Das Fazit: „Hier wurde der Schutzraum Meinungsfreiheit instrumentalisiert, um einen gesellschaftlichen Konflikt zu schüren." In „Aus Sorge um dänische Touristen und Diplomaten" wird von der innenpolitischen Erstarkung der rechtskonservativen Regierung Dänemarks angesichts der Proteste in der islamischen Welt gesprochen. „Die Partei nutze die Proteste gegen die Karikaturen, sich mit ihrer antiislamischen Linie weiter zu profilieren. Muslime wurden als ,Unkraut' bezeichnet, und man forderte, ,antidänisch' agierenden Imamen die dänische Staatsbürgerschaft zu entziehen und sie auszuweisen."

Die Demarkationslinie zwischen guter und schlechter Karikatur wird nicht vom Gesetzgeber festgelegt. Auch die taz spricht von Commonsense, den guten Sitten und dem Anstand, der erkennen lässt, was in Sachen Satire geht und was nicht: „Alle Rechte – auch das auf Pressefreiheit – beinhalten zugleich das Recht zu entscheiden, wann wir sie in Anspruch nehmen. Diese Entscheidung kann etwa von common sense oder auch von Vorsicht geleitet sein", heißt es in „Aggressive Toleranz". Der Commonsense ist es auch, der das bewusste oder unbewusste Wissen um die Tabus in einer Gesellschaft transportiert. Tabus existieren auch im Bereich der Wertegrundlagen und der religiösen Überzeugungen. So heißt es in „Kampf der Symbole": „Alle Gesellschaften, ausnahmslos alle, kennen, wenn auch in unterschiedlicher Intensität, so etwas wie einen unantastbaren Kern, ihr Heiliges, ihr Heiligstes. Das Heilige manifestiert sich genau darin, dass es unantastbar ist."[244] Zu den heiligsten Dingen im Islam gehört, so der Text, das Abbildungsverbot, das in besonderer Weise für die Propheten gilt. Der Konflikt, die Erregung der islamischen Gemeinde, richtet sich deshalb nicht gegen Karikaturen generell, sondern gegen die Darstellung Muhammads, die in der vorliegenden Form als entehrend wahrgenommen wird. „Um die bildliche Darstellung des Propheten geht es [...] gar nicht, sondern um die Art und Weise wie er in den Karikaturen dargestellt wurde: Er wird, und dies ist das Wesen der Karikatur, lächerlich gemacht und verspottet", heißt es in „Guter Mann Mohammed". Muhammad gelte den Muslimen als der Offenleger der einzigen wahren Religion, der Religion, die Juden und Christen verfälscht hätten. Die menschliche Person Muhammad wird somit ganz nah mit der Wahrheit des Islam verknüpft. „Mohammed zu verspotten bedeutet somit, den Islam zu verspotten", ist das Fazit dieser Textpassage.

Auch die islamische Tradition kennt die Karikatur. Diese Feststellung, diese Erweiterung des Weltwissens verbindet den FR-Diskurs mit dem der Süddeutschen Zeitung. Die vorliegenden Karikaturen seien allerdings, so der hier vorliegende Diskurs, nicht als Verspottung Muhammads anzusehen, sondern als bittere Auseinandersetzung mit der politischen Realität in der islamischen Welt, heißt es in „Guter Mann Mohammed": „Ein ägyptischer Autor, ein Muslim, hat einmal geschrieben, dass Politik ein schmutziges Geschäft sei und dass man, wenn man die Religion mit der Politik verbinde, die Religion mit in den Dreck ziehe. Recht hat er. [...] Kann es denn verwundern, wenn im Falle einer offenkundigen Verbindung von Politik und Religion auch die Letztere entsprechend karikiert wird?"

---

[244] In Kapitel 2 wurde aus dem Großen Duden-Lexikon und dem Brockhaus die dortige Aufführung zum Begriff des Heiligen zitiert: „D.H. ist zentrale relig. Wesensbestimmung u. der religiösen Erfahrung nur in numinosem Erschauern u. beseligender Ahnung fassbar."

Auch in der Bewertung der Frage nach der religiösen Satire spielt die inner-
dänische Entwicklung eine Rolle, „da es ein prinzipieller Unterschied ist, ob jemand seine ‚eigene‘ oder eine ‚fremde‘ Gruppe karikiert" („Monolog der Kulturen").

Der Kampf der Kulturen wird auch in der taz thematisiert. In „Kulturkampf
und Meinungsfreiheit" heißt es. „Es gibt keinen Kampf der Kulturen. Weil es
keine festgelegten kulturellen Identitäten gibt – weder des Westens noch des Islam. Hier wie dort muss kulturelle Identität, wenn man schon in solchen Begriffen denken will, immer wieder neu diskutiert und hergestellt werden." Eine ein-
fache kulturelle Gegenüberstellung der aufgeklärten gegen die islamische Welt,
aus der im Huntington'schen Sinne der Kampf der Kulturen hervorgehen wird,
wäre „holzschnittartig", so der Artikel „Mit anderen Augen". „Nun ist es keineswegs so, dass es nur im Westen ‚Aufklärung‘ gegeben hat. Die islamische
Aufklärung ist historisch bedeutend älter, anderen Inhalts – und ohne sie die
westlich christliche nicht denkbar. Die größte Verzerrung der Sachlage wäre insofern, zwischen den beiden Kulturen einen holzschnittartigen Gegensatz von
‚aufgeklärt‘ und ‚unmündig‘ zu konstruieren." Der Text deutet den Kampf der
Kulturen als Auseinandersetzung einer Kultur mit ihrer eigenen Vergangenheit.
„Der so genannte ‚Kampf der Kulturen‘ besteht nicht zuletzt darin, dass die jeweils andere Kultur Züge des eigenen Untergegangenen spiegelt. Eben diese
Konfrontation mit dem fremd gewordenen Ähnlichen wirkt dann schockierend."
Diese Deutung des Kulturkampfes ist innerhalb der hier untersuchten Zeitungs-
und Magazintexte singulär.

Islamisten instrumentalisieren die Furcht im Westen vor dem Islam in den eigenen Ländern, um aus dieser Furcht eine Angriffslust zu erfinden, gegen die
die Muslime sich wehren müssten. Auf diese Weise solle der „Clash" zwischen
den Zivilisationen erreicht werden. „Radikale Islamisten versuchen, die im Nahen Osten verbreitete Aversion gegen die westliche Hegemonie in Politik und
Wirtschaft in einen ‚Kampf der Kulturen‘ umzumünzen" („Der Monolog der
Kulturen").

Die Topoi des taz-Diskurses im tabellarischen Überblick:

Ursachen-Topoi			
Rassismus	Radikalisierung	Unterlegenheit	Stellvertreter
taz 3	–	–	–

Erklärungs-Topoi		Handlungsaufforderungs-Topoi			
Reflexion	Aufklärung	gegen Selbstzensur	Prinzipien und Respekt	Kampf der Kulturen	Kein Kampf der Kulturen
taz 1	1	–	2	1	2

9.2 Toposanalyse

Im Folgenden werden die Topoi benannt, die in den einzelnen Zeitungsdiskursen der hier untersuchten überregionalen deutschen Zeitschriften, Tages- und Wochenzeitungen vorkommen, unabhängig von der Intensität, mit denen einzelne Beiträge oder Blätter die jeweiligen Topoi betonen. Diese Topoi beschreiben und erklären die Ursachen des Karikaturen-Streits. Und sie skizzieren auf der Grundlage dessen Konsequenzen, Handlungsaufforderungen und Sollensaussagen. Sie formulieren, was ihrer Meinung nach aus dem Karikaturen-Streit resultieren und folgen muss. Sie erweitern das Weltbild der Leser und bieten ihnen an, die angebotene Deutung der Geschehnisse zu übernehmen.

Die Topoi stellen die Schlussfolgerungen der Argumente (Erklärungen, Weltwissen) und der Prämissen (Ursachen, außersprachliche Wirklichkeit) dar. Im Fall des Diskurses zum Karikaturen-Streit herrscht bei den Prämissen und den Erklärungen eine gewisse Übereinstimmung. Sie gilt für die Darstellung der Ereignisse in der außersprachlichen Wirklichkeit (9.2.1) wie deren Deutung (9.2.2). Im dritten Punkt, den Konsequenzen aus dem Karikaturen-Streit, unterscheiden sich die Diskursausgänge. Die vier Topoi, die unter 9.2.3 aufgeführt werden, lassen sich unterteilen in zwei Punkte, die sich mit der Bewertung der innergesellschaftlichen Debatte über das Verhältnis von Meinungs- und Pressefreiheit und einer auferlegten Selbstzensur zugunsten des religiösen Gefühls einzelner bzw. einer Gruppe beschäftigen: der Gegen-Selbstzensur-Topos (9.2.3.1) und der Prinzipien-und-Respekt-Topos (9.2.3.2).

172

Die beiden weiteren Punkte fordern zum Handeln auf und zwar in der Weise, dass der Leser die Benennung, Bewertung und Deutung des Diskurses und das daraus resultierende Weltbild übernimmt: Die Ursachen des Konflikts (Prämissen) und die Erklärungen des Konflikts (Argumente) münden entweder in die abschließende Bewertung des Karikaturen-Streit als eines Kampfes der Kulturen in Huntingtons Sinne (9.2.3.3) oder nicht (9.2.3.4).

Der Diskurs der einzelnen Blätter sowie der Gesamtdiskurs umfassen drei Schritte: Ursachen des Karikaturen-Streits, Erklärungen des Karikaturen-Streits und Handlungsaufforderung, die aus den beiden ersten Schritten resultieren. Alle drei Schritte des Diskurses zielen auf die Erweiterung des Weltwissens der Leser. Der Diskurs in den Printmedien bedient dabei immer Ausschnitte aus der Wirklichkeit, die ihm für das Verständnis und die Deutung des Sachverhalts nötig erscheinen. Die Teilnehmer des Diskurses der Printmedien – die mediale Öffentlichkeit – integrieren die Erklärung der außersprachlichen Geschehnisse und deren Bewertung in ihr bereits existierendes Weltbild. Sie werden Teil der *texte général* des Einzelnen. Auch die in jeweiligen Topoi zusammengeführten Argumente in den Zeitungstexten referieren aufeinander, ohne die Referenz explizit zu kennzeichnen und sind so ein Teil des Textuniversums, das Wissen bündelt und Weltbilder entwirft. Die in 3.3 vorgestellte Intertextualität wird hier evident und anschaulich. Dieser intertextuelle Bezug gilt auch für das Verhältnis der Topoi untereinander. Dies wird in 9.2.4.1 deutlich: Hier wird in einer Harmonisierung[245] der Topoi der Aufbau des Gesamtdiskurses gezeigt, wie er sich ergibt, wenn man die Topoi der jeweiligen Printmedien aneinanderreiht. In 9.2.4.2 werden die vorgestellten Topoi auf der Grundlage von 9.2.1-9.2.3.4 numerisch ausgewertet. In einem Artikel können bisweilen mehrere der genannten Topoi vorkommen, so dass die Gesamtzahl der Topoi die Gesamtzahl 105 der untersuchten Texte übersteigt.

9.3 schaut auf die sprachlichen Strategien, mit denen die Argumente der Topoi plausibilisiert werden: Wie werden Muslime, wie wird der Konflikt in den Texten benannt? Mit welchen Schlüsselwörtern werden Konflikt und Lösungs-

---

[245] Der Begriff „Harmonisierung" ist von der literaturwissenschaftlichen Gattung der Evangelienharmonie abgeleitet: Eine Evangelienharmonie war im Mittelalter eine Zusammenstellung der vier Evangelientexte zu einem Textganzen.

ansätze benannt und bewertet. In welchen journalistischen Textsorten werden
die Topoi transportiert.

9.2.1 Ursachen des Karikaturen-Streits

Es gibt zwei übergeordnete Sachverhalte, die bei der Ursachensuche im Karikaturen-Streit zu Tage treten: Bei dem einen handelt es sich um eine Innensicht der
dänischen Gesellschaft, bei dem anderen um eine Beschreibung der politischen
Verhältnisse in der islamischen Welt. Es sind Betrachtungen des Umfelds, in
welchem der Karikaturen-Streit zum Ausbruch gekommen ist. Die benannten
Ursachen erweitern den Weltbildapparat, die Kontextualisierungszusammenhänge des Lesers, indem sie ihm Sachverhalte näher bringen, die zum Verständnis des Karikaturen-Streits unerlässlich sind.

9.2.1.1 Rassismus-Topos

Der Rassismus-Topos bezieht sich auf die dänische Gesellschaft und die dortige
innenpolitische Konstellation. Wie kein anderes Land in Europa habe Dänemark
seine Einwanderungsbestimmungen verschärft, heißt es. Durch die Beteiligung
der Nationalen Volkspartei an der Regierung habe sich die Haltung gegenüber
Zuwanderern, vor allem gegenüber Muslimen, verschärft. Der dänische Premier
Rasmussen habe durch seine Ablehnung eines Gesprächs mit Botschaftern islamisch geprägter Staaten die Situation eskalieren lassen und den Konflikt dadurch endgültig über die Landesgrenzen Dänemarks hinaus getragen. Dieser
Topos wird unter anderem in der FAZ, der SZ, der FR und der taz realisiert.

In „Der dänische Januskopf", der in der FAZ erschienen ist, liest sich der Rassismus-Topos so: „Begonnen hat die vor zehn Jahren gegründete Partei [die Dänische Volkspartei; A.G.] – ein Vorläufer wurde in den siebziger Jahren gegründet – mit dem Protest gegen eine erdrückende Steuerlast. Bald kamen nationalistisches und pietistisches Gedankengut hinzu. Die Souveränität des dänischen
Volkes, das dänische Kulturerbe, die Monarchie, die Volkskirche sowie Gesetz
und Ordnung sind Grundwerte des Parteienprogramms." Die rassistische Ausrichtung der Partei wird so beschrieben: „Immer wieder will die Dänische
Volkspartei die ohnehin strengen Einwanderungsgesetze weiter verschärfen, mal
durch obligatorische DNA-Tests für Einwanderungswillige […], mal durch die

174

Festlegung einer Obergrenze für Einwanderer und jetzt mit dem Vorschlag, radikale Imame aus Dänemark auszuweisen." Dabei wird vor allem der Prediger Abu Laban, der die Karikaturen in die islamische Welt mitgenommen und damit Stimmung gemacht hat, kritisiert: „Die islamische Glaubensgemeinschaft bezeichnet sie [die Dänische Volkspartei; A.G.] als mafiose fünfte Kolonne, die von erbärmlichen, lügnerischen Männern mit einer abschätzigen Meinung zu Demokratie und Frauen geleitet werde. Ihr Führer, Abu Laban, der möglichst als erster aus dem Land gewiesen werden sollte, sei ein Lügner und verstecke sich in einem Trojanischen Pferd."

Die SZ beschreibt auch den Autor des Kinderbuchs über den Islam, Bluitgen, als Akteur auf der fremdenfeindlichen Bühne in Dänemark: „Er hat auch im Jahre 2002 ein Sachbuch geschrieben, das den Untertitel trägt ‚Über verschlossene Augen in der dänischen Einwanderungsdebatte'. [...] In diesem ‚Frontbericht' über den ‚markant wachsenden Einfluss des Islam auf den Alltag' warnt Bluitgen die Linke, aus der er selbst stammt, sie dürfe nicht ihre eigenen Werte durch ‚größtmögliche Toleranz' verraten." Zur innenpolitischen Situation in Dänemark äußert sich auch „Das Tuch der Erregung": „Die Debatte in Dänemark bleibt aufgeheizt. Vereinfacht gesagt, stehen sich zwei feindliche Lager gegenüber. Die einen sehen den Mohammed-Streit als Folge der äußerst harten Ausländerdebatte der vergangenen Jahre. Sie fordern, Dänemark müsse sich seinen Einwanderern gegenüber wieder öffnen und die Integration fördern. Die andere Gruppe dagegen sieht die Krise als Beleg dafür, dass die islamische Welt westliche Werte wie die Redefreiheit bedroht und fordern deshalb einen harten Kurs gegen Ausländer, denen mehr Anpassung abverlangt werden müsse." Die Frankfurter Rundschau kritisiert das Verhalten des dänischen Premiers: „Er hätte der Bitte der Botschafter zu einem gemeinsamen Treffen nachkommen können; nicht um Jyllands-Posten zu zensieren, sondern um den besorgten Fragestellern die geltenden Regeln der Pressefreiheit zu erklären, gleichzeitig aber durchaus Mitgefühl mit den Gekränkten auszudrücken. Er tat es nicht, weil die Regierung dieses Mitgefühl nicht hat" („Provokation"). Die taz empfindet die Diskussion über die Meinungs- und Pressefreiheit in Dänemark als Scheindebatte, die die fremdenfeindliche Grundhaltung weiter Teile der Gesellschaft kaschieren soll. „Wenn sich durch den Spott über religiöse Dogmen als inneres Motiv ein Rassismus zieht, der eine ganze Ethnie, Minderheit oder Kultur stigmatisiert, dann hört sich die Satire auf – dann erfüllt sie ganz schnell den Tatbestand der Verhetzung" („Ach Kinder, geht spielen"). „Es ging nicht um eine künstlerische Auseinandersetzung mit der Figur Mohammeds, die dann das religiöse Empfinden anderer verletzte (wie im Fall Rushdie). Die Karikaturen wurden umgekehrt in dem Wissen bestellt, dass sich hier ein verletzlicher Punkt befindet – und dass man sich jederzeit hinter ‚Meinungsfreiheit' würde verstecken können" („In die Falle gegangen").

Der Rassismus-Topos besagt:

Die innenpolitische Debatte in Dänemark war in den vergangenen Jahren bereits geprägt von Auseinandersetzung über Zuwanderer und Muslime. Die Veröffentlichung der Karikaturen sollte diese Gruppe der Migranten bewusst treffen.

Die Argumente, die diesen Topos belegen sollen, lauten:

– Die Regierungsbeteiligung der Dänischen Volkspartei hat die Bedingungen für Muslime in Dänemark verschärft. Dies wird beispielsweise durch rigide Einwanderungsbestimmungen deutlich.

– In der dänischen Öffentlichkeit hat eine Auseinandersetzung über die Integration von Muslimen stattgefunden, in der auch rassistische Vorurteile eine Rolle gespielt haben.

– Das Verhalten des dänischen Ministerpräsidenten gegenüber den Botschaftern aus der islamischen Welt legt eine Geringschätzung der Bevölkerung islamischen Glaubens beziehungsweise der islamischen Welt nahe.

– Der Kinderbuchautor Bluitgen hat in der rassistisch gefärbten Einwanderungsdebatte eine Rolle gespielt.

9.2.1.2 Radikalisierungs-Topos

Dänische Imame haben auf ihrer Reise in die islamische Welt nicht nur die Karikaturen mitgenommen, die in der dänischen Zeitung abgedruckt waren, sondern haben sie um weitere, provokantere Darstellungen ergänzt. Diese bewusste und intendierte Manipulation der Karikaturen hat zur Eskalation des Konflikts geführt, so der Radikalisierungs-Topos. Er kommt in der Welt/Welt am Sonntag,

in der FAZ und in der SZ vor. So heißt es in „Falsche Karikaturen vorgelegt":
„Einer der islamischen Schriftgelehrten, die auf einer Rundreise durch den Nahen Osten ‚Mohammed-Karikaturen' angeprangert hatten, hat zugegeben, dass
es sich dabei nicht nur um die zwölf Zeichnungen handelte, die in Dänemark erschienen waren. Der Imam Ahmed Akari sagte dem Sender BBC, sie hätten weitere Karikaturen gezeigt, von denen sie geglaubt hätten, dass sie von ‚Extremisten' stammten." Auch der Artikel „Wir schreiben Geschichte" bezieht sich auf
die eigenwillige Zusammenstellung der Karikaturen: „Das vierzigseitige Dossier, das Abu Laban seiner Delegation für den Nahen Osten mit auf den Weg
gegeben hatte, enthielt nicht nur die zwölf Mohammed-Karikaturen der ‚Jyllands Posten', sondern auch Abbildungen, die Abu Labans Organisation in
Drohbriefen zugeschickt worden seien." Die Texte bewerten das Verhalten der
Delegation nicht expressis verbis als Manipulation, machen aber keinen Hehl
daraus, dass die Eskalation des Konflikts dem Umstand der zusätzlich hinzugefügten Karikaturen zu schulden ist.

Der Radikalisierungs-Topos besagt:

Hätte die islamische Delegation des Abu Laban die Zeichnungen der Jyllands-
Posten nicht um schärfere und provokantere ergänzt, wäre der Konflikt nie eskaliert.

In einer stärkeren Lesart kann der Topos auch besagen:

Die Delegation um Abu Laban wollte den Konflikt verschärfen und zur Eskalation bringen.

Das Argument, das diesen Topos belegen soll, lautet:

– Wenn die zwölf Karikaturen aus der Jyllands Posten schon provokativ waren,
war absehbar, dass das Hinzufügen weiterer Karikaturen den Streit zusätzlich
anfachen würde.

   – Die Delegation ist in die islamische Welt gereist, mit dem Ziel, Stimmung
gegen die Karikaturen zu machen.

– Die muslimische Delegation wusste, welche Wirkung die Zeichnungen haben würden. Sie wussten deshalb auch, dass die von ihnen hinzugefügten Karikaturen das Potenzial hatten, unkontrollierbare Reaktionen zu entfesseln.

9.2.1.3 Unterlegenheits-Topos

Der Unterlegenheits-Topos und der Stellvertreter-Topos in 9.2.1.4 greifen ineinander. Sie fußen beide auf der Wahrnehmung einer politisch-kulturellen Dominanz des Westens in der islamischen Welt. Der Unterlegenheits-Topos besagt, dass sich Muslime gegenüber der technologischen und militärischen Dominanz des Westens erniedrigt und gedemütigt fühlen. Der Stellvertreter-Topos behandelt seinerseits, wie Machthaber in der islamischen Welt diese Gefühle für ihre Zwecke ausnutzen.

Das Nachrichtenmagazin Spiegel führt den Unterlegenheits-Topos an, ebenso die Welt, die Süddeutsche Zeitung und die Frankfurter Rundschau. In diesem Topos geht es nicht um tagespolitische Fragestellungen: Der Karikaturen-Streit legt vielmehr eine tiefgehende Verletzung offen, die in der – zumindest von Muslimen so empfundenen – ganzheitlichen Ablehnung ihrer Kultur und Religion durch „den Westen" begründet ist. So schreibt der Spiegel: „Das Gefühl, vom Westen verkannt und verachtet zu werden, ist weit verbreitet" („Tage des Zorns"). In „Hetzer und Gehetzte" heißt es entsprechend: „Ein Gefühl von Schwäche und Verwundbarkeit, ja von imperialistischer Unterwerfung liege seit dem Irak-Krieg über dem arabischen Nahen Osten." Der Westen nötigt der islamischen Welt sein Tempo und seine wirtschaftlichen und technologischen Errungenschaften auf. So formuliert es die Welt: „Der Sturz aus der Größe, warum die islamische Welt ihre Vormacht verlor, wird aus der tiefen Sohle des gegenwärtigen Entwicklungsstranges als erbitterter Vorwurf an die westliche Welt formuliert, die alles mit der Firnis ihrer Globalisierung überzieht" („Verletzter Mohammed"). Diese Entwicklungen gepaart mit politischer Arroganz sind auch im Diskurs der Süddeutschen Zeitung maßgeblich, wenn sie den Unterlegenheits-Topos formuliert: „Es geht für viele Muslime um das, was sie als ‚Demütigung' durch ‚den Westen' erleben" („Macht der Zerrbilder").

In der Frankfurter Rundschau kommt dieser Topos ebenfalls vor, beispielsweise in dem Text „Wider das Freund-Feind-Denken". Hier wird der Topos benannt und gleichzeitig in die Nähe des Stellvertreter-Topos gebracht (9.2.1.4): „Als die Karikaturen erschienen, fühlte sich die islamische Welt längst gedemütigt. Subtiler als die militärische Intervention in verschiedenen islamischen Staaten – aber nicht weniger demütigend – wirkt sich dabei die moralische Diskreditierung verbaler Natur aus. Wer ‚Achse des Bösen' sagt, meint unausgesprochen den Islam." Insgesamt ist der Niedergang der islamischen Kultur und ihrer Vormachtstellung nicht singulär zu begründen; der Spiegel trägt dem Rechnung, wenn es dort heißt: „Die islamische Welt hat heute ein riesiges, unüberwindbares Problem: Nach den Jahrhunderten einer führenden Rolle ist die Religion geistig erstarrt. Ihr Abgang von der Weltbühne ist ein komplexer Prozess. Dem Entdeckergeist des Abendlandes stand auf einmal die Engstirnigkeit des Morgenlandes gegenüber" („Tage des Zorns").

Um dieses Gefühl der Unterlegenheit nicht weiter zu vertiefen und den islamischen Machthabern in die Hände zu spielen, könnte man auf der Grundlage dieses Topos im Verlauf des Diskurses bei der Frage, welche Rolle die Pressefreiheit gegenüber dem religiösen Gefühlen einnehmen sollte, zu dem Schluss kommen, den religiösen Gefühlen gebühre in diesem Falle der Vorrang.

Der Unterlegenheits-Topos besagt:

Der Karikaturen-Streit legt das tiefgründige Gefühl der Unterlegenheit von Muslimen angesichts einer kulturellen und wirtschaftlichen Dominanz des Westens offen.

Die Argumente, die diesen Topos belegen sollen, lauten:

– Entgegen der Erfahrung der ersten Jahrhunderte der islamischen Geschichte, erleben die Gesellschaften in der islamischen Welt die Gegenwart als eine Zeit der Stagnation, wohingegen die Kultur des Westens weiter entwickelt ist als die islamische.

– Die Globalisierung ist eine weitere imperialistische Expansion des Westens, die sich gegen die islamische Welt richtet.

– Die Rhetorik „des Westens" – „Achse des Bösen" u.a. – ist für Muslime Ausdruck der Geringschätzung ihrer Länder und Religion.

9.2.1.4 Stellvertreter-Topos

Der Stellvertreter-Topos kommt im Spiegel, Stern, Focus, der Welt/Welt am Sonntag, der Süddeutschen Zeitung und der Frankfurter Rundschau vor. Der Karikaturen-Streit steht auch hier für einen übergeordneten und schon länger schwelenden Konflikt zwischen „dem Westen" und „der islamischen Kultur". Nach dem Urteil der Frankfurter Rundschau sind die Karikaturen, „die Tropfen, die das Fass zum Überlaufen brachten" („Warnung vor dem Flächenbrand"). Der Diskurs der Rundschau sucht die Ursache dieses Konflikts mit den politischen Konstellationen in der islamischen Welt und im Westen. So ist der Karikaturen-Streit Ausdruck eines Konfliktes, der von einer „opportunistischen, gewalttätigen und phantasielosen Machtpolitik des Westens" ausgeht („Warnung vor dem Flächenbrand"). Die Proteste auf den Straßen der islamischen Welt werden als Aufbegehren gegen eine kulturelle Bevormundung durch den Westen gedeutet: „Wenn europäischen Staaten den religiösen Fundamentalismus aus der islamischen Welt zurückweisen, ohne gleichzeitig den kulturellen Fundamentalismus, wie er sich im offiziellen Sprachgebrauch vor allem der Vereinigten Staaten ausdrückt, mit derselben Klarheit zurückweisen, wird dies in der islamischen Welt vielerorts als Demütigung empfunden und trägt zum Erstarken des islamischen Fundamentalismus bei" („Wider das Freund-Feind-Denken"). Die Argumente für den Stellvertreter-Topos werden nicht nur am Verhalten des Westens festgemacht, sondern auch an den politischen und wirtschaftlichen Verhältnissen, die in den betreffenden Ländern der islamischen Welt herrschen. So heißt es im Stern: „Die größte Ballung von Diktaturen liegt zwischen Marokko und Pakistan. Die meisten ihrer Herrscher haben jedwede Opposition zerschlagen. Als Sammelbecken der Unzufriedenen ist nur der Islam geblieben, denn Moscheen lassen sich nicht abschaffen" („Die gesteuerte Empörung"). Solche despotischen Regierungen nutzten die Karikaturen, um über die desolaten Zustände in den von ihnen regierten Ländern hinwegzutäuschen: „Einige wenige dänische Moslems haben einige Länder im Nahen und Mittleren Osten besucht und die Flamme des Ressentiments geschürt: Regierungen, froh und glücklich, ihre Bindung an den Islam zu beweisen – und sich so in den Augen ihrer Bevölkerung religiös zu legitimieren –, haben ihren Vorteil in dieser glücklichen Fügung gesucht und sich selbst als Helden der guten Sache ins rechte

180

Licht gerückt" (Die Welt: „Kein Kampf der Kulturen"). Ähnlich äußert sich auch der Focus in „Aufruf zum Dschihad" im Hinblick auf die Situation im Iran: „Der westliche ‚Angriff' auf den Glauben verleiht dem religiösen Regime – und damit dem Hardliner-Präsidenten Mahmud Ahmadinedschad – ungeahnten Rückhalt." In der Süddeutschen Zeitung taucht der Begriff der Stellvertreterfunktion auf, die der Karikaturen-Steit hat. Der Stellvertreter-Topos wird hier explizit als solcher bezeichnet und beschrieben: „Der vielschichtige Streit dreht sich nicht um religiöse Gefühle allein: Er hat auch eine polit-psychologische Stellvertreterfunktion. Er ist das Ventil, aus dem aufgestaute Wut und Frustration entweichen können. Im Irak ist Krieg, der Prozess gegen Saddam Hussein wird als Siegerjustiz verstanden. Der Westen streitet mit Iran um das Atomprogramm, was als neokoloniale Bevormundung fehlinterpretiert wird. Der demokratische Sieg der Hamas soll plötzlich keine Gültigkeit haben" („Die Macht der Zerrbilder). Und weiter: „Diese Faktoren machen es für die Saudis dringlicher denn je, als die verlässlichen Hüter des Glaubens und als die unangefochtene Führungsmacht des sunnitischen Islam zu erscheinen. [...] Und auch die syrische Führung weiß, wie sehr ihr die Karikaturen nützen, um ebenfalls als Hüterin des Glaubens dazustehen."

Der Stellvertreter-Topos besagt:

Politische Machthaber in der islamischen Welt nutzen den Karikaturen-Streit, um von den innenpolitischen Problemen abzulenken, die sie haben.

Die Argumente, die diesen Topos belegen sollen, lauten:

– Die Proteste in der islamischen Welt waren gesteuert. Dänische Fahnen, die zu hunderten verbrannt wurden, sind von den jeweiligen Regierungen verteilt worden.

– Die Demonstrationen gegen Dänemark bzw. den Westen, haben in Ländern stattgefunden, in denen es sonst keine freie Meinungsäußerung und keine freie Presse gibt. Sie sind durch staatliche Autoritäten organisiert gewesen.

– Der Boykott von dänischen Waren ist ohne politische Unterstützung nicht möglich.

– Die Politik des Westens stützt zur Durchsetzung ihrer Interessen die herrschenden Regime, die häufig nicht demokratisch sind. Der Karikaturen-Streit wird von diesen Regimen als Beispiel für das imperialistische Gebaren angeführt und führt zum vorliegenden Konflikt.

Das Verhältnis der beiden Topoi zueinander kann abschließend so beschrieben werden: Der Stellvertreter-Topos beschreibt die Begegnung zwischen islamischer und westlicher Welt aus einer langfristigen historischen Perspektive, der Unterlegenheits-Topos bietet eine Deutung aktueller Entwicklungen und leistet deren Interpretation in psychologisierender Weise.

9.2.2 Erklärungen des Karikaturen-Streits

Den im Diskurs dargestellten Ursachen des Karikaturen-Streits liegen Ereignisse in der Wirklichkeit zugrunde, die bereits vorgestellt wurden, zum Beispiel die Regierungskonstellation in Dänemark oder die dort geltenden verschärften Einwanderungsbestimmungen. Sie rekurrieren auf zeitgeschichtliche Begebenheiten, Geschehnisse in der außersprachlichen Wirklichkeit. Diese Ursachen werden in linearen, kausalen Ketten herausgestellt, die anhand äußerer Verläufe die Darstellung und den Verlauf eines Sachverhaltes beschreiben. Vermittelt werden diese Ketten idealer Weise in der journalistischen Textsorte des Berichts, der den Raum bietet, neben den aktuellsten Neuigkeiten Zusammenhänge aufzuzeigen, die das außersprachliche Geschehen zeitlich rekonstruierend oder genealogisch betrachten.

Die Erklärungen der Ursachen finden hingegen auf der Meta-Ebene statt. Welche geistig-kulturellen und soziologischen Komponenten haben zu einer bestimmten Entwicklung geführt. Im Fall des Karikaturen-Streits bilden sich im Diskurs anhand dieser Perspektive einer Meta-Fragestellung der Reflexions-Topos und der Aufklärungs-Topos heraus. Sie argumentieren von einem westlichen Standpunkt aus. Die westliche Zivilisation wird dabei der islamischen gegenüber gestellt. Im Mittelpunkt steht das, was der islamischen Kultur im Vergleich zur westlichen noch fehlt.

9.2.2.1 Reflexions-Topos

Die Karikatur ist der Ausdruck kritischer Selbstbetrachtung. Die Karikatur ist ein Motor geistiger und politischer Prozesse. Sie steht für eine reflexive Schau eigenen Tuns. Der Reflexions-Topos besagt, dass die Möglichkeit zur Selbstreflexion ein geistig-kulturelles Eigengut des Westens ist. Sie ist ein Ergebnis seiner Entwicklung. Die Vorannahme, auch andere Kulturen seien zu dieser Art der Selbstkritik in der Lage, ist diesem Topos zufolge falsch. Die Gegenüberstellung der westlichen Kultur mit der Lage in der islamischen Welt soll dies im Text „Selbstkritik macht den Westen stark", der in der Zeit erschienen ist, illustrieren: „Seine [des Westens; A.G.] Rechts- und Toleranzprinzipien sind keine Quelle der Ohnmacht, sondern die einzige Kraft, mit der sich die globalisierte Gesellschaft der Zukunft friedlich integrieren lässt. Der Westen ist nicht überlegen, weil er stärker, brutaler, durchsetzungsfähiger wäre, sondern weil er über die Kultur der Selbstreflexion und die Institution der Selbstkorrektur verfügt", heißt es dort. Die Selbstreflexion, die in der islamisch geprägten Welt einen anderen Status als in den aufgeklärten und demokratischen Gesellschaften des Westens hat, ist das Alleinstellungsmerkmal der hiesigen Kultur und als solches in der Lage, den Konflikt auch wieder zu überwinden. Dies bedeutet etwa auch im vorliegenden Konflikt, sich an die eigene Nase fassen zu können – etwa in der Form von Aussagen wie: Der nachträgliche Abdruck der Karikaturen war möglicherweise eine Provokation. Radikalisierungstendenzen in der dänischen Gesellschaft wurde nicht entschieden genug begegnet.

Die kritische Selbstreflexion ist eine Errungenschaft der abendländischen Philosophie und Wissenschaftsgeschichte. Sie ermöglicht, sowohl die eigenen Mechanismen und Fehler zu verstehen, als auch die Argumentation der anderen Seite intellektuell zu durchdringen. Dieser Topos wird im Spiegel, der Zeit, der FAZ/FASZ, der Frankfurter Rundschau und der Tageszeitung benutzt. So heißt es in der Frankfurter Allgemeinen Zeitung im Artikel „Raus aus der Defensive!": „Das wirksamste Instrument, über das der Westen verfügt, ist die kritische, öffentliche Selbstreflexion." Und die Frankfurter Rundschau formuliert in „Leitkultur Aufklärung": „Der Karikaturenstreit bietet allerdings auch die Gelegenheit, die Selbstreflexion der westlichen Welt zu beobachten. Das Nachdenken über sich selbst ist allemal eine Stärke der abendländischen Kultur." Die Reflexion, so dieser Topos weiter, ist das entscheidende Moment, das der drohenden Perspektive eines Kulturkampfes entgegen wirken kann. Dieser Topos wird im Spiegel, in der Zeit, der FAZ, der Frankfurter Rundschau und der Tageszeitung kultiviert. In Abgrenzung zum Kampf der Kulturen wird in „Es bedarf keines Feldzugs gegen den Islam" formuliert: „Statt den Kampf der Kulturen zu beschwören, sollten wir ihm besser mit Bedacht und Argumenten die Schwerter nehmen, sollten versuchen, uns in der einen bunten Welt, die immer näher zusammenrückt, in Achtung begegnen und in Streitkultur üben."

Der Reflexions-Topos schaut aus der eigenen Perspektive – reflexiv – auf die heimische Kultur. Deutlich wird dies bereits jetzt schon im aktuellen Verlauf des Karikaturen-Konflikts. So heißt es in „Selbstkritik macht den Westen stark": „Der Westen vertritt nicht den Gedanken der Kollektivhaftung. Er greift nicht wahllos nach Muslimen irgendwo in der Welt, um an ihnen zu strafen, was andere Muslime anderswo getan oder auch in Gedanken unzureichend getadelt haben." Diese Differenzierung fehlt den Muslimen, so der Topos, denn in der islamischen Welt werden Christen kollektiv für die Karikaturen verantwortlich gemacht und durch „Vergeltungsaktionen" in Mitleidenschaft gezogen.

Der Reflexions-Topos besagt:

Das kritische Instrument der Selbstreflexion macht den Westen stark. Der islamischen Kultur fehlt dieses Instrumentarium. Dies hat mit der Erstarrung der Religion des Islam zu tun.

Das Argument, das diesen Topos belegen soll, lautet:

– Im Westen gibt es die Selbstreflexion als Ergebnis der eigenen Geistes- und Kulturgeschichte. Deswegen kommt es hier auch nicht zu Ausschreitungen wie in der islamischen Welt. Der Mangel an Selbstreflexion hat den Streit eskalieren lassen.

9.2.2.2 Aufklärungs-Topos

Der Aufklärungs-Topos ist ebenfalls der Versuch einer Erklärung des Zustands der islamisch geprägten Welt aus der europäisch-westlichen Perspektive. Der Terminus der Aufklärung spielt hier eine entscheidende Rolle. Die Aufklärung wird als der zentrale Unterschied zwischen der Entwicklung von Okzident und Orient wahrgenommen. Der Topos kommt im Spiegel, dem Stern, der FAZ/FASZ, der Süddeutschen Zeitung, der Frankfurter Rundschau und der Tageszeitung in unterschiedlicher Intensität vor. Die Aufklärung hat die westliche Kultur von einer präfigurierten religiösen Deutung der Wirklichkeit abgekoppelt. Die Aufklärung hat dazu beigetragen, der Vernunft als Argumentationsgrundlage den Vorzug vor dem Dogma zu verschaffen.

Der Aufklärungs-Topos besagt: Die entscheidende Entwicklung, die in der islamischen Welt einsetzen muss, sollte der europäischen Aufklärung vergleichbar sein. Eine solche Entwicklung wäre gut für die islamische Welt. Von dieser Entwicklung würde auch die Weltgemeinschaft profitieren. Dieser Topos funktioniert nach dem Muster: Wenn x (gilt), dann y. Die Stagnation in der islamischen Kulturwelt wurde im Kontext des Unterlegenheits-Topos bereits thematisiert. In eine Handlungsaufforderung gewandelt ist sie ein Aufruf zur Reformation der islamischen Theologie und Lebensweise, die den vom Islam geprägten Teil der Welt in die Lage versetzt, in eine friedliche Zukunft zu gehen. Nur wenn diese Reformation, diese Aufklärung gelingt, ist die Abwehr eines Kampfes der Kulturen möglich, heißt es in „Leitkultur Aufklärung": „Die Gefahr, dass uns ein Jahrhundert der Religionskriege bevorsteht, in dem Gotteskrieger den Takt vorgeben, nach dem die gesellschaftlichen Verhältnisse zu tanzen haben, ist weit realer, als dies gemeinhin angenommen wird."

Der Aufklärungs-Topos besagt:

Die Menschen in der islamischen Welt leben in einem vor-aufklärerischen Zustand. Eine Entwicklung, eine Reformation ähnlich wie in Europa, ist unabdingbar, sollten die Menschen, die in dieser Hemisphäre leben, den Zustand der Stagnation beenden wollen.

Die Argumente, die diesen Topos belegen sollen, lauten:

– Die Aufklärung in Europa hat die gesellschaftliche und wissenschaftliche Entwicklung beschleunigt und positiv vorangetrieben.

– Die Religionskriege, die Konflikte, die um ein Dogma kreisen (als solcher wird der Karikaturen-Streit hier verstanden), wurden in Europa durch die Aufklärung für die Zukunft unmöglich gemacht.

Diese beiden Argumente ziehen ihre Kraft aus der Vorannahme, dass die geschichtlichen Entwicklungen in Europa beliebig auf andere Kulturkreise übertragbar sind. Selbstreflexion (die kritische Betrachtung der Wirklichkeit) ist Teil der geistigen Aufklärung. Zwischen den beiden Erklärungs-Topoi besteht deshalb ein innerer Zusammenhang.

9.2.3 Handlungsaufforderungen, die aus Ursachen und Erklärung resultieren

Aus der Analyse der Ursachen des Konflikts und der Darlegung von möglichen Erklärungen des Karikaturen-Streits ziehen die Texte je verschiedene Konsequenzen. Sie erheben den Anspruch, Lösungsansätze vorzutragen, die den Konflikt, der nach der Veröffentlichung der Karikaturen ausgebrochen ist, einzudämmen, zu beenden und eine Neuauflage für die Zukunft unmöglich zu machen. Sie formulieren Handlungsaufforderungen an die Leser: Sie wollen die Deutungshoheit über den Konflikt erringen und ihre je eigene Bewertung des Karikaturen-Streit majorisieren.

9.2.3.1 Gegen-Selbstzensur-Topos

Der Gegen-Selbstzensur-Topos dient der Bestätigung des journalistischen Handelns, die Karikaturen über Muhammad bzw. zeitgenössische Aspekte des Islams abgedruckt zu haben. Dieser Akt der Selbstvergewisserung scheint umso nötiger, da zum Beispiel der Chefredakteur der Zeitung Jyllands-Posten, Carsten Juste, angesichts des Fanals an Gewalt, ausgelöst durch die Karikaturen, in „Tage des Zorns" sagt: „Wir haben den Kampf um die Meinungsfreiheit verloren." Die Frage nach der Selbstzensur wird im vorliegenden Diskurs nicht isoliert im Kontext der Karikaturen betrachtet. Die Texte konstatieren, dass in den vergangenen Jahren, beispielsweise durch die Ermordung des Filmemachers Theo van Gogh durch einen Islamisten in Holland, immer mehr Menschen sich fürchten, ihre Meinung zum Islam zu äußern. Auch in Dänemark war dieses diffuse Gefühl maßgeblich dafür gewesen, die Karikaturen überhaupt zeichnen zu lassen.

So wird zum Beispiel in der Welt „Kultur der Einschüchterung" von „Fällen der Selbstzensur" berichtet. Dieses Einknicken vor der Gewaltbereitschaft religiös-autoritärer Personen und Gruppen wird als Gefahr für die Demokratie bewertet, in der westlichen, aber auch in der islamischen Welt: „„Wenn unsere Standards zusammenbrechen und der Angst Platz machen, haben diese Leute absolut keine Chance mehr'", heißt es im Hinblick auf die islamische Welt.

Aufgrund der Relevanz dieses Topos kommen zugehörige Argumente explizit im Spiegel, dem Stern, der Zeit, der Welt/WamS, der FAZ/FASZ und der Süddeutschen Zeitung vor. Im Diskurs der Printmedien spielt diese Frage naturgemäß eine besondere Rolle, da der Arbeits- und Wirkungsbereich von Menschen betroffen ist, die gerade von der freien Meinungsäußerung, der nicht stattfindenden Zensur, leben. Aus diesem legitimen Eigeninteresse wird dieser Topos der medialen Öffentlichkeit der „Mediendemokratie" in Deutschland besonders vorgeführt.

Der Gegen-Selbstzensur-Topos besagt:

Hätten die Medien auf das Abdrucken und das Nachdrucken der Karikaturen verzichtet, wäre diese eine Selbstzensur der Presse, die mit der Freiheit der Meinung und der Medien nicht in Einklang zu bringen ist.

Das Argument, das diesen Topos belegen soll, lautet:

– Die Meinungs- und Pressefreiheit ist eine Errungenschaft der europäischen Aufklärungs- und Demokratiegeschichte. Sie garantieren die Freiheit innerhalb von Gesellschaften. Freie Gesellschaften sind immun gegen religiöse Bevormundung, wie man sie gerade im Karikaturen-Streit erlebt.

9.2.3.2 Prinzipien-und-Respekt-Topos

Der Prinzipien-und-Respekt-Topos ist der Versuch einer Synthese zwischen den im Diskurs vorgebrachten Argumenten für den Schutz der Person, ihrer Integrität, zu der auch religiöser Glaube gehört, und dem Anspruch einer freien Presse und Meinungsäußerung, die für freiheitliche demokratische Gesellschaften konstitutiv sind. Er kommt im Spiegel, dem Stern, der Zeit, der Welt/WamS, der FAZ/FASZ, der Süddeutschen Zeitung und der Tageszeitung vor. Die Texte versuchen beide Ansprüche miteinander ins rechte Verhältnis zu bringen. Texte wie „Risse im Abendland" stellen hierfür beide Ansprüche, bzw. Thesen, nebeneinander: „Während Paris und Berlin das Recht auf Meinungsfreiheit unterstreichen, betont der britische Außenminister Jack Straw die ‚Verantwortung', die mit dieser Freiheit verbunden sei." Der Text „Kollidierende Kulturen" spricht von einem „weitreichenden, wenn auch nicht totalen Vorrang von Meinungs- und Pressefreiheit vor religiösen Gefühlen." Vor allem Religionsvertreter wie der katholische Bischof Walter Mixa oder der islamische Theologe Tariq Ramadan argumentieren in Richtung eines gesunden Verhältnisses von Respekt vor religiösen Gefühlen und der Unbedingtheit der Meinungs- und Pressefreiheit. In diesem Sinne schreibt Ramadan in „Raus aus der Defensive!": „Wer die Freiheit liebt, der weiß, wie wichtig gegenseitiger Respekt ist, und wer die Notwendigkeit einer so konstruktiven wie kritischen Diskussion begreift, muss jetzt Stellung beziehen, sich engagieren und sichtbar in Erscheinung treten." Der Text plädiert hier klar für diskursive Auseinandersetzungen und für den Respekt vor den Überzeugungen des Gesprächspartners gleichermaßen. Der Abdruck der Karikaturen wird in diesem Kontext folgerichtig bisweilen als Provokation verstanden, die das Lot zwischen Prinzipientreue und Respekt verrückt habe: Das größte „Massenblatt des Landes [die Sun in England; A.G.] […] gab im ersten Leitartikel zum Karikaturenstreit die Devise für alle britischen Gazetten aus: Gewiss müsse das Recht auf Meinungsfreiheit unbedingt verteidigt werden. Doch die kontroversen Abbildungen nachträglich zu veröffentlichen sei unnötig provokativ" („Risse im Abendland"). Dem Prinzipien-und-Respekt-Topos liegt die Vorstellung zugrunde, dass religiöse Gefühle als Teil der Würde der Person, die zu achten ist, betrachtet werden und somit als Teil eines Grundrechtes ebenso Geltung beanspruchen dürfen wie die freie Meinungsäußerung. So heißt es in „Unsere Freiheit": „Dem wird man nur mit jener Mischung aus Standhaftigkeit und Augenmaß begegnen können, die die europäische Tonlage der vergangenen Tage bestimmt hat: Betonung der (Presse-) Freiheit, Ablehnung von Gewalt, aber auch Verständnis für die religiösen Gefühle anderer." Das eingeforderte „Augenmaß", mit dem beide Prinzipien zueinander in Verhältnis gesetzt werden sollen, versucht die Frage zu umschiffen, welches der beiden Prinzipien im Konfliktfall den Vorrang vor dem anderen erhalten soll. Der Text „Freiheit oder Respekt? Die Unesco streitet über Grundwerte" sieht den Vorrang bei der Freiheit der Meinungsäußerung: „Die EU reagierte mit einem Gegenentwurf, der den Akzent vom Respekt des Glaubens auf die Freiheit der Meinungsäußerung zurückversetzte. [...] Die Vertreter Europas blieben hart in den Grundprinzipien." Die Texte, die diesen Topos beinhalten, haben ungeachtet der Gewichtung gemeinsam, dass sie beide Bereiche identifiziert haben und ihnen beide eine je eigene Bedeutung einräumen. Um Konflikte wie den Karikaturen-Streit in Zukunft zu vermeiden, müsse man, so die entsprechenden Texte, auf die Balance zwischen den beiden Ansprüchen achten. Die Frankfurter Rundschau ist das einzige Printmedium, das dem religiösen Gefühl als solchem keine eigene, noch so kleine Berechtigung einzuräumen bereit ist.

Der Prinzipien- und-Respekt-Topos besagt:

Gegenseitiger Respekt ist die Bedingung für Freiheit. Respekt vor der Person des Mitmenschen schließt den Respekt vor seinen religiösen Gefühlen ein. Diesen Respekt kann man nicht gegen die Prinzipien von Meinungs- und Pressefreiheit ausspielen. Das rechte Maß der beiden ist entscheidend, um Konflikte wie den Karikaturen-Streit künftig zu vermeiden.

Die Argumente, die diesen Topos belegen sollen, lauten:

– Religionsfreiheit ist ebenso ein Grundrecht wie Meinungs- und Pressefreiheit.
– Religiöser Glaube gehört zum Wesenskern des Daseinsvollzugs des Menschen. In dem dieser Glaube Teil des Innersten einer Person ist, muss er auch, als Teil der Menschenwürde, vor Herabwürdigung geschützt werden.

9.2.3.3 Kampf-der-Kulturen-Topos

Der Kampf der Kulturen hat bereits begonnen. Es gibt eine große Anzahl von Texten dieser Untersuchung, die sich mehr implizit, beispielsweise in Überschriften, der Frage nach dem Kampf der Kulturen nähern. Dieser Topos kommt besonders in den Magazinen Spiegel, Stern und Focus sowie in der Welt/Welt am Sonntag vor. Hier wird, meist durch die Nennung der großen geographischen Zonen, in denen es aufgrund der Karikaturen zu Ausschreitungen gekommen ist, der Konflikt als Vorbote oder Ausdruck des Kulturkampfes gedeutet. Immer wieder taucht in den zu diesem Topos gehörenden Texten der Terminus „die blutigen Grenzen des Islam" auf, der Samuel Huntingtons „Kampf der Kulturen" entnommen ist. Der Umkehrschluss wird hier gezogen zu den muslimischen Minderheiten in der westlichen Welt. So heißt es in einem Debattenbeitrag des Spiegel: „Auch liberalere Geister könnten sich bei Gelegenheit der aktuellen Unruhen fragen, ob die erfolgreichen Abwehrkämpfe, die das christliche Europa einst gegen den Ansturm arabischer Mächte führte, von heute aus gesehen, nicht umsonst gewesen sind. Der zur Mehrheit tendierende Anteil der muslimischen Bevölkerung von Amsterdam und anderen Metropolen braucht unsere Toleranz bald nicht mehr." Diese Passage besagt, dass auch wenn es bislang in der westlichen Welt noch zu keinen Ausschreitungen und Gewalttaten vergleichbar denen in der islamischen Welt gekommen ist, wird sich der Konflikt in einem nächsten Schritt, bei einem weiteren Anlass, auch auf die westliche Welt ausweiten. Im Zuge dessen wird es auch Gegenreaktionen des Westens auf den (militanten) Islam geben. Der Text „Kollidierende Kulturen" startet mit einem Verweis auf Huntington, um dann in seinem Verlauf die Ereignisse zu beschreiben und zu bewerten: „Was dieser Tage zwischen Kopenhagen und dem Gaza-Streifen, Paris und Djakarta, London und Islamabad vor sich geht, scheint eine Ahnung zu geben von einer Art ‚clash of cultures', dem Zusammenprall zwischen westlicher und moslemischer Kultur und Lebenssicht – zwei parallele Welten, deren eine nicht verstehen kann und will, was der anderen als hohes Gut gilt: den weitreichenden, wenn auch nicht totalen Vorrang von Meinungs- und Pressefreiheit vor religiösen Gefühlen."

Der Kampf-der-Kulturen-Topos besagt:

Der Konflikt um den Abdruck und Nachdruck der so genannten Muhammad-Karikaturen belegt den bereits schwelenden bzw. ausgebrochenen Kulturkampf, den Samuel Huntington vorhergesagt hat.

Die Argumente, die diesen Topos belegen sollen, lauten:

– Die Ausschreitungen in der islamischen Welt, Vergeltungsaktionen gegen Nicht-Muslime, Mord an Christen, Racheschwüre gegen den Westen, die Unterstützung des Mobs durch Machthaber: All das verdeutlicht, dass der Karikaturen-Streit einen Konflikt zum Ausbruch gebracht hat, der an der Grenze zwischen westlicher und islamischer Kultur verläuft.

– Gerade die vielen Hinweise in den Texten auf den großen geographischen Raum, dessen Bewohner sich durch die Nachricht über die Karikaturen zu radikalen und gewalttätigen Reaktionen haben hinreißen lassen (zum Beispiel in „Kollidierende Kultuen": „zwischen Kopenhagen und dem Gaza-Streifen, Paris und Djakarta, London und Islamabad"), belegen die These eines großflächigen Kulturkampfes.

– Die Entschuldigung Dänemarks ist wirkungslos verpufft und wurde in der islamischen Welt bewusst nicht gehört bzw. angenommen.

– Machthaber in der islamischen Welt haben den Konflikt bewusst angeheizt und gezielt ausgeweitet. Sie scheinen eine Konfrontation mit „dem Westen" zu wollen.

9.2.3.4 Kein-Kampf-der-Kulturen-Topos

Der Deutung des Karikaturen-Steits als Element oder Vorbote eines Kampfes der Kulturen widersprechen Texte in der Zeit, der Welt/Welt am Sonntag, der FAZ/FASZ, der Süddeutschen Zeitung, der Frankfurter Rundschau und der Tageszeitung. Interessant ist an dieser Stelle, dass dieser Kein-Kampf-der-Kulturen-Topos in keinem der untersuchten Magazine expliziert wird.

Im Diskurs der Zeit wird die Deutung eines Kampfes der Kulturen verworfen: In „Risse im Abendland" heißt es: „Stell dir vor, es ist Kulturkampf und keiner geht hin" – in Anlehnung an einen Slogan der Friedenbewegung „Stell dir vor, es ist Krieg und keiner geht hin". Der Zeit-Text „Verteidigung der Freiheit" begründet diese ablehnende Haltung gegenüber der Kulturkampf-These so: „Es gibt zurzeit keinen Zusammenstoß der Kulturen, weil auf westlicher Seite kaum jemand zu erkennen ist, der diesen Zusammenstoß ansteuerte." In „Verteidigung der Freiheit" heißt es: „Schon schwebt das böse Wort vom Zusammenstoß der Kulturen über allen Interpretationsversuchen, aber man möchte ihn ums Verrecken nicht diagnostizieren. Noch ist im Westen allenthalben das Bemühen zu erkennen, diese Deutung zu widerlegen und den Brand zu löschen, der inzwischen selbst die entlegensten Regionen erreicht."

Das bereits im Reflexions-Topos angeführte Zitat aus der Frankfurter Rundschau „Statt den Kampf der Kulturen zu beschwören, sollten wir ihm besser mit Bedacht und Argumenten die Schwerter nehmen, sollten versuchen, uns in der einen bunten Welt, die immer näher zusammenrückt, in Achtung begegnen und in Streitkultur üben"[246], steht auch für den Kein-Kampf-der-Kulturen-Topos.

Den Befürworter des Kampfes der Kulturen wird im Diskurs der Welt mit dem Verweis auf Huntington selbst begegnet: „Zwingend und naturgesetzlich tritt gar nichts von dem ein, was der ‚Kampf der Kulturen' vorhersagt. Die Kraft von Vernunft und Versöhnung ist stärker als die Vergangenheit. Genau das hat Huntington erkannt. ‚In Zukunft wird es keine universelle Zivilisation geben, sondern eine Welt voller unterschiedlicher Zivilisationen, die alle lernen müssen, miteinander zu leben.' Huntington wollte nicht die Generalmobilmachung gegen den Islam, sondern war umgekehrt für die Pflicht, ihn anzuerkennen. Wer sich heute auf ihn beruft, darf diese Idee nicht unterschlagen" („Der Konflikt ist unvermeidbar"). Tariq Ramadan schreibt in seinem Beitrag in der Welt: „Nein es geht nicht um einen Kampf der Kulturen. Nein diese Affäre steht nicht für eine Konfrontation der Prinzipien der Aufklärung mit denen der Religion. [...] Der Riss, der sich aufzutun scheint, verläuft nicht zwischen dem Westen und dem Islam, sondern zwischen denen, die [...] im Namen einer Religion und/oder einer vernünftigen Vernunft maßvoll erklären können, wer sie sind und für was sie stehen, und jenen, die von exklusiven Wahrheiten, blinden leidenschaftlichen Vorurteilen und hastigen Schlussfolgerungen getrieben werden." Hier wird konstatiert, dass in der Tat ein Konflikt vorliegt, dieser aber nicht zwischen zwei Kulturen besteht, sondern zwischen zwei Denkweisen. Die radikale Denkweise kann durch ein Miteinander der Vernünftigen in beiden Kulturwelten zurückgedrängt werden.

Der Kein-Kampf-der-Kulturen-Topos besagt:

Der Konflikt um die Karikaturen steht nicht für den Kampf der Kulturen.

---

[246] Aus dem Artikel „Es bedarf keines Feldzugs gegen den Islam"

192

Die Argumente, die diesen Topos belegen sollen, lauten:

– In der westlichen Welt, in der Muslime und Christen zusammen leben, ist es nicht zu Ausschreitungen und Exzessen gekommen wie in der islamischen Welt.
– Es gibt auch im Islam moderate und aufgeklärte Denker. Der Karikaturen-Streit ist ein Konflikt zwischen aufgeklärtem und voraufklärerischem Denken. Vertreter beider Gruppen gibt es in beiden Kulturen.

9.2.4 Auswertung

9.2.4.1 Harmonisierung der Topoi

In einer Harmonisierung kann der Diskurs, der sich aus den vorgestellten Topoi aufbaut, ausgehend von dem „Ereignis" der Veröffentlichung der Muhammad-Karikaturen, wie folgt beschrieben werden:

Es gibt vier Gründe, die ursächlich zur Veröffentlichung der Karikaturen und deren Bekannt werden in der islamischen Welt geführt haben und die das Verhältnis der Reaktionen darauf in der islamischen Welt erklären. In der dänischen Gesellschaft gibt es seit Jahren Auseinandersetzungen um die Frage nach der Zuwanderung. Die politischen Fronten haben sich dergestalt entwickelt, dass zur Regierung von Premierminister Rasmussen die rechtsgerichtete Nationale Volkspartei gehört. In dieser gesellschaftlichen Kontroverse über Zuwanderung und Migranten aus der islamischen Welt hat auch der Autor Bluitgen, der das Kinderbuch über Muhammad herausgeben wollte, Stellung bezogen (Rassismus-Topos). In der islamischen Gemeinde Dänemarks blieben die Reaktionen auf die Karikaturen verhalten; erst durch eine Reise islamischer Gelehrter unter der Leitung des Predigers Abu Laban wurden die in der Jylllands-Psoten abgedruckten Karikaturen in der islamischen Welt publik gemacht. Zudem haben die Geistlichen weitere, schärfere Karikaturen als solche ausgegeben, die in der dänischen Zeitung erschienen sind. Dies hat den Konflikt in der islamischen Welt angeheizt und letztlich zu seiner Intensität geführt (Radikalisierungs-Topos).

Die Gesellschaften in der vom Islam geprägten Welt reagieren ohnehin gereizt auf Äußerungen aus der westlichen Welt. Diese Spannungen sind das Ergebnis eines bereits lange schwelenden Gefühls der Unterlegenheit gegenüber der westlichen Zivilisation. Die wirtschaftliche und militärische Überlegenheit des Westens wird als bedrohlich und herrisch erlebt. Zudem erscheinen Begriffe wie der „Krieg gegen den Terror" oder die von der US-Regierung unter Präsident Bush identifizierte „Achse des Bösen", die die Menschen in der islamischen Welt beide auf sich beziehen, für sie wie eine bewusste Herabwürdigung ihrer Kultur (Unterlegenheits-Topos). Die Regierungen bzw. die Regime in der islamischen Welt nutzen die Gefühlslage ihrer Bevölkerungen zur Stimmungsmache gegen den Westen aus, um von der desolaten Situation in ihren Ländern abzulenken. Als Opponenten des Karikaturen-Abdrucks profilieren sie sich innenpolitisch als Verteidiger der Religion und der Kultur des Islam (Stellvertreter-Topos).

Wieso haben die Karikaturen in der islamischen Welt diese heftigen Reaktionen ausgelöst? Der reflexive Blick auf die eigene Kultur und Lebensweise, deren Element auch die Karikatur ist, ist in der islamischen Welt nicht eingeübt bzw. aufgrund der politischen Verhältnisse von den jeweiligen Machthabern untersagt. Der kritische Blick auf sich selbst, so die Argumentation, schafft die Grundlage in den westlichen Gesellschaften für ein friedliches Zusammenleben. In der kritischen Frage liegt die Möglichkeit, sowohl den Anderen und seine Geltungsansprüche und sein Weltbild zu verstehen, als auch gegebenenfalls eigene Fehler zu hinterfragen und wieder gut zu machen. Diese Fähigkeit wird als Alleinstellungsmerkmal der westlich-abendländischen Kultur- und Geistesgeschichte verstanden. Da die islamische Welt nicht auf dieses Instrumentarium zurückgreifen kann, ist der Konflikt eskaliert (Reflexions-Topos). Dass diese Fähigkeit fehlt, ist der mangelnden Aufklärung in der islamischen Welt zu schulden. Die islamische Theologie verharrt seit knapp 1000 Jahren in Stillstand, und mit ihr ein gesellschaftlicher Fortschritt. In der europäischen Geschichte hat die Aufklärung, hier verstanden als mit Martin Luthers Reformation im 16. Jahrhundert beginnend, den Innovationsschub für die Gesellschaften gebracht, der in der islamischen Welt noch auf sich warten lässt. Auch in Europa haben vor der Aufklärung religiöse Ansprüche und Dogmen, wie sie von den Argumentierenden auch im Falle der Karikaturen und des Bilderverbots im Islam gesehen werden, zu Konflikten und Gewaltanwendung geführt. Eine Aufklärung nach europäischem Vorbild würde das Leben in der islamischen Welt positiv verändern und zukunftsfähig machen (Aufklärungs-Topos).

In den Gesellschaften des Westens herrscht, anders als in vielen islamischen Ländern, Meinungs- und Pressefreiheit. Diese Grundrechte sind in der Würde des Menschen begründet. Sie können nicht nach Gutdünken der politischen Klasse verändert werden. Die Einhaltung dieser (und der anderen) Grundrechte garantiert die Freiheit des Einzelnen und das friedliche Zusammenleben im Gemeinwesen. Sie sind deshalb uneingeschränkt gültig und unterliegen keinerlei Zensur. In den Gesellschaften des Westens achtet die Presse bzw. achten die Medien auf die Einhaltung der Meinungs- und Pressefreiheit (Gegen-Selbstzensur-Topos). Gleichwohl darf man unter dem Deckmantel der Meinungsfreiheit nicht andere Grundrechte verletzten, oder gegen die guten Sitten verstoßen. Religiöses Empfinden kann als Teil der unveräußerlichen menschlichen Würde betrachtet werden, die rechtlich geschützt ist. Das Prinzip der Meinungs- und Pressefreiheit muss sein Maß nehmen an der Freiheit des Einzelnen und dem Zumutbaren, welches in jeder Gesellschaft nicht (nur) in Gesetzen, sondern auch in der Form von Sitten- und Anstandsregeln normiert ist (Prinzipien-und-Respekt-Topos).

Bis hierher verläuft der Diskurs linear, die Harmonisierung der einzelnen Topoi ist möglich. Die abschließende Bewertung der Geschehnisse in der außersprachlichen Wirklichkeit sowie deren Erklärung münden in zwei Deutungsmöglichkeiten: Kampf-der-Kulturen-Topos oder Kein-Kampf-der-Kulturen-Topos. Die Befürworter der These sehen in den Geschehnissen in der islamischen Welt Huntingtons Vorhersage erstarkter und gewalt-/kampfbereiter religiöser Systeme bestätigt. Sie sehen eine Ausweitung des Konflikts in der westlichen Welt, in der auch starke islamische Minderheitsgemeinden leben, als unausweichlich an. Die Gegner der These sehen gerade darin, dass es im Westen – auch von muslimischer Seite aus – zu keinen gewaltsamen Ausschreitungen gekommen ist, als den besten Beweis dafür, dass es sich um keinen Kulturgrenzen überschreitenden, globalen Zusammenprall handelt.

9.2.4.2 Tabellarische Auswertung

	Ursachen-Topoi			
	Rassismus	Radikalisierung	Unterlegenheit	Stellvertreter
Der Spiegel	–	–	2	1
Stern	–	–	–	1
Focus	–	–	–	1
Zeit	–	–	2	1
Welt / WamS	–	1	3	3
FAZ / FASZ	4	3	–	–
SZ	2	1	4	3
FR	–	–	3	2
taz	3	–	–	–
Summe	9	5	14	12

	Erklärungs-Topoi		Handlungsaufforderungs-Topoi			
	Reflexion	Aufklärung	gegen Selbstzensur	Prinzipien und Respekt	Kampf der Kulturen	Kein Kampf der Kulturen
Der Spiegel	1	1	1	2	3	–
Stern	–	1	1	1	1	–
Focus	–	–	–	–	4	–
Zeit	3	–	3	5	1	4
Welt / WamS	–	–	3	5	3	4
FAZ / FASZ	2	1	–	4	1	1
SZ	–	1	3	2	–	1
FR	2	2	–	–	6	3
taz	1	1	–	2	1	2
Summe	9	7	11	21	20	15

9.3 Strategien der Argumentation

Den Medien kommt, ganz im Sinne Foucaults, eine zentrale Rolle bei der Vermittlung von Deutungsangeboten zu. Der Karikaturen-Streit als außersprachliches Ereignis wirft Fragen auf, die die Diskursteilnehmer beantworten wollen. Ihre Werturteile legen sie dar und suchen, ihre Thesen mit Argumenten zu belegen. Hierbei kann derjenige mittels der Medien Deutungshoheit über den Konflikt erlangen, dessen Argumentation überzeugender und glaubhafter ist. Die Medien sind im Falle des Karikaturen-Streits maßgeblich an der Erstbenennung von Termini beteiligt sowie beim Besetzen von Begriffen. Diese beiden Mechanismen dienen der Monopolbildung bei der Deutung des Diskurses. Die Medien bilden den Weltbildapparat der Gesellschaft aus. Im vorliegenden Fall transportieren sie nicht nur Inhalte eines Diskurses, sondern sind selbst Diskursgegenstand.

Die in Kapitel 2 vorgestellten Termini werden mit der dort aufgeführten Bedeutung verwandt. Die Kernterminologie, die bei der Beschreibung des Diskurses maßgeblich ist (Respekt, Meinungsfreiheit, Prophet, Karikatur, Das Heilige) ist für die Diskursteilnehmer unstrittig.

Der Diskurs zum Karikaturen-Streit ist, wie in der Definition des Diskurses in 3.4 festgehalten, „eine offene Menge von thematisch zusammenhängenden und aufeinander bezogenen Äußerungen". Die Möglichkeiten der Bewertungen der Ereignisse in der außersprachlichen Wirklichkeit und die Handlungsanweisungen, die daraus für die Autoren resultieren, werden hier offen diskutiert. Dabei verweisen die Texte, dem Prinzip der Intertextualität gemäß, implizit aufeinander. Dies gilt sowohl für die Mikro-Diskurse in den einzelnen Zeitungen, als auch für den Makrodiskurs der Gesellschaft, der alle Print-Texte der hier vorliegenden Diskursanalyse im Blick hat.

Der hier untersuchte Diskurs verändert und beeinflusst durch seine bewertende Stellungnahme („Gibt es einen Kampf der Kulturen oder gibt es ihn nicht?") die Weltsicht der Diskursteilnehmer, nachdem er sie durch neue Kontextualisierungszusammenhänge (Informationen zum Islam und zum Leben in der islamischen Welt) erweitert hat. Um diesen Diskurs zu verstehen, muss die Analyse die Einstellungen, Werturteile und sprachlichen Mittel freilegen, die in den Texten geäußert werden und die den Diskurs bedingen. Die Diskursanalyse muss zu dem Schluss kommen, ob die im Diskurs vorgebrachten Argumente kohärent sind, das heißt, ob die in ihnen formulierten Schlüsse, die aus den Ereignissen in der außersprachlichen Wirklichkeit und den Deutungsmöglichkeiten dieser Ereignisse gewonnen werden, stringent aufgebaut sind.

Die Topoi liefern die innere Struktur der Argumentation. Sie sind das Kondensat des Diskurses, sie sind die „primären Begriffe". Ihre Stringenz garantiert die Kohärenz der Argumentation im Diskurs. Die hier herausdestillierten Topoi sind das Gerüst des Mikro- und Makrodiskurses. Sie funktionieren auf beiden Ebenen, so dass der Diskurs in den Printmedien als gelungen bezeichnet werden kann. Werden bestimmte Topoi in bestimmten Textsorten realisiert? INFORMIEREN und KOMMENTIEREN sind die kommunikativen Grundfunktionen, wenn von öffentlich-politischer Kommunikation die Rede sein soll. Beide Komponenten, beide journalistischen Textformen tragen den Diskurs. In informierenden Textsorten finden sich vor allem die Topoi, die unter 9.2.1 und 9.2.2 aufgeführt werden. Es sind die Ursachen und Erklärungen des Karikaturen-Streits. Ihnen liegen im weitesten Sinne Ereignisse in der Wirklichkeit zugrunde, zum Beispiel Parlamentswahlen, politische Verhältnisse in der islamischen Welt etc. Sie werden im informativen Textformat abgehandelt.

Diese Topoi können auch in kommentierenden Textsorten als Referenz auf die außersprachliche Wirklichkeit und deren Entwicklung vorkommen, werden aber ergänzt durch die Topoi, die in 9.2.3 benannt werden. Im Diskurs folgen nämlich der Darstellung der außersprachlichen Ereignisse, die in informierenden Textsorten transportiert werden, Deutungen und Urteile, die in kommentierenden Textsorten vermittelt werden. Sie konstituieren das reflexive Reden, das den Geltungsbezug zwischen Referenz und Nomination herstellt.

Die Berichttexte des vorliegenden Diskurses zeigen die Zwischenstufe an zwischen informierenden und kommentierenden Textsorten. Sie sind der Textform der Nachricht verhaftet, indem sie einen starken Bezug zur außersprachlichen, tagesaktuellen Wirklichkeit aufweisen. Zum anderen sind sie, auf Grund der Einordnungshilfen, die sie erwartungsgemäß formulieren, ein Übergang zum Kommentar. Es ist bezeichnend, dass die Deutungen des Islam und des Karikaturen-Streits sehr stark in einer genuin nicht kommentierenden Textsorte, dem Bericht, realisiert werden. Vielleicht zeigt sich – diese Schlussfolgerung ist spekulativ – eine neue Vorsicht vor überschnellen profilierten Kommentaren oder eine Angst vor zu pointierten Meinungsäußerungen.

Informative Texte, Sachverhaltsbeschreibungen haben den Anspruch, neutral zu sein und objektiv darzulegen. Indem Attribuierungen alle Stufen des Diskurses (Prämissen-Argumente-Schlussfolgerungen) durchziehen, ist die Frage legitim, ob es diese angestrebte Objektivität überhaupt gibt. „In Wahrheit jedoch sind Entscheidungen darüber, was tatsächlich der Fall beziehungsweise eine dementsprechende wertneutrale Sachverhaltsschilderung ist und was bereits als eine mit subjektiven Bewertungen behaftete Interpretation beziehungsweise Schilderung eines Sachverhalts angesehen werden muss, beim genaueren Hinsehen oftmals nicht zweifelsfrei zu treffen."[247]

Zwischen informierenden (referierenden) und kommentierenden (bewertenden) Textelementen kann nicht zwingend unterschieden werden. Das Argument im Diskurs entsteht ja erst durch die Bewertung. Die Kunst des Arguments liegt darin, die plausiblere Angabe über das Wesen und den Wert der Dinge treffen zu können. Das bedeutet in der Folge, dass es auch einen neutralen Diskurs, eine wertneutrale Beschreibung in einem Diskurs niemals geben kann. Der Diskurs lebt davon, zu bewerten; es ist sozusagen seine kommunikative Grundfunktion. Deswegen sind die „Werturteile" ein wesentlicher Bestandteil des Diskurses, ebenso ideologiegebundenes Vokabular, die Verwendung von Hochwertwörtern etc. Die Erstbenennung, wie im Fall des Begriffs „Euro-Islam", zeigt schöpferisches Potenzial sowohl im Hinblick auf die Wortbildung als auch auf die im kommunikativen Prozess erreichte positive Bewertung des Begriffs in seiner Entstehung und seiner Erstverwendung.

Der „Europäische Islam" oder „Euro-Islam" ist zu einem politischen Schlagwort geworden, der die erwünschte Einbettung des Islam in die europäische Kultur umschreibt und vor allem durch die Übernahme der Ideale der Aufklärung erreicht werden soll. Das Sprechen über den Islam hat eine gesamtgesellschaftliche Relevanz bekommen, über die fachsprachlichen Zirkel beispielsweise von Theologen und Islamwissenschaftlern hinaus. Das gesamtgesellschaftliche, öffentliche Sprechen über den Islam bzw. die Karikaturen verankert den dazugehörigen Diskurs in der Sprache und Politik-Forschung, deren Grundannahme,

---

[247] Lehr (2006) S. 171. Dieses Zitat wurde bereits schon einmal in 4.1 angeführt.

dass prinzipiell jeder Sachverhalt politisch öffentlich relevant werden kann, hier bestätigt wird.

Erstbenennung ist das Gegenteil von „Begriffe besetzen". Beide sind komplementäre, gleich wichtige persuasive Elemente im Diskurs. Denn ein medialer Diskurs hat nur ein Ziel: Mit den sprachlichen Mitteln, die im Verlauf dieser Arbeit aufgezählt wurden (Referenz, Nomination, Attribuierung etc.), die Öffentlichkeit zu überzeugen. Das Publikum wählt unter den miteinander im Wettstreit befindlichen Deutungsoptionen die „subjektiv wahrhaftigste" und überzeugendste aus. Die Nomination und Attribuierung bestimmter Schlüsselbegriffe sind dabei der Schlüssel zum Gelingen des Diskurses, zur Vermittlung des eigenen Werturteils. Wie sieht das im hier vorliegenden Diskurs aus?

Die Konfliktteilnehmer muslimischen Glaubens werden in den untersuchten Texten durchweg meist negativ bewertet: Es ist die Rede von *wütenden Muslimen, erhitzten Muslimen, dem Mob der tödlich Beleidigten*. In Dänemark werden Muslime als *mafios, erbärmlich und lügnerisch* bezeichnet. Es gibt auch, allerdings viel seltener, die positive Antipode der *friedlichen Muslime. Friedlich* ist positiv besetzt; es gehört zu den Hochwertwörtern. Die überwiegend negative Konnotation von Muslimen im Printmediendiskurs deckt sich mit der negativen Grundhaltung in der deutschen Öffentlichkeit gegenüber dem Islam bzw. gegenüber Muslimen, wie sie in dieser Arbeit in den Meinungsumfragen in Kapitel 8 vorgestellt wurden. Der Karikaturen-Streit ist nicht der Anfang der verstärkten Negativ-Nomination des Islam, sondern reiht sich ein in die Ereignisse in der außersprachlichen Wirklichkeit: 11. September 2001, Bombenanschläge in Madrid im März 2004, die Besetzung einer Schule im russischen Beslan im September 2004, die Ermordung Theo van Goghs im November 2004. Dennoch: Würden die Texte die Meinung der Umfragen spiegeln, müssten sie eindeutiger eine negative Deutung des Karikaturen-Streits als Ankündigung eines Kampfes der Kulturen favorisieren. Davon kann nicht die Rede sein.

Die Proteste werden als *bewusst inszenierte Resonanz* auf die Karikaturen bezeichnet. Dies geht direkt in Richtung der politischen Machthaber in den bezeichneten Ländern der islamischen Welt, die den Konflikt für ihre Zwecke missbrauchen.

Der Islam wird attribuiert als *wutschnaubend, barbarisch, gewalttätig*. Immer wieder ist die Rede von den *blutigen Grenzen des Islam*, ein Zitat aus Samuel Huntingtons Kampf der Kulturen. Der Islam habe sich nicht wie das Christentum durch Mission verbreitet, sondern durch *militärische Eroberung*. *Islamische Intelligenz* ist ein negativer Begriff zur Bewertung der Muslime; die Attribuierung ist dem ideologischen Vokabular des „Dritten Reiches" entlehnt. Diese islamische Intelligenz strebe die Unterwanderung der christlichen, westlichen Gesellschaften an. Geographische Angaben, die die Zonen bezeichnen, in denen die Proteste stattgefunden haben, illustrieren die globale Relevanz des Konfliktes. Besonders bei Befürwortern der These vom Kulturkampf (siehe die Magazintexte) wird ganz besonders darauf abgehoben. An einer Stelle wird die Aufzählung als eine *Erdkundestunde über das Verbreitungsgebiet des Islam* bezeichnet. Das Weltwissen der Leser wird hier erweitert. Dadurch, dass die Proteste negativ konnotiert sind, werden auch die Länder, in denen die Proteste stattfinden, negativ mit bewertet.

Die Proteste auf den Straßen in der islamischen Welt werden benannt als *Glaubensrandale* – was verniedlichend wirkt – und im Gegenzug ist man in einem anderen Text von der *Wucht der Reaktionen* überrascht. Auch ist die Rede von *hasserfüllten Demonstrationen, flammenden Protesten* (bei diesen beiden Attribuierungen ist die Einstellungsbekundung des Absenders deutlich negativ) und einem *eskalierenden Bilderstreit*.

In den islamischen Ländern ist ein *antiwestlicher Bazillus* im Umlauf. Gemeint ist damit eine dem Westen gegenüber feindliche Grundeinstellung. Wenn die politische Klasse in den islamischen Ländern beschrieben (bewertet) wird, ist häufig von „Führung", „Regime", „totalitären Regimen" die Rede, während die Hochwertwörter *Freiheit* und *Demokratie* überwiegen, wenn die eigene, westliche politische Kultur bezeichnet und bewertet wird. Bisweilen wird dennoch auch die Politik des Westens negativ bewertet als „Machtpolitik", ein Begriff, der vor allem im ideologiegebundenen Vokabular des linken politischen Spektrums nicht positiv besetzt ist und dort eine Chiffre für imperialistische Politik darstellt. Hier klingt noch einmal Foucault an, der den Diskurs der Medien als wichtiges Mittel zur Durchsetzung politischer Herrschaftsform sieht. Im vorliegenden Diskurs wird eine Herrschaftsform durchweg positiv gesehen, eine andere durchweg negativ.

Der Name *Luther* wird im Diskurs positiv benutzt; die Texte wünschen der islamischen Welt einen Reformprozess ähnlich dem des Christentums, der im lateinischen Westen mit dem Namen des Mönches und Theologieprofessor Martin Luther verbunden ist. Noch herrscht im Islam die „Kollektivhaftung", während im Westen „Selbstkritik" und Reflexion dominieren. Hier werden beide Kulturwelten gegeneinander gestellt. Die eigene wird positiv, die islamische negativ konnotiert. Auch der Begriff der „Streitkultur", den die Tageszeitung bringt, bewertet die eigene, westliche Kultur positiv und wünscht darüber hinaus der islamischen Kultur einen „islamischen Luther", damit sich diese Kultur genauso entwickeln möge wie die eigene. Die sprachlichen Bewertungsstrategien sind eindeutig: Der Islam wird als minderwertig oder „noch nicht entsprechend entwickelt" angesehen. Es wird in den Diskursen der deutschen Printmedien jedoch nicht explizit darauf eingegangen, wie die Aufklärung oder Reformation in der islamischen Welt angefacht, begünstigt oder begleitet werden soll. Hier bieten die Texte keine Handlungsanweisungen.

Interessant ist, dass der Diskurs bereit ist, mit Ausnahme der Tageszeitung, dem religiösen Glauben einen eigenen Stellenwert einzuräumen. Die Religionsfreiheit als Menschenrecht wird nicht bewertend auf die Meinungsfreiheit als Grundecht bezogen. Vielmehr gehen die Texte darauf ein, das religiöse Empfinden, das im Falle der Karikaturen verletzt worden ist, als einen Teil der dem Menschen eigenen Würde zu betrachten. Indem es ein Teil des innersten Selbst des Menschen ist, steht es nicht zur Disposition. Dies hat in der Argumentation den Vorteil, dass es nicht gegen andere Grundrechte abgewogen werden muss. Aus der Frage des Verhältnisses von Meinungs- und Pressefreiheit und dem religiösen Gefühl als Teil der Menschenwürde wird dadurch die Schärfe genommen. Alle Texte setzen sich uneingeschränkt für die Pressefreiheit ein und erteilen einer Zensur eine Absage. Der Commonsense wird als die Instanz verstanden, die es künftig verhindern soll, dass solche Provokationen noch einmal vorkommen.

Die Bewertung des Karikaturen-Nachabdrucks, die ja im deutschen Diskurs eine eigene Rolle gespielt hat, wird bisweilen als unnötige Provokation gesehen.

Diese Bewertung wird auch abgegeben im Hinblick auf die Karikaturen generell, deren Auftrag, so Teile des Diskurses, schon als Provokation gedacht gewesen sei. Die Pressefreiheit in Deutschland wäre, so das Fazit, nicht in Gefahr gewesen, hätte man auf den provozierenden Nachdruck der Karikaturen verzichtet. Da es in Deutschland, trotz des Abdrucks der Karikaturen nicht zu gewalttätigen Protesten gekommen ist, stellt sich zu Recht die Frage, ob Muslime in Europa nicht schon die Kultur der Selbstkritik und der Reflexion verinnerlicht haben und ein Teil von ihr sind. Zu dieser Frage gibt es keine hinreichende Äußerung im Diskurs der Printmedien. Auf Selbstzensur der Presse aus Angst vor Islamisten, die es auch in Deutschland gibt, wie sie der Autor Bluitgen in Dänemark konstatiert hat, wird im Diskurs der Printmedien nicht eingegangen. Die Leser erfahren nicht, ob Journalisten bei ihrer Arbeit behindert werden, wenn sie über Aspekte des Lebens von Muslimen in Deutschland berichten wollen oder nicht.

10. (K)ein Kampf der Kulturen!(?) – Ergebnisse der Diskursanalyse

Die Texte in den deutschen Printmedien beziehen sich in einer großen Zahl direkt auf Samuel Huntington und auf den von ihm geprägten Begriff des Kampfes der Kulturen. Zu unterscheiden ist hier zwischen der Erwähnung des Begriffs in Überschriften oder als Referenz auf der einen Seite und der inhaltlichen Übernahme seiner These eines (bevorstehenden) Kampfes der Kulturen zwischen westlicher Zivilisation und islamischer Welt auf der anderen Seite.

In der *texte général*, dem Textuniversum aller Texte zum Thema ‚Islam und der Westen‘, bilden Huntingtons Name, sein Buch und seine zentralen Thesen den entscheidenden Hintergrund, vor dem der Karikaturen-Streit gesehen und bewertet wird. Dies wird dadurch deutlich, dass der Kampf-der-Kulturen-Topos oder der Kein-Kampf-der-Kulturen-Topos in allen Zeitungen vorkommen, in fünf der neun Printmedien sogar beide Topoi zusammen, wo sie miteinander um die Deutung des Karikaturen-Streits wetteifern.

Welche Weltsicht wird mit der Übernahme der jeweiligen Topoi im Diskurs konstituiert, welches sind die Argumente, die für die jeweiligen Topoi ins Spiel gebracht werden? Und die im Sinne der zur Handlung auffordernden Konklusion eines Arguments entscheidende Frage: Kann man einen der beiden Topoi als den überzeugenderen ausweisen?

Im Spiegel heißt es: „Auch liberalere Geister könnten sich bei Gelegenheit der aktuellen Unruhen fragen, ob die erfolgreichen Abwehrkämpfe, die das christliche Europa einst gegen den Ansturm arabischer Mächte führte, von heute aus gesehen, nicht umsonst gewesen sind. Der zur Mehrheit tendierende Anteil der muslimischen Bevölkerung von Amsterdam und anderen Metropolen braucht unsere Toleranz bald nicht mehr.“

Diese Passage besagt, dass auch wenn es bislang in der westlichen Welt noch zu keinen Ausschreitungen und Gewalttaten vergleichbar denen in der islamischen Welt gekommen ist, wird sich der Konflikt in einem nächsten Schritt, bei einem weiteren Anlass, auch auf die westliche Welt ausweiten. Im Zuge dessen wird es auch Gegenreaktionen des Westens auf den (militanten) Islam geben. Hier wird eine große Skepsis, ganz im Sinne der in Kapitel 8 dargestellten Haltung der Deutschen gegenüber Muslimen, deutlich. Es wird die Auffassung vertreten, dass der Kampf der Kulturen eine reale Gefahr für die Kultur des Westens ist. Von den Protesten in der islamischen Welt kommt der Text auf die islamischen Minderheitengemeinden in Deutschland. Diese Herleitung ist fraglich.

Konkludent erscheint hingegen die Argumentation der Zeit. In „Verteidigung der Freiheit" heißt es: „Es gibt zurzeit keinen Zusammenstoß der Kulturen, weil auf westlicher Seite kaum jemand zu erkennen ist, der diesen Zusammenstoß ansteuerte." Anders als der Beitrag des Spiegel, der den Kampf der Kulturen nahe herbeigekommen sieht, geht die Meinung hier von den außersprachlichen Ereignissen aus. Da keine gewalttätigen Proteste in Deutschland bzw. der westlichen Welt zu erleben waren, ist auch der Kampf der Kulturen keine reale Gefahr.

Die Verfechter des Kein-Kampf-der-Kulturen-Topos argumentieren dennoch defensiv. Dies liegt vor allem daran, dass sich ihre Argumentation an der Kampf-der-Kulturen-These von Huntington orientiert, bzw. die Argumente immer im Verweis auf das Original ihre volle Inhaltsseite entfalten können. So argumentieren die Verfechter des Kein-Kampf-der-Kulturen-Topos, dass die Befürworter von Huntingtons These den Ansatz des Politologen falsch interpretieren.

Die Behauptung, im Karikaturen-Streit begegneten sich zwei kulturell monolithische Blöcke, wird von den Vertretern des Kein-Kampf-der-Kulturen-Topos zu entkräften versucht. Die Lesart Huntingtons, wonach der Westen aufgeklärt und vernünftig sei, der Islam hingegen religiös autoritär und nicht aufgeklärt, sei so nicht haltbar. Vielmehr verlaufe die Grenze in beiden Kulturräumen zwischen aufgeklärten und nicht-aufgeklärten Positionen bzw. Vertretern dieser Positionen.

Im Diskurs der Printmedien gibt es kein eindeutiges Votum für oder gegen einen Kampf der Kulturen. Es gibt aber ein eindeutiges Votum für die Gesellschaftsordnung in der westlichen Welt bzw. für die Kultur des Westens, insofern sie sich in Individualismus, Selbstkritik, Aufklärung, Presse- und Meinungsfreiheit äußert. Diese Begriffe sind im Diskurs Hochwertwörter, mit denen auf die westliche, die eigene Kultur, referiert und nominiert wird. Im Gegenzug wird die islamische Kultur, dies wird besonders deutlich im Reflexions- und Aufklärungs-Topos, aufgrund der Abwesenheit dieser Errungenschaften der europäischen Geistes- und Kulturgeschichte negativ konnotiert: *Selbstkritik* steht für den Westen, *Kollektivhaftung* für den Islam.

Fünf der neun Medien transportieren in ihrem eigenen Diskurs sowohl den Kampf-der-Kulturen-Topos als auch den Kein-Kampf-der-Kulturen-Topos: Die Zeit, die Welt/Welt am Sonntag, die Frankfurter Allgemeine Zeitung/Frankfurter Allgemeine Sonntagszeitung, die Frankfurter Rundschau und die Tageszeitung. Der Spiegel, der Stern und der Focus sehen im vorliegenden Konflikt den Kampf der Kulturen und bedienen den entsprechenden Topos. Die Süddeutsche Zeitung steht singulär, indem sie ausschließlich den Kein-Kampf-der-Kulturen-Topos vertritt. Auffällig ist, dass in der Auswahl der für diese Untersuchung herangezogenen Texte die Magazinbeiträge insgesamt den Kampf-der-Kulturen-Topos stützen.

Ein letzter Blick soll auf den Zeitungen in Deutschland ruhen. Wie wir festgestellt haben, erweitern Zeitungstexte das Weltwissen der Leser, stellen Kontextualisierungszusammenhänge her und fordern zu einer bestimmten Weltsicht auf. Die Frage nach dem Kampf der Kulturen ist die vorrangigste und emotionalste, die sich angesichts der außersprachlichen Ereignisse, den gewalttätigen Protesten in der islamischen Welt, für die Leser gestellt hat. Die Einordnungshilfen, die von Seiten der Publizistik in Deutschland – zumindest der hier präsentierten Texte – zu diesen Fragen gegeben werden, lassen in ihrer Gesamtschau kein eindeutiges Votum erkennen. Dies wird vor allem dadurch deutlich, dass die einzelnen Diskurse der Printmedien, wie sie in 9.1 vorgestellt wurden, nicht durchgängig einen Diskursausgang bedienen, sondern im Falle der oben genannten fünf Tageszeitungen (die das gesamte politisch-weltanschauliche Spektrum in Deutschland abbilden) beide Topoi als Diskursausgang realisieren! Bei dieser Gemengelage wird der Leser nicht in die Lage versetzt, eine der beiden Handlungsaufforderungen, die aus Ursachen und Erklärung des Karikaturen-Streits resultieren, für sich in der Übernahme des Textstandpunkts umzusetzen.

Literaturverzeichnis

Artikel der Diskursanalyse[1]

Der Spiegel

Bednarz, Dieter (u.a.): Tage des Zorns. In: Der Spiegel vom 6. Februar 2006.

Zand, Bernhard: Hetzer und Gehetze. In: Der Spiegel vom 13. Februar 2006.

Strauß, Botho: Der Konflikt. In: Der Spiegel vom 13. Februar 2006.

Schlamp, Hans-Jürgen:Flucht ins Geschwafel. In: Der Spiegel vom 13. Februar 2006.

Stern

Reuter, Christoph: Die gesteuerte Empörung. In: Stern vom 9. Februar 2006.

Wüllenweber, Walter; Jung, Matthias: Allahs Gastarbeiter. In: Stern vom 16. Februar 2006.

Focus

Anwar, A. (u.a.): Skandal um Mohammed. In: Focus vom 6. Februar 2006.

Dometeit, G. (u.a.): Aufruf zum Dschihad. In: Focus vom 13. Februar 2006.

Desselberger, Alex: Verletzt, aber vernünftig. In: Focus vom 13. Februar 2006.

Billhardt, Andreas (u.a.):„Wir bringen euch alle um!" In: Focus vom 25. Februar 2006.

Die Zeit

Lau, Jörg: Allah und der Humor. In: Die Zeit vom 2. Februar 2002.

Lorenzo, Giovanni di: Verteidigung der Freiheit. In: Die Zeit vom 9. Februar 2006.

Lau, Jörg (u.a.): Risse im Abendland. In: Die Zeit vom 9. Februar 2006.

Schmithals, Walter: Islam heißt Staatsreligion. In: Die Zeit vom 9. Februar 2006.

---

[1] Jeweils in chronologischer Reihenfolge

Thumann, Michael: Die unheiligen Väter des islamischen Zorns. In: Die Zeit vom 9. Februar 2006.

Leicht, Robert:Wo keine Last ist, da lässt sich nur schwer lästern. In: Die Zeit vom 16. Februar 2006.

Assheuer, Thomas: Freiheit und Hass. In: Die Zeit vom 16. Februar 2006.

Gerlach, Julia: Lächeln für den Frieden. In: Die Zeit vom 16. Februar 2006.

Jessen, Jens: Selbstkritik macht den Westen stark. In: Die Zeit vom 23. Februar 2006.

Die Welt / Welt am Sonntag

Zschaler, Matthias: Kollidierende Kulturen. In: Die Welt vom 4. Februar 2006.

Bomsdorf, Clemens: Im Angesicht Mohammeds. In: Welt am Sonntag vom 5. Februar 2006.

Ramadan, Tariq: Kein Kampf der Kulturen. In: Die Welt vom 6. Februar 2006.

Kamann, Matthias: Wettbewerb der Religionen. In: Die Welt vom 9. Februar 2006.

Keese, Christoph: Was Huntington wirklich will. In: Welt am Sonntag vom 12. Februar 2006.

Niermann, Ingo: Wir Schmierfinken! In: Die Welt vom 12. Februar 2006.

Kremp, Herbert: Verletzter Mohammed. In: Die Welt vom 13. Februar 2006.

Lau, Mariam: Kultur der Einschüchterung. In: Die Welt vom 16. Februar 2006.

Herzinger, Richard; Schwilk, Heimo: Sich rüsten für den Kampf der Kulturen. In: Welt am Sonntag vom 19. Februar 2006.

Facius, Gernot: Allah ist nicht Gott. In: Die Welt vom 1. März 2006.

Schäuble, Wolfgang: Unbehagen an der Freiheit. In: Die Welt vom 2. März 2006.

Schmitt, Uwe: Der Konflikt ist unvermeidbar. In: Die Welt vom 3. März 2006.

DW (Autorenkürzel): „Religionsgemeinschaften müssen scharfe Kritik ertragen". In: Die Welt vom 3. März 2006.

Glucksmann, Andre: Mohammed und die Gaskammern. In: Die Welt vom 6. März 2006.

Seel, Christian: Religiöse Gefühlskontrolle. In: Die Welt vom 28. April 2006.

Frankfurter Allgemeine Zeitung / Frankfurter Allgemeine Sonntagszeitung

von Lucius, Robert: Der dänische Januskopf. In: Frankfurter Allgemeine Zeitung vom 10. Februar 2006.

Mixa, Walter: Die Christen müssen ihren Glauben mutiger vertreten. In: Frankfurter Allgemeine Zeitung vom 12. Februar 2006.

Busse, Nikolas: Unsere Freiheit. In: Frankfurter Allgemeine Sonntagszeitung vom 12. Februar 2006.

Schmid, Thomas: Vom fordernden Christentum. In: Frankfurter Allgemeine Sonntagszeitung vom 19. Februar 2006.

Minkmar, Nils: Raus aus der Defensive. In Frankfurter Allgemeine Sonntagszeitung vom 19. Februar 2006.

Hoischen, Oliver: Werdet erwachsen. In: Frankfurter Allgemeine Sonntagszeitung vom 19. Februar 2006.

Mejas, Jordan: Vorbilder für Europa gesucht. In: Frankfurter Allgemeine Zeitung vom 27. Februar 2006.

Kilb, Andreas: Bild um Bild. In: Frankfurter Allgemeine Zeitung vom 4. März 2006.

Hanfeld, Michael: Wir schreiben Geschichte. In: Frankfurter Allgemeine Zeitung vom 11. März 2006.

Hanfeld, Michael: Zu Besuch bei Abu Laban. In: Frankfurter Allgemeine Zeitung vom 11. März 2006.

Ramsland, Morten: Mohammeds Münze. In: Frankfurter Allgemeine Zeitung vom 4. April 2006.

Hanimann, Joseph: Die Unesco streitet über Grundwerte. In: Frankfurter Allgemeine Zeitung vom 15. Mai 2006.

Süddeutsche Zeitung

Dpa/AFP/AP-Zusammenfassung: Massenproteste gegen Mohammed-Karikaturen. In: Süddeutsche Zeitung vom 2. Februar 2006.

Eli (Kürzel): Das Bild des Propheten. In: Süddeutsche Zeitung vom 2. Februar 2006.

Chimelli, Rudolph: Religion und Respekt. In: Süddeutsche Zeitung vom 3. Februar 2006.

Drobinski, Matthias: Die Kunst, aneinander vorbeizureden. In: Süddeutsche Zeitung vom 4. Februar 2006.

Prantl, Heribert: Die beleidigten Götter. In: Süddeutsche Zeitung vom 4. Februar 2006.

Schlötzer: Christiane: Ein Sturm der Empörung, gezielt entfesselt. In: Süddeutsche Zeitung vom 4. Februar 2006.

SZ (Kürzel): Furcht vor einem „Kampf der Kulturen". In: Süddeutsche Zeitung vom 6. Februar 2006.

Khader, Hassan: Das Heilige und das Profane. In: Süddeutsche Zeitung vom 7. Februar 2006.

Seibt, Gustav: Kulturkampf, global. In: Süddeutsche Zeitung vom 7. Februar 2006.

Pantl, Heribert: Caroline, Muslime und die Grundrechte. In: Süddeutsche Zeitung vom 8. Februar 2006.

Nienhuysen, Frank (u.a.): Die Früchte des Zorns. In: Süddeutsche Zeitung vom 8. Februar 2006.

Kermani, Navid: Hassbilder und Massenhysterie. In: Süddeutsche Zeitung vom 8. Februar 2006.

Drobinski, Matthias:Die dunkle Seite Gottes. In: Süddeutsche Zeitung vom 11. Februar 2006.

Schlötzer, Christiane: UN, EU und Islamkonferenz appellieren an Muslime. In: Süddeutsche Zeitung vom 9. Februar 2006.

Schiegl, Gregor: Bundestag ruft zur Mäßigung auf. In: Süddeutsche Zeitung vom 11. Februar 2006.

Avenarius, Thomas: Die Macht der Zerrbilder. In: Süddeutsche Zeitung vom 11. Februar 2006.

Zimmermann, Moshe: Geltung und Vergeltung. In: Süddeutsche Zeitung vom 11. Februar 2006.

Bosw (Kürzel): Aktuelles Lexikon: Kampf der Kulturen. In: Süddeutsche Zeitung vom 13. Februar 2006.

Kissler, Alexander:Abschied von Abraham. In: Süddeutsche Zeitung vom 14. Februar 2006.

Meier, Christian: Es und Mohammed. In: Süddeutsche Zeitung vom 14. Februar 2006.

Herrmann, Gunnar: Ein Imam erntet Sturm. In: Süddeutsche Zeitung vom 15. Februar 2006.

Schloemann, Johan: Zehn Bilder des Propheten, In: Süddeutsche Zeitung vom 15. Februar 2006.

Holzhaider, Hans: Heikle Schmähsendung. In: Süddeutsche Zeitung vom 24. Februar 2006.

Herrmann, Gunnar: Das Tuch der Erregung. In: Süddeutsche Zeitung vom 13. April 2006.

Drobinski, Matthias: Auch wir können beleidigt sein. In: Süddeutsche Zeitung vom 27. April 2006.

Frankfurter Rundschau

Gamillscheg, Hannes: Provokation. In: Frankfurter Rundschau vom 31. Januar 2006.

Gamillscheg, Hannes: Karikatur der Kulturen. In: Frankfurter Rundschau vom 2. Februar 2006.

Hebel, Stephan: Pressfreiheit im Feuer. In: Frankfurter Rundschau vom 3. Februar 2006.

Räwel, Jörg: Humor zeigt, wie man es anders machen kann. In: Frankfurter Rundschau vom 8. Februar 2006.

Arning, Matthias: Im Eifer des Gefechts. In: Frankfurter Rundschau vom 8. Februar 2006.

Gamillscheg, Hannes: Doppelt gekränkt. In: Frankfurter Rundschau vom 8. Februar 2006.

Mager, Times: Weltenbrand. In: Frankfurter Rundschau vom 8. Februar 2006.

Fuchs, Peter: Lichtgestalten und Finsterlinge. In: Frankfurter Rundschau vom 9. Februar 2006.

Amirpur, Katajun: Was Gott will. In: Frankfurter Rundschau vom 11. Februar 2006.

Schlüter, Christian: Starke Zeiten kommen. In: Süddeutsche Zeitung vom 16. Februar 2006.

Hohmann-Dennhardt, Christine: Es bedarf keines Feldzugs gegen den Islam. In: Frankfurter Rundschau vom 17. Februar 2006.

Gamillscheg, Hannes: Chronik einer erhofften Streits. In: Frankfurter Rundschau vom 25. Februar 2006.

Knapp, Ursula: An den inneren Grenzen der Pressefreiheit. In: Frankfurter Rundschau vom 27. Februar 2006.

Pally, Marcia:Der Kampf um Eigenliebe. In: Frankfurter Rundschau vom 2. März 2006.

Lüders, Michael: Warnung vor dem Flächenbrand. In: Frankfurter Rundschau vom 11. März 2006.

Schmidt-Salomon, Michael: Leitkultur Aufklärung. In: Frankfurter Rundschau vom 25. März 2006.

Haller, Gret:Wider das Freund-Feind-Denken. In: Frankfurter Rundschau vom 25. März 2006.

Die Tageszeitung

Misik, Robert: Ach Kinder, geht spielen. In: die Tageszeitung vom 2. Februar 2006.

Mika, Bascha: Meinung, Freiheit, falsche Freunde. In: die Tageszeitung vom 2. Februar 2006.

Sezgin, Hilal: In die Falle gegangen. In: die Tageszeitung vom 3. Februar 2006.

Mikich, Sonia: Was nun, ferner Bärtiger? In: die Tageszeitung vom 6. Februar 2006.

Rotter, Gernot: Guter Mann Mohammed. In: die Tageszeitung vom 6. Februar 2006.

Knipphals, Dirk: Kulturkampf und Meinungsfreiheit. In: die Tageszeitung vom 7. Februar 2006.

Knipphals, Dirk: Dieser Ärger mit der Freiheit. In: die Tageszeitung vom 9. Februar 2006.

Ascheron, Neal: Aggressive Toleranz. In: die Tageszeitung vom 10. Februar 2006.

Brumlik, Micha: Kampf der Symbole. In: die Tageszeitung vom 11. Februar 2006.

Lee, Felix; Wiesmann, Nathalie: Wut über „Hass auf Muslime". In: die Tageszeitung vom 13. Februar 2006.

Wolff, Reinhard: Aus Sorge um dänische Touristen und Diplomaten. In: die Tageszeitung vom 13. Februar 2006.

Hafez, Kai: Der Monolog der Kulturen. In: die Tageszeitung vom 13. Februar 2006.

Schneider, Christian: Mit anderen Augen. In: die Tageszeitung vom 14. Februar 2006.
DPA/AFP/RTR/TAZ-Zusammenfassung: EU setzt Zeichen der Weichheit. In: die Tageszeitung vom 16. Februar 2006.

Feddersen, Jan: Nicht die Nerven verlieren. In: die Tageszeitung vom 16. Februar 2006.

Charim, Isolde: Islam und Westen als Ideologie. In: die Tageszeitung vom 24. Februar 2006.

Charim, Isolde: Beleidigungen verboten: Über die unfassbare Karriere, die das religiöse Empfinden derzeit erfährt. In: die Tageszeitung vom 7. März 2006.

Meinungsumfragen (8. Kapitel)

Institut für Demoskopie Allensbach (2004a): Der Kampf der Kulturen. Von Elisabeth Noelle. Eine Dokumentation des Beitrags in der Frankfurter Allgemeinen Zeitung Nr. 215 vom 15. September

Institut für Demoskopie Allensbach (2004b): Die Herausforderung durch den Islam als Chance. Von Prof. Dr. Renate Köcher. Eine Dokumentation des Beitrags in der Frankfurter Allgemeinen Zeitung Nr. 293 vom 15. Dezember

Konrad-Adenauer-Stiftung (2003): Was halten die Deutschen vom Islam? Ergebnisse einer Umfrage. Sankt Augustin

Noelle, Elisabeth; Petersen, Thomas (2006): Eine fremde, bedrohliche Welt. Die Einstellung der Deutschen zum Islam. In: Frankfurter Allgemeine Zeitung vom 17. Mai

The Pew Global Project Attitudes (2006): The Great Divide: How Westerners and Muslims view each other. 22. Juni

Nachschlagewerke (5. Kapitel)

Brockhaus Enzyklopädie (1989): 19. Auflage. Brockhaus Verlag

Das Große Duden-Lexikon (1966): Mannheim: Bibliographisches Institut

Duden – Deutsches Universalwörterbuch (2003): 5. Auflage Bibliographisches Institut

Duden – das Synonymwörterbuch (2004): 3. Auflage. Bibliographisches Institut

Hermann, Paul (2002): Deutsches Wörterbuch. Bedeutungsgeschichte und Aufbau unseres Wortschatzes. 10. Auflage. Tübingen: Niemeyer

Meyers Neues Lexikon (1993): Mannheim: Bibliographisches Institut

Sekundärliteratur

Adamzik, Kirsten (2001): *Sprache: Wege zum Verstehen*. Tübingen: Francke.

Altmeppen, Klaus-Dieter (2000): Entscheidungen und Koordinationen. Dimensionen journalistischen Handelns. In: Löffelholz, Martin (Hg.): *Theorien des Journalismus – ein diskursives Handbuch*. Wiesbaden: Westdeutscher Verlag, S. 293-310.

Ammon, Ulrich/ Dittmar, Norbert/ Mattheier, Klaus J. (Hgg.) (1987): *Soziolinguistik. Internationales Handbuch zur Wissenschaft von Sprache und Gesellschaft*. Erster Halbband. Berlin: Walter de Gruyter.

Angermüller, Johannes (u.a.) (Hgg.) (2001): *Diskursanalyse: Theorien, Methoden, Anwendungen*. Hamburg: Argument Verlag.

Bandauer, Wolfgang (1989): *Diskurs und Metadiskurs. Studien zur Rezeption von französischer und deutscher Sprache der Politik und der Werbung*. Tübingen: Narr.

Bayer, Klaus (1999): *Argument und Argumentation. Logische Grundlagen der Argumentationsanalyse*. Opladen: Westdeutscher Verlag.

Beaugrande, Robert-Alain de (1981): *Einführung in die Textlinguistik*. Tübingen: Niemeyer.

Bellmann, Günter (1988): Motivation und Kommunikation. In: Munske, Horst/ von Polenz, Peter (u.a.) (Hgg.): *Deutscher Wortschatz. Lexikologische Studien. Ludwig Erich Schmitt zum 80. Geburtstag von seinen Marburger Schülern*. Berlin: de Gruyter.

Berger, Klaus (2004): Die Muslime sind längst unter uns. Der Islam profitierte schon immer von der religiösen Schwäche des Westens. Das Christentum muss jetzt die Auseinandersetzung suchen. In: *Die Zeit* vom 18. März.

Berger, Thomas; Luckmann, Peter (2004): *Die gesellschaftliche Konstruktion der Wirklichkeit. Eine Theorie der Wissenssoziologie. Mit einer Einleitung zur deutschen Ausgabe von Helmuth Plessner*. 20. Auflage. Frankfurt am Main: Fischer.

Blume, Thomas (1998): *Grundprobleme der analytischen Sprachphilosophie von Frege zu Dummet.* München: Schöningh.

Bollenbeck, Georg (1996): Einige Hinweise zur historischen Dimension der politischen Sprache. In: Diekmannshenke, Hajo/ Klein, Josef (Hgg.): *Wörter in der Politik. Analysen zur Lexemverwendung in der politischen Kommunikation.* Opladen: Westdeutscher Verlag, S. 165-178.

Brede, Rüdiger (1985): *Aussage und Discours. Untersuchungen zur Discours-Theorie bei Michel Foucault.* Frankfurt am Main: Lang.

Brockhaus (1981): *Deutsches Wörterbuch in sechs Bänden.* Herausgegeben von Gerhard Wahrig. Dritter Band G-JZ. Wiesbaden: Deutsche Verlagsanstalt.

Broich, Ulrich/ Pfister, Manfred (1985): *Intertextualität. Formen, Funktionen, anglistische Fallstudien.* Tübingen: Max Niemeyer.

Burger, Harald (2001): Intertextualität in den Massenmedien. In: Breuer, Ulrich/ Korhonen, Jarmo (Hgg.): *Mediensprache – Medienkritik.* Frankfurt: Peter Lang, S. 13-43.

Busse, Dietrich (1996): Öffentlichkeit als Raum der Diskurse. Entfaltungsbedingungen von Bedeutungswandel im öffentlichen Sprachgebrauch. In: Böke, Karin; Jung, Matthias; Wengeler, Martin (Hgg.): *Öffentlicher Sprachgebrauch. Praktische, theoretische und historische Perspektiven. Georg Stötzel zum 60. Geburtstag gewidmet. Opladen:* Westdeutscher Verlag, S. 347-358.

Busse, Dietrich (2000): Historische Diskurssemantik: Ein linguistischer Beitrag zur Analyse gesellschaftlichen Wissens: In: *Sprache und Literatur.* Heft 86, Jahrgang 31.

Busse, Dietrich/ Teubert, Wolfgang (Hgg.) (1994): *Begriffsgeschichte und Diskursgeschichte.* Opladen: Westdeutscher Verlag, S. 39-53.

Campe, Joachim Heinrich (1969): *Wörterbuch der Deutschen Sprache.* Band II. F-K. Hildesheim: Georg Olms.

Dieckmann, Walther (1981): *Politische Sprache. Politische Kommunikation. Vorträge, Aufsätze, Entwürfe.* Heidelberg: Carl Winter Universitätsverlag.

Dittmar, Norbert (1997): *Grundlagen der Soziolinguistik – ein Arbeitsbuch mit Aufgaben.* Tübingen: Max Niemeyer.

Dorer, Johanna; Marschik, Matthias (1993): *Kommunikation und Macht. Public Relations, eine Annäherung.* Wien: Turia & Kant.

Dressler, Wolfgang (1973): *Einführung in die Textlinguistik.* 2., durchgesehene Auflage. Tübingen: Niemeyer.

Duden Etymologie (1997): *Herkunftswörterbuch der deutschen Sprache.* Duden Band 7. Nachdruck der 2. Auflage. Mannheim: Duden.

Ernst, Peter (2002): *Pragmalinguistik. Grundlagen. Anwendungen. Probleme.* Berlin: Walter de Gruyter.

Eroms, Hans-Werner (1990): Politischer Sprachgebrauch. Zur Entwicklung der politischen Sprache in der Bundesrepublik Deutschland. In: Spillner, Bernd (Hg.): *Sprache und Politik. Forum Angewandte Linguistik.* Band 18. Frankfurt: Peter Lang, S. 109-111.

Felder, Ekkehard (1995): *Kognitive Muster der politischen Sprache: eine linguistische Untersuchung zur Korrelation zwischen sprachlich gefasster Wirklichkeit und Denkmustern am Beispiel der Reden von Theodor Heuss und Konrad Adenauer.* Frankfurt am Main: Peter Lang.

Fitzgerald, Michael/ Khoury, Adel Theodor;/Wanzura, Werner (Hgg.) (1976): *Moslems und Christen – Partner?* Graz: Styria.

Geisler, Michael (1982): *Die literarische Reportage in Deutschland. Möglichkeiten und Grenzen eines operativen Genres.* Königstein/Ts.: Scriptor.

Girnth, Heiko (1993): *Einstellungen und Einstellungsbekundung in der politischen Rede. Eine sprachwissenschaftliche Untersuchung der Rede Philipp Jenningers vom 10. November 1988.* Frankfurt: Peter Lang.

Girnth, Heiko (1996): Texte im politischen Diskurs. Ein Vorschlag zur diskursorientierten Beschreibung von Textsorten. In: *Muttersprache. Vierteljahresschrift für deutsche Sprache.* Jahrgang 106, S. 66-80.

Girnth, Heiko (2001): „Soziale Gerechtigkeit" – Bedeutung und Funktion eines Symbolwortes. In: *Muttersprache.* Heft 3, S. 193-200.

Girnth, Heiko (2002): *Sprache und Sprachverwendung in der Politik. Eine Einführung in die linguistische Analyse öffentlich-politischer Kommunikation.* Tübingen: Niemeyer.

Girnth, Heiko (2005): Texte im Bereich öffentlich-politischer Kommunikation. In: *Der Deutschunterricht.* Jg. LVII, Heft 1, S. 34-44.

Grimm, Jacob und Wilhelm (1854): *Deutsches Wörterbuch.* Vierten Bandes Zweite Abtheilung H-Juzen. Leipzig: Verlag von S. Hirzel.

Große, Ernst Ulrich (1976): *Text und Kommunikation. Eine linguistische Einführung in die Funktionen der Texte.* Stuttgart: Kohlhammer.

Habermas, Jürgen (1973): Wahrheitstheorien. In: Fahrenbach, Helmut (Hg.): *Wirklichkeit und Reflexion. Walter Schulz zum 60. Geburtstag.* Pfullingen: Neske, S. 211-265.

Haddad, Yvonne Yazbeck/ Haddad, Wadi Zaidan (Hgg.) (1995): *Christian-Muslim Encounters.* Gainesville: University Press of Florida.

Haller, Michael (1997): *Die Reportage: Ein Handbuch für Journalisten.* 4. Auflage. Konstanz: UVK Medien.

Halliday, Michael (1970): Language Structure and Language Function. In: Lyons, John (Hg.): *New Horizons in Linguistics.* Harmondsworth, S. 140-165.

Hannappel, Hans/ Melenk, Hartmut (1990): *Alltagssprache. Semantische Grundbegriffe und Analysebeispiele.* Unveränderter Nachdruck der 2. überarbeiteten Auflage von 1984. München: Fink.

Hartig, Matthias (1985): *Soziolinguistik.* Frankfurt am Main: Peter Lang.

Hedwig, Klaus (2001): Wirklichkeit. In: *Lexikon für Theologie und Kirche.* Band 10. Freiburg: Herder.

Heinemann, Wolfgang (1997): Zur Eingrenzung des Intertextualitätsbegriffs aus textlinguistischer Sicht. In: Klein, Josef/ Fix, Ulla (Hgg.): *Textbeziehungen. Linguistische und literaturwissenschaftliche Beiträge zur Intertextualität.* Tübingen: Stauffenburg, S. 21-37.

Helmer, Karl (2004): Anmerkungen zur Topik. In: Dörpinghaus, Andreas/ Helmer, Karl (Hgg.): *Topik und Argumentation.* Würzburg: Königshausen & Neumann, S. 9-18.

Herbig, Albert (1992): *„Sie argumentieren doch scheinheilig!" Sprach- und sprechwissenschaftliche Aspekte einer Stilistik des Argumentierens.* Frankfurt am Main: Lang.

Herbig, Albert (1993): Argumentation und Topik. Vorschläge zur Modellierung der topischen Dimension argumentativen Handelns. In: *Zeitschrift für Germanistik.* Neue Folge III, S. 584-595.

Herrgen, Joachim (2000): *Die Sprache der Mainzer Republik (1792/93). Historisch-semantische Untersuchungen zur politischen Kommunikation.* Tübingen: Max Niemeyer.

Hirschberger, Johannes (1991): *Geschichte der Philosophie. Band I. Altertum und Mittelalter.* Sonderausgabe der 14. Auflage. Freiburg: Herder.

Huntington, Samuel P. (2002): *Der Kampf der Kulturen. Die Neugestaltung der Weltpolitik im 21. Jahrhundert*. 5. Auflage. München: Goldmann.

Ibrahim, Saad Eddin (1996): *Egypt, Islam and Democracy. Twelve Critical Essays*. Cairo: The American University in Cairo Press.

Jäger, Siegfried (1993): *Text- und Diskursanalyse. Eine Anleitung zur Analyse politischer Texte*. 4. Auflage. Duisburg: Duisburger Institut für Sprach- und Sozialforschung.

Jung, Matthias (1996):Linguistische Diskursgeschichte. In: Böke, Karin; Jung, Matthias/ Wengeler, Martin (Hgg.): *Öffentlicher Sprachgebrauch. Praktische, theoretische und historische Perspektiven. Georg Stötzel zum 60. Geburtstag gewidmet*. Opladen: Westdeutscher Verlag, S. 453-472.

Kienpointer, Manfred (1992): *Alltagslogik. Struktur und Funktion von Argumentationsmustern*. Stuttgart: frommann-holzboog.

Kirstein, Corinna Manuela (1996): *Textlinguistische Analyse informationsbetonter Textsorten der spanischen Zeitung El Pais. Textumfelder und Methoden der Bezugnahme auf das Leservorwissen im Rahmen der Linguistik des Sinns*. Frankfurt am Main: Peter Lang.

Kistenfeger, Hartmut (2004): Die Image-Katastrophe. Die Deutschen denken sehr schlecht über den Islam. Unter den Muslimen beginnt die Selbstkritik. In: *Focus* Heft 40.

Klappenbach, Ruth/ Steinitz, Wolfgang (Hgg.) (1969): *Wörterbuch der Deutschen Gegenwartssprache*. Berlin, Akademie Verlag.

Kopperschmidt, Josef (2000): *Argumentationstheorie zur Einführung*. Hamburg: Junius.

Lachmann, Günther (2005): Muslime fordern ihren Platz in Europa. In: *Welt am Sonntag* vom 9. Januar.

La Roche, Walther (1975): *Einführung in den praktischen Journalismus. Mit genauer Beschreibung aller Ausbildungswege in Deutschland Österreich Schweiz*. 12., neubearbeitete Auflage. München: List.

Lay, Rupert (1995): *Manipulation durch Sprache. Rhetorik, Dialektik und Forensik in Industrie, Politik und Verwaltung*. 5. Auflage. Berlin: Ullstein.

Lehr, Andrea (2006): Denn sie wissen (nicht), was sie tun: Journalistische Einstellungsbekundung und die besondere Rolle doppelter Anführungszeichen. In: Girnth, Heiko/ Spieß, Constanze: *Strategien politischer Kommunikation. Pragmatische Analysen*. Berlin: Erich Schmidt, S. 168-195.

Löffler, Heinrich (1985): *Germanistische Soziolinguistik*. Berlin: Erich Schmidt.

Maas, Utz (1984): *Als der Geist der Gemeinschaft eine Sprache fand. Sprache im Nationalsozialismus.* Opladen: Westdeutscher Verlag.

Mast, Claudia (Hg.) (2000): *ABC des Journalismus. Ein Leitfaden für die Redaktionsarbeit.* 9. Auflage. Konstanz: UVK.

Naef, Silvia (2007): *Bilder und Bilderverbot im Islam.* München: Beck.

Nagel, Tilmann (1994): *Geschichte der islamischen Theologie.* München: Beck.

Neubert, Albrecht (1983): Diskurs über den Diskurs. In: *Sitzungsberichte der Sächsischen Akademie der Wissenschaften zu Leipzig. Philologisch-historische Klasse.* Band 124, Heft 2.

Noelle-Neumann, Elisabeth (1994): Journalistische Darstellungsweisen. In: Noelle-Neumann, Elisabeth/ Schulz, Winfried/ Wicke, Jürgen (Hgg.): *Fischer Lexikon Publizistik.* Aktualisierte Neuauflage. Frankfurt a. M.: Fischer.

Nowag, Werner; Schalkowski, Edmund (1998): *Kommentar und Glosse.* Konstanz: UVK Medien.

Öhlschläger, Günther (1979): Beiträge zur Theorie und Praxis der Argumentation. In: *Zeitschrift für germanistische Linguistik. Deutsche Sprache in Gegenwart und Geschichte.* Heft 7, S. 83-103.

Pelz, Heidrun (1998): *Linguistik. Eine Einführung.* 3. Auflage. Hamburg: Hoffmann und Campe.

Pielenz, Michael (1992): *Argumentation und Metapher.* Tübingen: Narr.

Ripfel, Martha (1987): Was heißt bewerten? In: *Deutsche Sprache. Zeitschrift für Theorie, Praxis, Dokumentation.* Heft 15, S. 151-177.

Rößler, Elke (1997): Intertextualität in Zeitungstexten – ein rezeptionsorientierter Zugang. In: Klein, Josef/ Fix, Ulla (Hgg.): *Textbeziehungen. Linguistische und literaturwissenschaftliche Beiträge zur Intertextualität.* Tübingen: Stauffenburg, S. 235-255.

Sager, Sven Frederic (1982): Sind Bewertungen Handlungen? In: *Zeitschrift für germanistische Linguistik. Deutsche Sprache in Gegenwart und Geschichte.* Heft 10, S. 38-57.

Sarkozy, Nicolas (2004): Den Islam positiv diskriminieren. In: *Die Welt* vom 30. November.

Scheffer, Paul (2004): Raus aus der Glaubensfalle! Muslime leiden an der Rückständigkeit ihrer Kultur – und flüchten sich in Groll und Aggression gegen den Westen. Ein demokratischer Islam darf den Koran nicht zu wörtlich nehmen. In: *Die Zeit* vom 16. Dezember.

Schicha, Christian (2000): Öffentlichkeit unter Medienbedingungen. Zur Diskrepanz zwischen normativen Konzepten und der Praxis der Politikberichterstattung. In: Schicha, Christian/ Brosda, Carsten (Hgg.): *Medienethik zwischen Theorie und Praxis,* Münster: lit-verlag, S. 173-194.

Schlieben-Lange, Brigitte (1991): *Soziolinguistik: eine Einführung.* 3. überarbeitete und erweiterte Auflage. Stuttgart: Kohlhammer.

Schneider, Wolf; Raue, Paul-Josef (1996): *Handbuch des Journalismus.* Hamburg: Rowohlt Verlag.

Schulz, Winfried (1997): *Politische Kommunikation. Theoretische Ansätze und Ergebnisse empirischer Forschung zur Rolle der Massenmedien in der Politik.* Opladen: Westdeutscher Verlag.

Seck, Wolfgang (1990): *Politische Kultur und politische Sprache: empirische Analysen am Beispiel Deutschlands und Großbritanniens.* Frankfurt am Main: Peter Lang.

Shrouf, A. Naser (2006): *Sprachwandel als Ausdruck des politischen Wandels am Beispiel des Wortschatzes in Bundestagsdebatten 1949-1998.* Frankfurt am Main: Lang.

Siegel, Christian Ernst (1978): *Die Reportage.* 1. Auflage. Stuttgart: Metzler.

Sittel, Cornelia (1990): Das Schlagwort in der politischen Sprache. Allgemeine Charakteristika und Versuch einer funktionsbezogenen Typologie. In: Spillner, Bernd (Hg.): *Sprache und Politik. forum Angewandte Linguistik.* Band 18. Frankfurt: Peter Lang, S. 181-182.

Son, Seongho (1998): *Die Attribuierung im Deutschen und im Koreanischen. Eine kontrastive Analyse.* Heidelberg: Groos.

Speck, Ulrich (2004): Mittendrin – statt nur dabei. Bassam Tibi über das Scheitern von Multikulti und die Herausforderung eines europäischen Islams. In: *Frankfurter Rundschau* vom 24. November.

Spieß, Constanze (2006): Zwischen Hochwert und Stigma – Zum strategischen Potenzial lexikalischer Mittel im Bioethikdiskurs. In: Girnth, Heiko/ Spieß, Constanze: *Strategien politischer Kommunikation. Pragmatische Analysen.* Berlin: Erich Schmidt, S. 27-45.

Steinbach, Udo; Ende, Werner (Hgg.) (2005): *Der Islam in Geschichte und Gegenwart.* 5., aktualisierte und erweiterte Auflage. München: Beck.

Straßner, Erich (1987): *Ideologie – Sprache – Politik. Grundfragen ihres Zusammenhangs.* Tübingen: Max Niemeyer.

Straßner, Erich (1999): *Zeitung.* 2., veränderte Auflage. Tübingen: Niemeyer.

Straßner, Erich (2000): *Journalistische Texte.* Tübingen: Niemeyer.

Strohner, Hans (1990): *Textverstehen. Kognitive und kommunikative Grundlagen der Sprachverarbeitung.* Opladen: Westdeutscher Verlag.

Tibi, Bassam (2000). Hidschra nach Europa. Probleme der Integration islamischer Einwanderer in Deutschland. In: *Frankfurter Allgemeine Zeitung* vom 18. Dezember.

Titscher, Stefan (u.a.) (Hg.) (1998): *Methoden der Textanalyse. Leitfaden und Überblick.* Opladen, Westdeutscher Verlag.

Traub, Hans (1982): Grundbegriffe des Zeitungswesens. In: Roloff, Eckart/ Klaus (Hgg.): *Journalistische Textgattungen.* 1. Auflage. München: Oldenbourg.

Tzermias, Nikos (2004): Italien strebt nach einem „eigenen" Islam. Ablehnung eines rigiden Laizismus. In: *Neue Zürcher Zeitung* vom 8. Dezember.

Wallisch, Gianluca (1995): *Journalistische Qualität: Definitionen – Modelle – Kritik.* Konstanz: UVK Medien/Ölschläger.

Wengeler, Martin (1999): Argumentationstopoi in Diskursen. Zur Nutzung einer rhetorischen Kategorie für die Analyse öffentlichen Sprachgebrauchs. In: *Der Deutschunterricht.* Nummer 5, S. 37-45.

Wengeler, Martin (2000): „Gastarbeiter sind auch Menschen." Argumentationsanalysen als diskursgeschichtliche Methode. In: *Sprache und Literatur.* Heft 86, Jahrgang 31, S. 54-69.

Wengeler, Martin (2003): *Topos und Diskurs. Begründung einer argumentationsanalytischen Methode und ihre Anwendung auf den Migrationsdiskurs (1960-1985).* Tübingen: Niemeyer.

Wilke, Jürgen (1976): *Zeitungslehre. Band I. Theoretische und rechtliche Grundlagen, Nachricht und Meinung. Sprache und Form.* Von Emil Dovifat. Sechste, neu bearbeitete Auflage. Berlin: de Gruyter.

Zirker, Hans (1999): *Der Koran. Zugänge und Lesarten.* Darmstadt: Primus Verlag.

PERSPEKTIVEN GERMANISTISCHER LINGUISTIK (PGL)

Herausgegeben von Heiko Girnth und Sascha Michel

ISSN 1863-1428

In Vorbereitung:

Abonnement

Hiermit abonniere ich die Reihe **Perspektiven Germanistischer Linguistik** (PGL) **(ISSN 1863-1428)**, herausgegeben von Heiko Girnth und Sascha Michel,

❏ ab Band # 1

❏ ab Band # ___
   ❏ Außerdem bestelle ich folgende der bereits erschienenen Bände:
   #___, ___, ___, ___, ___, ___, ___, ___, ___, ___, ___, ___

❏ ab der nächsten Neuerscheinung
   ❏ Außerdem bestelle ich folgende der bereits erschienenen Bände:
   #___, ___, ___, ___, ___, ___, ___, ___, ___, ___, ___, ___

❏ 1 Ausgabe pro Band   ODER   ❏ ___ Ausgaben pro Band

Bitte senden Sie meine Bücher zur versandkostenfreien Lieferung innerhalb Deutschlands an folgende Anschrift:

Vorname, Name: _____

Straße, Hausnr.: _____

PLZ, Ort: _____

Tel. (für Rückfragen): _____ *Datum, Unterschrift:* _____

Zahlungsart

❏ *ich möchte per Rechnung zahlen*

❏ *ich möchte per Lastschrift zahlen*

bei Zahlung per Lastschrift bitte ausfüllen:

Kontoinhaber: _____

Kreditinstitut: _____

Kontonummer: _____ Bankleitzahl: _____

Hiermit ermächtige ich jederzeit widerruflich den *ibidem*-Verlag, die fälligen Zahlungen für mein Abonnement der Reihe **Perspektiven Germanistischer Linguistik** (PGL) von meinem oben genannten Konto per Lastschrift abzubuchen.

Datum, Unterschrift: _____

Abonnementformular entweder **per Fax** senden an: **0511 / 262 2201** oder 0711 / 800 1889 oder als **Brief** an: *ibidem*-Verlag, Julius-Leber Weg 11, 30457 Hannover oder als **e-mail** an: **ibidem@ibidem-verlag.de** *ibidem*-Verlag

Melchiorstr. 15

D-70439 Stuttgart

info@ibidem-verlag.de

www.ibidem-verlag.de
www.ibidem.eu
www.edition-noema.de
www.autorenbetreuung.de

www.ingramcontent.com/pod-product-compliance
Lightning Source LLC
Chambersburg PA
CBHW062023270326
41929CB00014B/2293